历史教育"新师范"建设丛书

丛书主编：黄牧航

WEIWU SHIGUAN DE JIAOXUE SHEJI YU XUEYE PINGJIA

唯物史观的教学设计与学业评价

主　编：张庆海
副主编：唐云波　卫　然　周朝阳

―――― 编委会 ――――

主　编：张庆海（华南师范大学）

副主编：唐云波（深圳市教育科学研究院）　　卫　然（深圳市罗湖外语学校）
　　　　周朝阳（深圳市宝安区教育科学研究院）

编　委：章丽琼（深圳中学）　　　　　　　　张诗韵（深圳市蛇口育才教育集团育才中学）
　　　　温婉璇［深圳市宝安中学（集团）高中部］　王　雪［深圳市宝安中学（集团）高中部］
　　　　晨　曦（深圳市龙城高级中学）　　　孙殿元（深圳市翠园中学）
　　　　张慧研（深圳市第二高级中学）　　　赵小彬（深圳市布吉高级中学）
　　　　游燕玲［深圳市宝安中学（集团）高中部］　周晓楠（深圳市福田区福田中学）
　　　　黎嘉裕（深圳市第二高级中学）

广东高等教育出版社
Guangdong Higher Education Press
· 广州 ·

图书在版编目（CIP）数据

唯物史观的教学设计与学业评价/张庆海主编. —广州：广东高等教育出版社，2020.12（2022.3重印）
（历史教育"新师范"建设丛书/黄牧航主编）
ISBN 978-7-5361-6800-8

Ⅰ. ①唯… Ⅱ. ①张… Ⅲ. ①中学历史课-教学设计 ②中学历史课-教学评估 Ⅳ. ① G633.512

中国版本图书馆 CIP 数据核字（2020）第 126467 号

出版发行	广东高等教育出版社
	地址：广州市天河区林和西横路
	邮编：510500　营销电话：（020）87553735
	网址：http://www.gdgjs.com.cn
印　刷	广东海洋印刷有限公司
开　本	787 mm×1 092 mm　1/16
印　张	13
字　数	245 千
版　次	2020 年 12 月第 1 版
印　次	2022 年 3 月第 3 次印刷
定　价	39.00 元

（版权所有，翻印必究）

总　序

2018年1月20日，中共中央、国务院印发了《关于全面深化新时代教师队伍建设改革的意见》。同年，广东省教育厅出台了《广东"新师范"建设实施方案》，着力建设广东特色"新师范"，助推广东省教育现代化建设。该方案明确到2020年，办好一批高水平、有特色的师范院校和师范类专业，形成在全国具有影响力的教师教育广东新模式，并提出了十大重要举措和三大保障措施。华南师范大学积极响应广东省教育厅的号召，及时推出了《华南师范大学"新师范"建设行动计划（2018—2022年）》。华南师范大学历史文化学院作为学校建校之初就存在的老牌学院之一，在这改革浪潮下，学院上下一心，锐意创新，决心希望通过历史教育"新师范"综合改革体系建设，办出高水平、有特色的历史师范专业，培养出具有道德规范和教育情怀的新时代历史教师。

我认为，用教师教育理念取代原有的师范教育理念，是"新师范"概念最核心的内容。教师教育是把教师一生的成长看成是一个持续发展的过程，在职前培养和职后培训上实现专业化、多样化、终身化和一体化，而不再局限于"完成式"或"终结式"的传统师范教育。在这个理念的指引下，师范院校在教师培养的对象、师资队伍、教学方式、课程内容、课程实施、课程评价、培养模式、培养体系等方面都会做出系列改革。

在"新师范"改革中，历史教师培养的对象将由主要服务于师范生向同时服务于师范生和在职教师转变。师范院校不仅仅是培养师范生的学府，还应该成为全省教师发展的教育智库、教育信息资源中心、教师能力测评中心和教师培训基地。

在"新师范"改革中,历史教师培养的师资队伍将由以高校教师为主转为高校教师、一线名师和优秀教研员的组合团队。与此同时,高校教师的身份又由原来单纯的学科教师向服务于教师教育的教师转型,由原来偏重于职前培养的教师向全面服务于职前培养和职后培训的教师转型。

在"新师范"改革中,历史教师培养的教学方式将由面授教学为主转为混合式教学。具体表现为线上学习与线下教学相整合,信息技术与学科教学相整合,虚拟学习与教学实践相整合。

在"新师范"改革中,历史教师培养的课程内容将由基于学科的课程转为基于师范生全面发展的课程。这就要求,必须改变原有的"学科专业知识+教育学心理学"的课程内容,打破学科壁垒,重新打造新的教师教育课程,实现举全校之力兴教师教育。

在"新师范"改革中,历史教师培养的课程实施将由偏重理论讲授全面转为偏重实践的教育方式。要在全省遴选优质的中小学校中,建立教师发展中心,使之成为联结高校和中小学一线的平台,让中小学一线名师走上大学的讲台,让大学的教师深度参与中小学的教学管理工作,让师范生有更多的教学实践机会。

在"新师范"改革中,历史教师培养的课程评价将由单纯的学生、教学指导委员会评价转向基于大数据分析的多元评价。要建设教师教育质量监测平台,通过过程服务、过程管理、过程监控,全面收集、分析和公布教育信息数据,确保教师教育的培养培训质量。

在"新师范"改革中,历史教师培养的模式将由封闭性向开放性发展。师范生的培养,不再单纯依靠师范院校的力量,而是联合"高校—市县区教育发展中心—中小学校"的力量共同培养。

在"新师范"改革中,历史教师培养的体系将实行职前培养和职后培训一体化。师范院校不仅仅着力于职前的师范生培养,也致力于职后的教师培训,用职后培训倒逼职前培养,实行学历教育课程与非学历培训课程衔接学分互认,既全面提高师范生的培养质量,也帮助和促进在职教师实现终身学习。

在"新师范"建设的大好形势下,在新的改革思路的指引下,历史文化学院提出了系列的改革措施。本套丛书的编写,属于本科教学改革和教师职后培训改革的重要内容之一。

2017年,教育部颁行了《普通高中历史课程标准(2017年版)》。此后,根据新标准编撰的教科书在广东省若干所高中试教。2019年秋季,全国部分省区将使用新的高中教科书,2022年之前全国会全部投入使用。如何吃透课程标准的精神？如何使用好新的教科书？如何落实核心素养的教育理念？这都是当前高中历史教师迫切希望解决的问题。同时，学院的本科生和教育硕士，也亟须了解课程改革的内容，按照新的课程目标来锻炼提升教学技能。为此，根据"新师范"建设的改革精神，我有以下四个方面的研究思路。

第一，以历史学科核心素养作为研究的主要内容。新的课程改革内容非常丰富，我拟以学科核心素养为抓手，带动整个新课程的教学研究。新的课程标准把中学历史学科的核心素养分为唯物史观、时空观念、史料实证、历史解释和家国情怀五个方面。虽然在实际教学中，五个方面的内容往往是同时并存的，但又确实可以相对独立。因此，我组织了五个研究团队，分别对五种历史学科核心素养进行研究，目标是以素养为切入点，带动新课程的整体研究。

第二，以教材的编写作为研究的平台。研究一个问题，必须有物化的成果。历史文化学院的领导高瞻远瞩，决定从2019年秋季开始，开设"中学历史核心素养的理论与实践"作为本科生和教育硕士课程。因此，我要求五个团队的研究成果要以教材的样式来呈现，直接作为本科生和研究生的教学用书。希望在校学生通过这一套书，基本掌握中学历史学科核心素养的基本内容和实施方法。同时，这套书还可以用作教师职后培训的用书，让广大教师了解以师范大学为主导的教学研究新成果。

第三，以高校教师、一线名师和优秀教研员的组合作为研究的团队。作为扎实有效的基础教育研究，高校、教研和中学一线教师等3支力量是缺一不可的。本研究的开展，是3支力量协同作战攻关的成果。在短短1年的时间里面，各个团队既有分组的研究，也有合组的汇报；既有现场的研讨，也有网络的互动；既有高校的专家讲座，也有中学教师的授课；既有面红耳赤的辩论，也有解决问题的喜悦。大家都深深地感受到，3支力量是同等重要的：没有高校的引领，研究成果显得肤浅；没有教研力量的参与，研究成果显得盲目；没有中学教师的实践，研究成果显得空洞。有效地整合各方面的力量，也正是"新师范"追求的目标之一。

第四，以理论引领和实践创新作为研究的方法。中学历史学科核心素养的提出，是中学历史教学改革的重大变动。这里既包括深刻的学理内容，也包括艰难的实践尝试。如何在研究中实现理论与实践的结合，我们做了三个方面的努力：一是丛书的编写流程按照自上而下的顺序，即先由高校教师撰写第一章的理论阐释，中学教师再依据第一章的理念来总结实践的经验。二是高校教师和中学教师一起研究，突破实践中的难点问题。本丛书所呈现的内容都是中学实践中不可回避的难点问题，如课程的开发、教学的创新、试题的命题、教师的专业发展等。每个问题的解答，都蕴藏着高校和中学教师的智慧。三是把创新突破作为首要目标。核心素养的教学和评价，不能够穿新鞋走老路，不能在原有的做法上贴标签，要力图有新的尝试和创造。作为一个新的事物，我们不求完美，只求有新的做法。

　　本丛书的编写，凝聚了100多位高校教师、历史教研员和中学一线教师的心血。由于时间短、难度大，书中不完善乃至失误之处在所难免。在历史核心素养教学即将全面开展之际，我们暂不求交出一份尽善尽美的答卷，只求提出我们的观点和总结半年的教学实践。希望作为引玉之砖，得到广大读者的批评指正。

　　本研究项目能够立项，得到了华南师范大学副校长、历史文化学院院长陈文海教授的鼎力支持，同时得到了广东省历史教研员魏恤民老师和广东高等教育出版社的大力协助。没有他们的帮助，项目不可能在短短半个月内立项启动，没有他们的指导，项目也不可能在短短半年内完成。我和全体参与丛书编写的老师常怀感恩之心，感谢所有支持中学历史教学研究的领导、专家和编辑！也常怀敬畏之心，深知历史教育研究的重要和艰巨，不愿拾人牙慧、曲学阿世，只求埋头苦干、竭尽所能，努力探寻历史教育的原理和规律。

黄牧航

2019年6月于华南师范大学

目 录

第一章　历史唯物主义史观的基本理论 1

第一节　历史唯物主义的基本理论 3
一、为何将历史唯物主义史观确定为中学历史教学的核心素养 3
二、生产力与生产关系 7
三、人民群众与英雄的历史地位 12
四、历史的规律和历史发展的偶然性、必然性 15

第二节　历史唯物主义的基本方法 18
一、阶级分析法 18
二、科学的辩证法 23
三、历史背景和历史原因 24

第二章　历史唯物主义与历史教师专业发展 27

第一节　经典原著阅读 28
一、经典原著推荐 29
二、阅读方法与建议 32

　　第二节　研究成果阅读 …………………………………… 37
　　　一、国内运用历史唯物主义研究历史的相关著作 ……… 37
　　　二、国外运用历史唯物主义研究历史的相关著作 ……… 42
　　第三节　教材课标阅读 …………………………………… 46
　　　一、新中国成立以来历史课程教学大纲或课程标准体现出
　　　　　历史唯物主义的指导地位 …………………………… 47
　　　二、教学大纲或课程标准中对历史唯物主义要求表述的
　　　　　变化 …………………………………………………… 50

第三章　历史唯物主义素养与历史课程实施 …………… 58

　　第一节　历史唯物主义素养在必修课程中的呈现 ………… 58
　　　一、历史唯物主义基本观点及方法在必修课程中的呈现 …… 60
　　　二、如何运用历史唯物主义基本观点及方法实施必修课程 … 70
　　第二节　历史唯物主义指导下的地方与校本课程开发 …… 75
　　　一、历史唯物主义指导下的地方与校本课程开发的
　　　　　原则及方法 …………………………………………… 75
　　　二、历史唯物主义指导下的地方与校本课程开发案例 …… 81

第四章　历史唯物主义素养与历史教学设计 …………… 97

　　第一节　基于历史唯物主义的教学设计基本要素 ………… 97
　　　一、教学设计要体现历史唯物主义的整体性原则 ………… 97

　二、教学设计要体现历史唯物主义的科学性原则 …………… 101
　三、教学设计要体现历史唯物主义的人文性原则 …………… 105
　四、教学设计要体现历史唯物主义的思辨性原则 …………… 109
第二节　历史唯物主义素养的分类与教学设计 …………… 113
　一、生产力与生产关系、经济基础与上层建筑 …………… 113
　二、人民群众与英雄（杰出人物）在历史发展中的
　　　地位和作用 …………………………………………… 117
　三、历史的规律和历史发展的必然性、偶然性 …………… 122
　四、科学辩证法 ……………………………………………… 126
　五、阶级与民族国家 ………………………………………… 133
第三节　历史唯物主义素养的分层与教学设计 …………… 140
　一、融会贯通：理解历史唯物主义的基本原理和内容 …… 140
　二、聚焦解读：高中历史课程内容中的历史唯物主义 …… 145
　三、迁移活化：运用历史唯物主义原理分析新情境下
　　　历史事物的能力培育 ………………………………… 151

第五章　面向历史唯物主义素养的纸笔测试 …………… 162

第一节　面向历史唯物主义素养的选择题命制 …………… 162
　一、生产力与生产关系、社会存在与社会意识、经济基础
　　　与上层建筑的辩证关系 ……………………………… 163
　二、人民群众与英雄在人类历史上的作用 ………………… 169

三、历史发展的规律、偶然性与必然性 …………………… 171
四、科学辩证法 …………………………………………… 173
五、阶级与民族国家 ……………………………………… 176
第二节　面向历史唯物主义素养的非选择题命制 …………… 180
一、生产力与生产关系、社会存在与社会意识、经济基础
　　与上层建筑 …………………………………………… 180
二、人民群众与英雄在人类历史上的作用 ……………… 184
三、历史发展的规律、偶然性与必然性 ………………… 187
四、科学辩证法 …………………………………………… 190
五、阶级与民族国家 ……………………………………… 193

后记 …………………………………………………………… 198

第一章 历史唯物主义史观的基本理论

历史唯物主义是对马克思主义史学的精确表达，是现代科学史学的重要代表，是我们当代中国史学的指导性史观。新一轮中学历史教育改革重新将其作为指导思想，是符合历史学发展的基本要求和现代史学发展方向的。

对于历史学习者和研究者而言，具有稳定而正确的史观是步入历史领域的前提；而要具备这样的史观，需要一个养成的经历，史观的养成与历史学习研究是一个同步和相辅相成的过程。教育部 2017 版普通高中历史课程标准明确要求学生具备以唯物史观观察和解决历史问题的素养，并具体指出了唯物史观的四个层次。不过，何谓史观？对这个问题，课程标准语焉不详，但对于广大中学师生来说则是必须首先解决的问题。

何谓史观？原则上说，史观即人们对人类社会历史的总的看法和根本观点，史观的本质就是一种世界观。

史观的核心问题之一是如何看待社会存在与社会意识的关系问题，即人们对人类历史发展总的看法，对这一问题的不同回答构成了唯物史观和唯心史观两大截然对立的历史观。大家通常接触到的史观，原则上都可以归入这两种史观。从古至早期近代主要的史观，如古典时期的英雄史观、中世纪的宗教神学史观、启蒙时期的理性史观都属于唯心史观；而 19 世纪至今科学史学各个流派所形成的史观多为唯物史观，如兰克客观主义史学、实证主义史学、现代化史学、年鉴史学、历史主义史学、马克思主义史学等流派的史观都是唯物史观[1]，而反科学史学的以克罗齐和克林伍德为代表的分析与批判的历史哲学、以斯宾格勒和汤因比为代表的文化形态史观（文明史观）等则是唯心史观。

---

[1] 课标强调的"唯物史观"是指马克思主义史学的历史唯物主义史观，本书所指的唯物史观与课标的含义是一致的，这与其他现代西方科学史学流派所主张的唯物史观是有较大区别的。我们将在下文中详细论述二者的区别。所以，本文直接用"历史唯物主义"替代课标中的"唯物史观"，来表述马克思主义史学。

史观的第二个核心问题是价值观问题。每种史观之所以能成为史观，是因为其必须具有一种世界观，即必须是一种价值观。没有价值观的所谓"史观"是不成立的。例如，在上一轮课程改革过程中，普遍存在的"全球史观"教学就是一个严重的误区，因为"全球史观"本身就是不存在的。"全球史观"力图从完全客观的角度看待人类的历史，要"从月球上看地球"，这就意味着它要放弃价值观，否认价值观在历史认识中的地位。所以，从史观的层面看，"全球史观"是从全球范围看待历史的一种态度、一种视角、一种理论和一种方法，但不是史观。

对于非史学理论研究者而言，史观似乎是难以理解的，甚至是玄妙的。其实，史观是由一个个具体的理论和方法构成的。值得注意的是，构成每种史观的理论方法又严密地形成了一个不能拆解的逻辑体系，我们不能孤立地考察一种理论、一种方法是否为某种史观的基本理论和方法。我们不能看到文明的交往就断定其出自文明史观的范畴，凡支持法国大革命就是革命史观……每种史观在一些具体问题上的观点、方法甚至并不矛盾。20世纪80年代以来，史学界对李鸿章等洋务运动领导人的评价产生了重大转折，从镇压农民起义的刽子手和卖国贼摇身一变成了中国近代化的代言人。当然，产生这种评价转变的根源是可以理解的，但却违背了史观认知的基本条件。从现代化的史观看，李鸿章是中国近代化的奠基人之一，但同时也是卖国贼；如果说李鸿章不是卖国贼，那就不是现代化史观，李鸿章也就无法成为现代化的奠基人。现代化史观不能被断章取义，进而被随心所欲地宰割，这种只取现代化经济体系而无视现代国家、民族观念的做法是对现代化史观的肢解，其结论、做法当然都是不成立的。

为何要选择历史唯物主义史观作为我们的指导思想？我们又如何养成历史唯物主义史观？如何掌握和运用历史唯物主义史观的理论方法来看待和分析历史问题？对于这些问题，我们将在历史唯物主义史观的基本理论和基本方法的论述中予以回答。

马克思主义史学的唯物史观又称历史唯物主义，以区别于其他现代唯物史观。历史唯物主义是现代史观中唯一可以用作研究和学习的指导性史观，其所包含的丰富理论和方法是现代史学发展成熟的标志，是现代社会、科学发展的产物。

第一节　历史唯物主义的基本理论

历史唯物主义是关于历史发展的系统性史学体系，主要包括基本的史学理论和方法两个部分。其中，基本理论是原则、原理，是我们看待历史的基本立场；基本方法是我们看待历史的视角和解决问题的方式。对于马克思主义的基本原理和方法，已经有非常多且研究深入的成果，本书所介绍的是中学历史教学使用较多的原理和方法。

一、为何将历史唯物主义史观确定为中学历史教学的核心素养

抛开古代史学的观念，现代史观是非常丰富多彩的，仅唯物史观就有多种，教育部和历史学专家为何单单选择了马克思主义史学的历史唯物主义史观作为指导思想呢？历史唯物主义究竟具有哪些优势呢？作为中学历史教学的指导性史观，不仅要具有非常强的科学性，而且还要适合作为中学历史教学宏观史学的基本要求。

（一）其他具有代表性的史观相比历史唯物主义史观都具有明显的缺陷

现代史学中至今仍有影响力的史观流派很多，但作为中学历史教学的核心素养都或多或少地具有相对明显的缺陷，我们这里只以几个比较有代表性的学派作为例证来进行分析。

1. 现代化史观

现代化史观及其理论、方法是现在国内外比较流行且为广大学者所广泛引入研究的史观和理论方法。在解释现代世界的形成、发展以及出现的种种问题的时候，现代化史学无疑具有巨大的优势，坚持历史唯物主义史学作为指导的史学流派在解释现代世界的时候也要借助现代化史学的方法理论和成果。

不过，作为中学历史教学的指导性史观，现代化史观尚有两个明显的缺陷：一是过分强调现代历史地位，通过现实历史状态和需要看待整个人类发展史。在这种史观指导下，现代化成为衡量历史发展的标准，所有历史事物都要放在现代化的天平上称其价值。将现代化作为衡量标准最严重的后果是使史学丧失了自己作为史学的最基本前提：史学中"人"的核心地位和价值

遭到极大忽视。尽管现代化史学也强调"现代人"形成的重要性，但其对人的研究不是目的，而是手段——如对法国农民成为现代人的研究就是为了证明现代社会体系的形成中，人作为基本的现代要素也要现代化。① 而对现代社会诸要素进行的研究也缺乏人作为研究的支点——工业现代化、农业现代化以及制度现代化等问题的研究是比较深入的，但这些要素的发展与人的发展关系怎样？现代化史观并未将该问题作为研究的核心，这也是该史观与马克思主义历史唯物主义史观最大的区别。没有了这一支点，现代化史学的人文价值被严重削弱了，因此在中学历史教学中难以实现人文教育的功能。

中学历史教学是宏观历史教学、通史教学，而现代化史观对古代历史的研究是相对薄弱的，这是其第二个缺陷。现代化史学研究的核心领域是早期近代以来的历史，而且是以各个历史要素的现代化作为研究主线。作为一个研究流派，这一特点不仅无可非议，而且其研究成果证明其对现代历史研究做出了巨大贡献。但这一研究特色却忽视了古代历史研究，古代历史研究在其研究中占有非常少的分量，而且对于古代历史的研究也是为了证明现代化的某个要素之所以形成的历史渊源来进行考察的。换言之，古代历史在现代化史观中是附属品。中学历史教学侧重通史教学，讲述的是人类整个发展历史，人类历史的任何阶段对于人类来说都是平等的、都是人类一个不可逾越的经历，因此任何偏重人类发展史某个阶段研究的派别、史观都与现行的教学体系有所脱节。

2. 文明史观（也称"文明形态史观"）

文明史观作为 20 世纪上半期出现的以文明平等为基础的多元文化论的史观，是对西方中心观的驳斥与新的文化体系的重建，其积极意义不言而喻，迄今为止其关于文明形态的理论方法已经深刻融入当代所有学派的理论体系之中。遗憾的是，文明史观作为中学历史教学的核心素养却是有较大缺陷的。其最严重的缺陷是被后人诟病的文明史观的集大成者、以汤因比为代表的"文明社会泛宗教论"：汤因比的学术生涯中，其史观的本质是一种唯心史观，他一直不是以现实的、真实的人类历史活动为原则、出发点和标准来解读人类历史，而是以宗教为核心的信仰来解释人类活动和人类所创造的文明。② 汤因比的这一史观缺陷是文明史观的普遍且难以逾越的问题。斯宾格勒也是文明史观的奠基人之一，他同样是基于西方文明在信仰问题上的缺失而得出西方将要没落的结论的。

---

① 国内学者对该问题也有很深入的研究，如许平教授、端木美教授等。
② 罗凤礼. 现代西方史学思潮评析 [M]. 北京：中央编译出版社, 1996: 170-176.

文明史观的第二个严重缺陷是历史认识循环论。文明史观将人类历史发展认定为一个个文明产生和发展的历史，其以文明作为研究单位，探讨文明的发展史，但他们将所有文明的研究界定为文明的起源、文明的生长、文明的衰老和文明的解体四个必然阶段。文明史观受19世纪科学史学尤其是进化论以及宗教等西方思想的影响，将人类的发展规律看成封闭的循环的历程。在文明史观看来，人类所创造的文明，必然走向死亡，即人类的文明有着固定的前途走向。这一看法否定了文明的发展和延续，即当一种文明产生，这种文明必然走向死亡，而没有文明在存在过程中发展。事实上，文明一旦产生，其存在过程中不是一成不变的，而是发展的，有些层面甚至随着历史实践的发展而出现文明的自我否定现象。对历史的封闭且循环和单向的历史认知是不符合历史事实的，其历史观的缺陷也是相当明显的。如果以此史观作为中学历史教学的指导思想，将难以对世界史上丰富的且一直在发展的人类文明进行全面解释。

文明史观的第三个缺陷是对"人类整体文明"的研究较为薄弱。我们假设文明史观对每个具体的史观的认识是准确的，但文明史观更多地关注作为独立个体的文明，虽然它也对文明的交往有较为深入的论述，却没有将人类作为一个整体进行系统研究，即没有提出将人类作为整体进行研究的整体文明的概念。那么，"人类整体文明"（这个概念是笔者提出的）是否存在呢？从严格意义上的史学来看，人类的历史既是每个个体的人的历史，也是人类作为一个整体的历史，任何只强调整体历史或突出个体历史的流派或史观都是片面的。但文明史观在研究中不仅没有将个体的人作为研究对象，也没有将人类作为一个整体进行研究，即其所倡导的"文明"还没有形成人类整体的文明体系，因此也就不具有作为指导中学历史教学的条件和要素。

至于我们接触到的其他史观或史学流派，也均因为某些缺陷而不具备史观的指导性要素，如全球史观、英雄史观等。

（二）为什么要将历史唯物主义作为中学历史教学的核心史观

历史唯物主义史观之所以作为我们这次教改的核心史观，根本原因就在于其具有中学历史教学所需要的条件。

首先，在科学史学时代，历史唯物主义与现代史学其他流派并无根本性的矛盾和冲突，甚至在很多基本理论和方法方面存在高度一致性。

近代以来，各种流派的史观虽然仍然可以分为唯物史观和唯心史观，但从史学的基本理论方法方面看，基本都属于科学史学，即用科学的方法和方式思考和解决问题。也就是说，马克思和恩格斯所创建的历史唯物主义和现代西方其他史学流派在理论和方法方面都是科学史学的分支。1823年法国的孔德实证主义哲学和1824年兰克的客观史学的创立标志着科学史学的正式诞生。在整个19世纪，科学史学主要分为两个流派：实证主义史学和客观主义史学。这两个学派从不同角度理解科学，因此也就从相应角度定义史学：实证主义史学认为科学的核心是实证方法，因此强调实证方法在史学的地位；客观主义史学强调科学的客观性和可证明性，因此将史学视为客观的史学。马克思主义史学将两者有机地结合在一起，形成了现代史学的基本原则，即承认客观性原则为第一性，但同时也强调科学的研究方法即实证方法就是史学证明的基本方法。历史唯物主义史学的这一原则是当代所有唯物史学共同遵从的基本原则。

任何反历史唯物主义的史学，包括唯心主义史学和反历史决定论等现代史学的诸多流派，其论证方法也采用了科学的实证的方法。

其次，历史唯物主义是现代科学史学中最系统和科学的史观。

在所有现代史学中，只有历史唯物主义史学的研究目的是为人类的解放探寻道路，而这也是历史学诞生的价值所在，但在发展历程中，现代西方其他科学史学流派忽视了这一点。现代西方科学史学从客观主义史学、实证主义史学开始，就将"科学性"作为史学至高无上的追求目标，而忘记了史学作为探究人类自我发展规律的本质，前者只注重史料的价值，后者则强调科学的实证方法，将史学视为科学的附庸。我们姑且不论史学是否为科学的命题，但史学不是科学的附庸。马克思主义史学将科学与史学有机融合在一起，即将史学作为人类自我发现的命题与科学意识、方法结合得非常完美。马克思、恩格斯以历史唯物主义的观点和方法，以科学的方法，将历史学作为发现人类自我解放之路的一个途径，而且是重要的途径，他们并未将史学作为书斋里的玩偶。而马克思、恩格斯对历史学的这一认识，正是历史的使命和价值所在，忘记了这一点，史学存在的价值也就不存在了。

历史唯物主义史学是人类对物质与意识关系认识的有机结合，弥补了其他史学的不足。历史唯物主义史学虽然属于唯物史观，但并未将物质与意识在人类历史上的关系当作对立的关系，二者是有机结合的。其他很多西方当代史学如客观主义史学、实证主义史学、引证史学、文明史学、分析与批判的历史哲学等诸多流派都不同程度地将物质和意识对立起来看待，尤其是客观主义史学和分析与批判的历史哲学等更是将二者完全对立。客观主义史学认为历史的科学性是第一位的，因此将客观性视为第一原则，甚至否认人的认识在历史学中的地位；以克罗齐为代表的分析与批判的历史哲学则完全相反，否认客观性在历史认识中的地位，进而提出"一切历史都是当代史"的论断。马克思主义史学则将物质与意识有机结合在一起,不仅承认物质的决定作用,同时也强调了作为人的意识的能动作用。

二、生产力与生产关系

历史唯物主义关于生产力和生产关系的基本认识是其最重要的原理之一,其所揭示的是人类发展进程中最重要的历史条件的规律。

(一)一切历史的前提即物质生活资料的生产

生产力与生产关系原理最基本的含义是物质资料的生产是人类一切历史活动的前提条件。马克思、恩格斯认为,要从事历史研究和形成一种历史观,首先必须确定人类生存的第一个前提,也就是一切历史的第一个前提,即人类能够生存、生活的必要的物质前提和生产这一前提的物质活动。马克思、恩格斯所表达的意思非常清晰:要想研究历史和形成史观,首先要有人的历史的存在,而人的历史之所以存在,就必须有能够保障人类存在的前提存在,这一前提就是物质前提和生产。

马克思在《资本论》中将这一含义进一步表述为:"撇开社会生产的不同发展程度不说,劳动生产率是同自然条件相联系的。这些自然条件都可以归结为人本身的自然(如人种等等)和人的周围的自然。外界自然条件在经济上可以分为两大类:生活资料的自然资源,例如土壤的肥力,渔产丰富的水等;劳动资料的自然富源,如奔腾的瀑布、可以航行的河流、森林、金属、煤炭等。在文化初期,第一类自然资源具有决定性意义;在较高的发展阶段,第二类自然富源具有决定性意义。例如,可以用英国同印度比较,或者在古代,用雅典、科林斯同黑海沿岸的地方比较。"[①] 马克思在这段话中表达了在不同发展阶段都需要人的自然条件和周围的自然条件的保障才能有人类的历史,即构成人类的物质基础主要包括人的物质存在和人类赖以存在的自然条件。另外,马克思还指出,人类在不同发展阶段对物质条件的依赖是不同的,19世纪的英国是世界上最发达的国家,其程度已经基本跨越依赖自然生存的程度(1867年的英国依然有很多非常贫困的人口,但这不是物质条件不足以提供生存保障的主要原因,而是生产资料和产品分配不平等所致),因此英国主要依赖的是为其发展提供生产资料的自然条件,而不是生存所需的自然条件。

年鉴学派的第一代和第二代代表人物布洛克、费弗尔和布罗代尔等都非

---

① 黎澍,蒋大椿. 马克思恩格斯论历史科学[M]. 北京:人民出版社,1988:94.

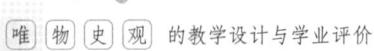

常关注自然条件与人类存在及发展之间的关系,甚至将其作为对史学的基本定义内容,进而将其作为年鉴学派对史学本质的认知。大家所熟知的布罗代尔的名著《15至18世纪的物质文明、经济和资本主义》《菲利普二世时代的地中海和地中海世界》中,非常深入地探讨了作为人类赖以生存的自然条件与人类文明的关系,以及人类发展不同阶段物质条件与人类的物质生活和经济生活相互作用的具体形式。可以说,年鉴学派在这一点上与马克思主义史学是一脉相承的。

(二)生产力与生产关系的互动

生产力与生产关系的互动关系是历史唯物主义史学基本原理之一。从中学到大学阶段,每个人都会较为系统地学习历史唯物主义的基本原理和方法,而生产力与生产关系的互动关系则是重点内容。一般而言,历史唯物主义认为,生产力决定生产关系,社会存在决定社会意识,经济基础决定上层建筑。这些表述是同一原理,客观存在与生活关系及认识的近义但又略有不同的表述。

第一,历史唯物主义认为,生产力对生产关系(经济基础对上层建筑)而言在总体上是具有决定性的,但这种决定性首先表现在历史发展的总体趋势上。从人类发展的总体历史看,生产力决定生产关系,即生产关系一般与生产力的发展水平相适应。马克思、恩格斯依据这一相互关系的发展状态,将人类发展史划分为五个阶段:原始社会、奴隶社会、封建社会、资本主义社会和共产主义社会。当然,每个社会划分的标准是生产关系的发展的形态,而不是生产力的水平。但是,决定生产关系的是生产力的具体发展水平。关于五种社会形态,马克思主义原理的相关著作中都有非常详细的分析和介绍,本书不再详细介绍,而是重点介绍其他相关问题。

从人类历史发展的总体趋势看,生产力决定生产关系,但生产关系并不是每时每刻准确而全方位地与生产力的发展水平相适应。而且,正是因为生产力的发展水平一般不与生产关系完全相适应,才有改革、革命的发生。我们以封建生产关系和资本主义生产关系的更迭为例。自西欧正式进入封建社会,仍然经历了封建制与奴隶制甚至原始社会制度共存的相当长的时期,在3~5个世纪之后奴隶制和原始社会制度才在封建生产力优势打击下,彻底让位于封建制度。但是,在短短几个世纪之后,即到了封建制度鼎盛期,随着新的资本主义生产力的产生,新的资本主义生产关系也在封建社会的母体内诞生并迅速发展起来。城市的兴起、文艺复兴的推进,使得欧洲资本主义经济因素得以萌芽并缓慢发展;而新航路的开辟尤其是殖民扩张的进行,使资本主义生产方式迅速发展壮大,并形成了强大的资产阶级队伍,建立了以私有制为基础的民主的资产阶级国家。从资本主义生产方式诞生到英国、美国和法国等国建立资产阶级民主政权和现代社会方式,走过了近4个世纪,虽然经历了诸多曲折,但走向近代国家政治体制却是资本主义生产方式的基本需求。

第二,历史是由各种力量融合交汇而成的合力的结果。马克思和恩格斯多次强调经济因素在历史发展中的决定性作用,但也同时强调,还有其他影响历史创造的因素。如恩格斯说:"我们创造着我们的历史,但是第一,我们是在十分确定的前提和条件下进行创造的。其中经济的前提和条件归根结底是决定性的。但是政治等等的前提和条件,甚至那些存在于人们头脑中的传统,也起着一定作用,虽然不是绝对性的作用。"① 这几句话的意思是非常明显的,即历史的决定力量是经济前提,但同时恩格斯从未否认其他因素也是历史发展的重要影响因素。从马克思、恩格斯分析历史发展的整体史观看,他们几乎将我们今天能看到的影响人类的各种要素都纳入研究视野。

第三,生产力的决定作用和生产关系的反作用。笔者在《中学历史教学中的史学理论问题》一书中曾专门以法国大革命整个进程为例,详细地分析了生产力如何决定生产关系,即如何决定法国大革命进程和革命形式。② 因为此书已经花了大量篇幅对这一过程进行了分析,这里不再赘述,而是进行一个纲要式的分析并制作了一个简要的图例(见图1-1)供大家参考。

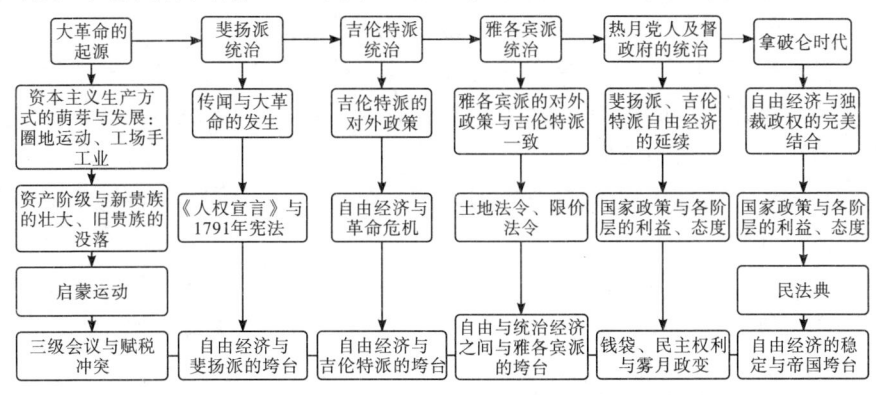

图1-1 以法国大革命为例分析生产力如何决定生产关系

---

① 黎澍,蒋大椿. 马克思恩格斯论历史科学[M]. 北京:人民出版社,1988:68.
② 张庆海. 中学历史教学中的史学理论问题[M]. 吉林:长春出版社,2012:156-167. 由于笔者在该书中已经比较详细地依据历史唯物主义分析了生产力是如何在大革命各个阶段产生决定性作用,生产关系又是如何对生产力发生反作用的逻辑关系,所以在这里不再赘述,而是简要做个梳理。

从大革命起源看，正是由于新的资本主义生产方式的出现和发展，继而产生了一连串的社会结构变化。生产方式的变化引起旧有阶级结构发生变化，贵族和教士作为统治阶级也随着生产方式发生分化，他们中的一部分转化为资产阶级化的新的阶级，而新的阶级——资产阶级逐渐发展壮大起来。当阶级关系发生变化之后，新的阶级在旧有的制度中开始寻求有利于自己的制度和文化领域的变迁，因而启蒙运动蓬勃发展起来。新旧阶级的矛盾最后在法国经济领域具体表现为税收问题的冲突乃至激化。旧制度末期，政府债台高筑，其财政收入已经难以应付债务问题，因此寻求通过增加赋税来度过危机，但教士和贵族属于特权等级，拥有免税特权，因此多任财政大臣均无法解决该问题。1789 年 5 月 5 日三级会议的召开就是要解决赋税问题，这次会议无法达成共识从而成为法国大革命的起点。

从以上分析可见，资产阶级政治革命的起源可从以下几方面谈起：第一是资本主义经济的兴起；第二是资产阶级队伍和实力的壮大，意欲向旧贵族夺取经济独立权；第三是资产阶级与旧制度间的矛盾，18 世纪法国由经济问题引发的征税纠纷，实质是在争夺神圣不可侵犯的财产权，起初并无争取政治权力的口号，只是要求第一、二等级也要征税；第四是土地问题左右着近代资本主义国家发展的核心命脉，它左右着国家政策的演进。例如，法国教士在大革命中备受攻击打压，主要原因是他们是当时法国最大地产拥有者，资本主义要获得继续发展，就得先剥夺教士掌握的巨额财产。另如，美国的宅地法，被认为是 19 世纪 40 年代以来社会改革运动的一大胜利。①

其实，英国资产阶级革命的起源、独立战争前的英属北美十三州殖民地、辛亥革命前夕的中国、明治维新前的日本等，虽然各有特殊条件，但基本发展规律都与法国近似。

从大革命时期历届政府更迭的过程看，其根本原因依然是经济基础决定上层建筑问题。

第一阶段：大革命开始后第一个执政的是斐扬派，其政治诉求是建立保护资产阶级私有财产权神圣性的君主立宪政体，他们并未废除君主制。尽管在 1789 年 8 月，即革命后不久就颁布了《人权宣言》，但是，该宣言作为 1791 年宪法的前言，在宪法中真正能够落实的却只有"私有财产神圣不可侵犯"这一原则，对于其他人权，有时却用一些具体的立法予以约束，如集会和防抗压迫等人权就被《霞布列埃法》所取缔了。可以说，斐扬派真正关心的只有私有财产权。但是，由于该政府没有对城市"无套裤汉"、农民的

---

① 张庆海. 中学历史教学中的史学理论问题［M］. 吉林：长春出版社，2012：156-167.

诉求予以满足，导致政府执政乏力，在国内外敌人的压力下而垮塌。

第二阶段：随后上台的吉伦特派依然坚持斐扬派的对内政策，坚持自由经济，坚定维护私有财产权的神圣性，所以尽管其抗击外来干涉和镇压叛乱的力度决心都很大，但由于"无套裤汉"和农民的不支持，与斐扬派一样逃脱不了覆亡的命运。

第三阶段：雅各宾派上台的原因依然是自由经济和私有财产权问题。雅各宾派上台后，采取了与吉伦特派有所区别的政策，除继续坚决抵抗外来侵略外，创造性地采取了有条件地干预自由经济的政策：在城市实施最高限价法令，在农村实施以出售小块土地为特色的土地法令。这两项法令由于侵犯了自由经济原则，导致资产阶级的激烈反抗，以至资产阶级在1994年发动了热月政变推翻其统治。

第四阶段：热月政变后的资产阶级政府所采取的依然是斐扬派和吉伦特派的经济政策和原则——坚持自由经济政策和私有财产权神圣不可侵犯的原则。同样，他们与这两个政权的执政能力相似，即没有"无套裤汉"和农民的支持而没有保护私有财产的能力。但是，此时的资产阶级也看清了这一点，因此寻找拿破仑组成强有力的政府保护自己的钱袋。雾月政变结束了督政府的统治而开启了拿破仑时代。

第五阶段：拿破仑政权采取了几乎得到所有阶级支持的国内外政策，因此也得到了几乎所有阶级的全力支持。这里要强调一点，拿破仑政权是独裁的政权，该政权几乎取消了资产阶级刚刚在革命中获得的政治权利，但是，资产阶级为何会选择拿破仑作为自己的保护神呢？笔者的导师申晨星先生早在30年前上课的时候就指出，正是因为督政府坚持自由经济政策却无力保住自己，资产阶级只能选择了暂时放弃政治权利从而建立拿破仑式的强有力的能保护自己钱袋的政府。当然，拿破仑政府也的确不负资产阶级所托，在很短的时间内就在混乱的局势中稳定下来，并在法律和事实上完成了私有财产权的转移和确认。而当资产阶级确定自己的钱袋无忧后，他们记起自己的政治民主权利还在拿破仑手中，必须找时机抢夺回来，而后就开始寻找这样的机会。当拿破仑兵败莫斯科之后，资产阶级就开始实施自己的计划了。在19世纪20年代有法国史家总结说：正是拿破仑政权太过高效，将私有财产权完全确定之后，其历史使命就完成了，政权存在的前提也就消失了。"通过对拿破仑下台原因的分析，我们可以清楚地看到：首先，大革命任务完成，即维护资产阶级经济秩序的任务已经很好地完成，独裁政权亦已过时。此时即使封建王朝的后裔回来执政，也没有能力改变大革命以来财产权转移的事实了。在这一点上说，拿破仑政权越强有力，其倒台的时间越早。因为，拿破仑没能力再给他们好处了。其次，独裁政权原本并不是资产阶级所需要的，他们只是在自己的经济利益受到威胁时才选择了拿破仑政权，即在经济利益与政治权利之间选择了前者。而一旦前者得到保障，资产阶级会毫不犹豫地拿回失去的政治权利。"①

三、人民群众与英雄的历史地位

历史是人民群众创造的，这是马克思主义史学的基本观点，也是无产阶级政权所坚持的基本政治路线。关于这一原理，教材中有较多内容体现了人民群众的创造性。但是，在实际教学和阅读史料时，对历史唯物主义的这一原理还是存在较多误解的。

第一，人民群众对历史的创造性是在特定的历史条件下创造的。马克思指出："人们自己创造自己的历史，但是他们并不是随心所欲地创造，并不是在他们自己选定的条件下创造，而是在直接碰到的、既定的、从过去承继下来的条件下创造。"②这就是说，人民群众对历史的创造是有前提的，这个前提在中学教学中一般简单概括为理解时代背景（虽然这个表述不是十分准确），即人们是在某些特定的、具有一定特征限制的背景下创造历史，尤其是在历史是各种力量合力结果的内容中所阐述的，在历史活动中经济因素对历史创造的决定性作用，历史是在以经济为主的各种前提和条件因素的影响下发展的，历史的创造不是人们随心所欲的结果。比如，同为近代资产阶级民主革命，美国人创造历史的条件是：资本主义经济有较高水平的发展，资产阶级有一定规模并有一定的革命性，启蒙思想在北美得以传播，奴隶制广泛存在，更重要的是英国的殖民统治，这就决定了美国的民主革命具有民主革命的特征甚至是以民族革命的形式完成的，而且保留了野蛮的黑人奴隶制。

第二，历史的真正创造者是劳动的人民。人民群众对历史的创造性是具体的，不是抽象的。我们说历史是人民创造的，"人民群众是历史的创造者"。的确，这是马克思主义史学的重要结论。但是，我们在具体的历史研究和教学中，却总是将历史的积极因素归功于人民，而将罪恶推给罪恶的始作俑者、领导人。从总体上看，历史从低级向高级发展的历史规律和趋势也是人民创造的，即人类文明的发展是由人民创造的；从具体的历史条件看，不仅历史本身是人民创造的，创造历史的方式也是人民决定的，因而并不是

---

① 张庆海. 中学历史教学中的史学理论问题 [M]. 吉林：长春出版社，2012：166.
② 黎澍, 蒋大椿. 马克思恩格斯论历史科学 [M]. 北京：人民出版社，1988：67-68.

只有历史的积极因素是人民创造的，而消极因素也是人民创造的。关于人民对历史创造性的正面性，我们在教材中学到的比较多。① 但是，对人民有时也对历史的发展有负面影响很少提及。马克思在总结 1848—1852 年法兰西阶级斗争时在《路易·波拿巴的雾月十八日》以及相关论述该时期的著作中指出，1848 年法国工人发动了六月起义，在其最后失败的原因中，农民进城镇压工人是其中最重要的因素之一，农民此时不仅不是革命者，而且是反革命者——这也是对历史的创造。

我们在反思给人类带来的负面影响乃至灾难之时，一般都将罪责推给罪魁祸首，如殖民侵略的评价问题，对于日本侵略中国的战争，有的史家说，日本人民是好的，罪恶是法西斯党魁和政权。

德国人民对自己在二战中所犯罪行的认识是比较深刻的，德国总理在奥斯维辛集中营下跪忏悔，这是对罪行的真正忏悔——因为他代表的是德国人民，代表的是整个德意志民族。如果不是对罪行的深刻反省，仅仅将罪行推到希特勒等法西斯头目身上，总理何需替希特勒等下跪？正是因为人民也是罪恶的制造者。如果只是几个法西斯头目犯下了滔天罪行，与一般人民无关，当代的德国人、日本人就不需要为历史承担责任了。因为法西斯党魁不是已经受到惩罚，或者已经老死了吗？当然，德国和日本的法西斯党魁罪恶滔天，应该受到历史的审判，但这不能替代人民应该负有的责任。笔者在攻读硕士学位时，导师申晨星先生就在讲读经典著作时明确地指出了这一点，而且笔者对人民是历史创造者的辩证认识也是从导师的课堂上学来的，只是做了一定发挥而已。

第三，英雄是历史的产物，是时代的代表者和历史的重要创造者。首先，英雄的出现是由于时代的呼唤才有影响的存在。中学历史教学中常以拿破仑的出现解读英雄是时代的产物这一论断，这当然可以说明问题。不过，因为笔者在前面关于生产力与生产关系的问题上已经解读过，这里就不赘述了。其实，资产阶级需要英雄和强有力的政府保护钱袋本身就是时代的需要。任何时代、任何国家都需要自己的英雄，这就决定了英雄本身也分成很多类，常见的主要有：民族英雄、政治英雄、文化英雄、科学英雄等。当然，有很多英雄是身兼多种英雄身份的，如左宗棠既是民族英雄也是政治英雄。不同的时代呼唤不同种类的英雄。在春秋时代诸侯纷争、礼崩乐坏的情

---

① 笔者在这里强调人民在历史创造过程中也有负面影响问题，并没有任何污蔑和反人民的倾向，而是要以马克思主义的基本原理看待具体的人民，要以正确的人民史观看待作为人民的我们自己，以利于我们时刻检讨自己在社会和国家生活中可能也会犯的错误。

况下，需要孔子这一文化圣人的出现；在民族危亡关头需要毛泽东、华盛顿这样的民族英雄；在社会变革时刻需要邓小平这样的政治英雄来引领国家，等等。英雄与人民不是对立的，他们也是历史的创造者，而且是非常重要的创造者。19世纪的史家卡莱尔所倡导的英雄史观是错误的，因为其宣扬历史是英雄创造的，而非人民。他将英雄与人民对立起来，只承认英雄在历史上的地位，而且是独一无二的创造者。其实，英雄也是历史的创造者，他们在历史创造方面的价值主要表现为他们能顺应历史要求，走在时代前列，引领人民。以毛泽东主席为例，毛主席正是非常精确地看到20世纪二三十年代中国社会的主要矛盾，才总结出符合中国特色的革命道路，指导中国走上正确的土地革命道路；在抗日战争时期，又是毛主席正确分析了战争的规律，提出了持久战的战略构想，引导中国人民取得抗日战争的胜利……正是毛主席一次次在革命的历史关头能及时准确地把握时代脉搏，提出正确的解决时局难题的方案，才使中国革命最终取得成功。邓小平等改革家也正是把握了时代的机遇，正确指明了国家发展方向，引导中国人民再次走向辉煌。可以说，英雄是一个时代先进方向的代表，是他们引导人民走向正确的方向，他们与人民一起创造了人类历史，只是他们与人民在创造过程中所承担的角色有所不同而已。

第四，英雄是民族精神的象征。一个没有英雄的民族是没有灵魂的，是悲哀的，是没有梦想的。世界史上任何一个民族都有自己的民族英雄，英雄是他们的精神寄托，是民族凝聚力的体现。首先，任何一个民族都需要有自己的英雄。每个民族在其发展的任何阶段都需要有英雄的引领，只是不同发展阶段所需要的英雄类型有所不同而已，而英雄一般也能应时代的需求涌现出来。例如，在改革开放之初，社会需要的是技术革新能手、勇于改革传统的人；当前，我们更需要能使我们站在世界之巅的人，如袁隆平、屠呦呦等。他们是民族精神的寄托，是我们的榜样。其次，每个民族都会创造自己的英雄。新中国成立之后，我们需要建设新中国的新道德体系，雷锋作为道德楷模凝聚了我们的精神；当我们需要在贫穷的土地上建设自己的家园时，王进喜的奋斗精神就成了我们的楷模。国家和人民正是看到社会的需求，恰当地宣传他们的英雄壮举，宣扬他们的精神，使他们成为我们的楷模。法兰西民族在现代民族形成之时，就把贞德尊为圣女进行参拜，为自己的民族树立光辉的楷模，凝聚人民的爱国精神。再次，每个民族的英雄都是精神象征，是不可侵犯的。任何国家的英雄都受到人民的敬仰，而人民敬仰的不仅是英雄本人，更是英雄所代表的民族精神。任何对英雄的污蔑、羞辱，哪怕是质疑都是不允许的，因为受到侮辱的不仅是英雄本人，还有整个民族。所以，很多国家通过立法维护英雄的地位。

四、历史的规律和历史发展的偶然性、必然性

任何史学流派，只要能被称为具有完整独立史观的史学流派，都必须回答这样一个问题：人类历史是否有规律可循？如果有，历史的规律是什么？构成人类历史进程的历史事物是偶然的还是必然的？中学历史教学同样不能回避这些问题。

恩格斯有一段经典的论述能很好地回答这些问题："历史进程是受内在的一般规律支配的。即使在这一领域内，尽管各个人都有自觉期望的目的，在表面上，总的说来好像也是偶然性在支配着。人们所期望的东西很少如愿以偿，许多期望的目的在大多数场合彼此冲突，互相矛盾，或者是这些目的本身一开始就是实现不了的，或者是缺乏实现的手段的。这样，无数的个别愿望和个别行动的冲突，在历史领域内造成了一种同没有意识的自然界中占统治地位的状况完全相似的状况。行动的目的是预期的，但是行动实际产生的结果并不是预期的，或者这种结果起初似乎还和预期的目的相符合，而到了最后却完全不是预期的结果。这样，历史事件似乎总的说来同样是由偶然性支配着的。但是，在表面上是偶然性在起作用的地方，这种偶然性始终是受内部的隐蔽着的规律支配的，而问题只是在于发现这些规律。"①

恩格斯在这段话中明确表达了这样几层意思：人类历史整个发展进程是有规律可循的；人类社会发展的规律与自然界不同；历史的偶然性受规律即必然性支配；规律具有隐性特征；人们之所以会认为历史是偶然性的集合，缘于意识的目的与结果之间的矛盾，即我们把目的当作必然，而忽略了真正的导致必然结果产生的原因。

那么，人类社会发展过程中到底有哪些基本规律呢？历史唯物主义认为，人类社会发展的首要规律是人类是从低级向高级发展的，这是人类发展的总的趋势和规律。纵观整个人类发展史，人类在某些阶段的发展有所反复甚至倒退，但整体趋势是从低级文明走向高级文明。而看待人类文明进步进程的基本要素首先是生产力的发展水平。在人类文明早期，甚至到近代工业革命之前，人类文明的重要标志是农业文明的发展水平，因为这时人类处于自我生产保障阶段，而农业是所有文明国家几乎共同保护的产业，从事土地劳动的人的社会地位明显高于其他行业。工业时代开始至今，工业发展尤其

---

① 黎澍，蒋大椿. 马克思恩格斯论历史科学 [M]. 北京：人民出版社，1988：55-56.

是动力、制造业的发展水平成为衡量文明发展的重要标准。近代以来，人类文明的核心集中在工业发达国家，20世纪之前主要是英、法、德等国，这些国家成为世界文明的代表；20世纪中期以后，以美国为代表的国家成为世界工业文明的中心；进入新世纪以后，中国成为世界工业文明的新的重要中心。衡量人类文明进步趋势的第二个重要标准是制度性建设水平。历史唯物主义将人类制度发展的基本线索凝练为原始社会、奴隶社会、封建社会、资本主义社会和共产主义社会。当然，马克思主义史学的这一概括是基于他们对西方尤其是西欧社会发展历程的整体认识，未必适用于解释世界其他地区具体的历史发展阶段特征，但这一概括仍然对我们看待人类发展的整个历程具有指导意义。

制度性建设是衡量人类在发展总趋势道路上程度如何的另一重要标志。我们讲授中国近代史时经常提到西方文明是所谓的"先进文明"，其依据有两个：一是生产力即工业文明的发展水平，二是西方的近代制度文明的先进性。不过，笔者这里要强调的是，当制度和生产力文明发展较高，与人的发展相符合的时候，前两者作为标准是成立的，否则就是不成立的。就是说，近代西方文明的生产力和制度文明发展都是比较发达的，但是，其所发动的殖民战争和对亚非拉人民的奴役，不应该被称为先进文明。中学教学中制度文明方面的内容是比较多的，而且在讲授近代西方民主制度时更是花了大量篇幅来强调近代西方民主制度的进步性。如果仅就民主制度与封建制度的比较角度看，这个结论是正确的。但与民主制度建立相伴随的是对世界落后国家和民族的奴役，伴随着残忍的所谓奴隶贸易，这是对人性的蔑视与侮辱，是对历史学最根本原则的挑战，这样的文明是没有资格成为先进文明的。

历史发展规律的第二个重要表现是历史发展是螺旋式上升的，历史发展从来不是一帆风顺的。世界上没有不经过一次次阶段性尝试、阶段性失败和阶段性进步就可以取得质变的资产阶级革命。我们说戊戌变法是失败的，是因为我们给其设定了一个目标、给历史进程设定了一个目标，而最后没有达到我们的预期，所以我们视之为失败的。其实这是违反历史唯物主义的基本原理的，因为这种"失败"只是相对于我们预期结果的失败，而不是历史的失败。另外，我们看到，人类历史上后一个历史时代或时期并不一定要比前一个时期更为先进，有时人为的灾难会暂时中断历史的进程，甚至使人类的文明倒退。两次世界大战就是最好的证据。在经过两次工业革命后，西方社会的物质财富积累已经达到相对高的程度，而且西方社会民主制度普遍建立，在这种历史背景下，一般而言，社会发展应该更为文明，人民应该享受到更好的物质和精神生活，但两次世界大战相继发生并给人类带来无尽的灾难。其实，西方社会在20世纪初经历所谓"美好时代"之后，其社会深层积累了非常深刻的矛盾和社会危机，只是当时的西方国家没有清醒地意识到危机而已，而且即使有来自极少数清醒的人的提醒，人们还是会把他们当作疯子看待——尼采不就是被人看成疯子吗？西方人在付出了惨重代价之后，才更明白如何利用工业文明的成果和制度的优越性为人类造福。

偶然性和必然性是在20世纪饱受争议的问题。历史学科有很多学派和学者对历史的必然性提出质疑，微观史学认为，历史就是由一个个偶然的历史事物组合而成的，没有必然规律；还有的学者对历史决定论提出批评，20世纪40年代，著名学者波普尔在《经济学》杂志上刊发的批评历史决定论的观点影响了一大批西方学者，而反对历史决定论就是反对历史具有规律性的观点，认为历史是由偶然性的因素所构成的。这些观点不仅波及研究领域，甚至还影响到国内的中学历史教学。难道人类历史真的是由一个个偶然的历史事物组成的吗？历史唯物主义认为，人类历史是有规律可循的，是必然性与偶然性相结合的产物，其中必然性主导着偶然性，恩格斯上面的一段话已经清晰地解释了为什么人们会得出历史是偶然性结果的结论，即历史事物的结果一般不是人们预设的，所以人们才误以为历史是偶然的。以第一次世界大战的爆发为例，人们经常说正是那一声发自一个普通的民族主义者的枪声，导致了第一次世界大战的爆发，历史的偶然性在这里表露得非常充分。其实，在19世纪末20世纪初，西方世界的社会矛盾已经达到了非常尖锐的程度：法国在1894年发生了德雷福斯事件，该事件几乎使整个法国对民族、对国家的观念产生了巨大的分歧，甚至夫妻反目、父子成仇，法国分裂为两个阵营。该事件的直接起因虽然简单，但背后所隐含的社会意识分裂问题却非常严重，种族主义在法国首先泛滥起来，其性质与德国法西斯无异。几乎同时，欧洲其他国家的极端民族主义泛滥，并且没有受到有效打击，因此第一次世界大战的种子已经深深根植于这些国家。当然，第一次世界大战的爆发还有其他必然性因素，笔者这里只是从民族主义的极端发展角度进行分析的。也就是说，第一次世界大战的发生是必然的，至于是用什么方式、在什么地点、在什么时间，以及在哪些国家首先发生冲突则有着一定的偶然性。可以说，偶然性是必然性的具体表现方式。

第二节　历史唯物主义的基本方法

历史唯物主义是我们看待历史事物的基本原理和方法，是一个完整的思想体系，其内容非常丰富，如量变质变规律、否定之否定规律等。中学历史教学中适用且学生应该掌握的基本方法主要有阶级分析方法、科学辩证法和历史原因分析法，这几个方面的内容经常在高考试题中出现。

一、阶级分析法

阶级斗争学说是马克思主义史学用以分析阶级社会的重要方法之一。但是，由于"文化大革命"时期史学和政治生活领域滥用了阶级观念和阶级分析方法，甚至于从20世纪80年代开始，很多史家矫枉过正，摒弃了阶级斗争学说，开始孤立地采用马克思主义史学的另一重要理论方法即生产力和生产关系理论，有时甚至将这两种理论方法对立起来，笔者认为这是很不恰当的。其实，这两种马克思主义的基本理论方法不仅不矛盾，反而应该相互印证和支撑，因为两者不仅是相互联系的，而且在研究人类整个发展史过程中，各有自己更适用的领域。

前些年中学历史教学向学生推介一些源自国外的文明史观、全球史观、现代化史观，阶级斗争史观和以阶级视角、方法解释历史的理论方法似乎已经被人们淡忘了，历史课标和教科书中也没有明确凸显人类社会阶级斗争内容和阶级斗争在历史发展中的作用。例如，在中学历史课标和教材中，作为阶级社会发展动力的农民起义几乎避而不提，只是重点强调生产力的发展、世界市场的形成发展、全球化的趋势等。只有在中国现代史部分，才在共产党所领导的革命活动中对阶级斗争的内容略有涉及。在21世纪初课改之前，有关阶级斗争的内容是历史课标、教科书的主要内容之一，大概占教科书篇幅的五分之一。当然，笔者并不赞同在教材中占用如此高的比例讲授阶级和阶级斗争内容，但忽略这一内容也是不应该的，因为这不仅违背了历史唯物主义的基本原理方法，还违背了历史的客观存在。

阶级、阶级斗争学说是马克思主义史学的精髓，是我们现在分析阶级社会历史的重要学说和方法，是一个完整的理论体系，我们不能因为今天的社会条件而忽视历史上阶级社会长期存在的阶级和阶级斗争。放弃阶级斗争学说，将使我们对阶级社会的历史研究缺乏最恰当的历史解释方法和理论。即使是今天的西方史学，在看待历史发展的整个进程时，依然要强调生产力对生产关系的决定作用，只是他们没有经常使用马克思、恩格斯所提出的这一概念而已。例如，年鉴学派就非常重视该领域的研究。历史唯物主义认为，在阶级社会，阶级不仅在近代西方工业革命时期广泛存在，而且阶级斗争在近代存在的时间长且激烈。马克思和恩格斯的论述非常准确，人类历史上，除去原始社会的无阶级状态，其他时期，包括今天的人类社会，阶级和阶级斗争都广泛存在，只是各个历史时期的阶级斗争特征、内容有所区别而已。二战后，西方主要国家的经济飞速发展，其经济发展的剩余价值数额巨大，而且与第一次工业革命不同，由于科技的发展水平较高、产品开发更新更快，科技所带来的剩余价值比例增大，资产阶级已经不需要对工人进行超强度的压榨，也会分一些利益给工人，保障其基本的生活。同时，近代国家由于民族主义的发展，政府的性质也开始出现一些变化，即它不再仅仅代表资产阶级，也在一定程度上对平民予以保护。所以，西方发达国家的阶级关系有很大程度的缓和，不再是19世纪中期那样完全的针锋相对，而是采取较为温和的方式进行对抗。同时，由于中产阶级的迅速发展，其占国民总人口的比例逐年上升，也促进了阶级关系的缓和。一些政论家和历史学家由此得出结论：阶级斗争学说已经过时，不再适应当前的阶级关系，甚至有人提出现在已经不存在阶级而只有阶层的区别。对此，笔者认为，马克思主义的阶级学说依然具有历史的、现实的指导意义。

首先，阶级斗争是人类自有文明以来客观存在的历史表现。

从历史角度看，人类历史所经历的漫长历程中，只有原始社会没有阶级和阶级斗争，由于当时没有多少历史遗存保留到现在，所以人们的历史研究主要集中在文明社会产生之后，即文字记载历史开始后。而且，对于人类来说，文明时代的历史更具有研究价值。但文明时代都是阶级存在的时代，阶级存在即表明阶级斗争的存在，只是斗争的形式、程度和目标有所差异而已。

既然人类自阶级社会以来的历史都充满着阶级的活动，那么，阶级学说和阶级斗争学说就具有存在的价值。马克思的阶级学说强调阶级之间的斗争，而二战前的世界历史进程中，各阶级之间的关系是非常尖锐的，很少存在阶级调和的现象。以阶级斗争学说来分析这些时期的历史，才能发现历史的真相。

历史上的阶级矛盾曾非常尖锐，甚至多次爆发一个阶级旨在消灭另一个阶级的起义。奴隶制时代的阶级关系非常紧张，奴隶主掌握着所有的产品分配权力，他们将奴隶作为牲畜或一般财产一样看待，对奴隶具有生杀予夺的权力，他们让奴隶与猛兽决斗，将奴隶作为祭祀的贡品，用奴隶陪葬，等等。因而，在这个时期的罗马，发生多次大规模的奴隶武装起义就不是偶然的。

封建社会前期到末期，是以贵族与农奴的阶级斗争为主的时期。封建主严酷地剥削农民的生产成果，农民只有少量的生活用品。封建社会末期到1840年前后，以资产阶级与贵族的阶级斗争为主，其中也出现了资产阶级和工人阶级联手对抗贵族的历史现象。19世纪中期以后，以工人阶级与资产阶级的斗争为主，尤其在第一次工业革命结束前后最激烈。

19世纪末，阶级矛盾发生了很大的变化。近代大城市工人队伍在不断壮大，战斗力却开始逐渐减弱，这主要是工人的生活条件比起19世纪中前期有了较大的改善所致。义务教育的普及，使一般工农子弟有机会接受文化教育。同时，西欧各国开始实行职业资格的文化考试制度，包括公务员考试，这就使工农子弟通过从业资格考试，被纳入社会主体的轨道中。所以，工人的战斗力削弱，斗争性降低，既然有了合法争取权利的途径，为什么还要暴动起义呢？

西方国家中，英国是阶级关系最早调和的国家。第一次工业革命的顺利进行，使英国的工业资本家获得了超额的垄断利润，英国的工人状况也最早得以改善。状况改善后，工人阶级与工业资产阶级一道，参加了争取选举权的1832年议会改革，但改革的结果令工人失望，因为工业资产阶级的上层获得了选举权，而工人依然一无所有。于是，英国工人再次掀起了获得选举权的宪章运动。最后，英国工人通过合法的温和的斗争获得了选举权，参与到英国政治生活中。

相比而言，在近代中国，阶级关系极为复杂，阶级矛盾也非常尖锐。鸦片战争后，随着西方的殖民入侵，中国的阶级关系发生了很大变化，从简单的地主与农民的矛盾，逐渐演化为工人与资本家、农民与地主、民族资本家与外国资本家的矛盾。这些矛盾相互缠绕，错综复杂，国内外各种势力参与其中，使得中国的革命愈加艰难，同时也形成了更具有彻底性的民主革命追求，最终推动了中国近代民主革命的跨越式发展。

其次，从当前阶级关系存在的现实看，阶级斗争学说依然具有指导意义。

虽说当前世界很多国家的阶级关系已不再紧张，调和特征比较明显，但只要存在社会分工，存在社会经济成果的分配关系，阶级关系就依然存在。阶级关系的调和不等于阶级之间没有矛盾冲突，如何解决矛盾是所有当政者和所有人关心的问题。很多人对马克思主义史学所强调的阶级斗争史观抱有较大的偏见，以为强调斗争就是鼓动双方进行你死我活的激战，其实不然，马克思本人就非常重视斗争的方法和策略。19世纪中期，德意志在统一过程中存在着两条道路的斗争，当时很多工人代表提出不给资产阶级以支持，马克思则认为资产阶级是封建主的死敌，应该在封建主义还没有退出历史舞台之前给予资产阶级以支持。第二国际的领袖们采取妥协方式对待米勒兰入阁事件前，恩格斯已经发表文章说，由于当前经济的发展，工人阶级的斗争性减弱，大城市工人起义更容易被镇压，因为19世纪后期铁路网络四通八达，军队力量通过铁路得以辐射全国，在西欧进行武装起义已经不合时宜。列宁在十月革命前也曾设想通过和平道路取得政权。所以说，马克思主义史学并不一味强调暴力的阶级斗争。

笔者以为，当前世界富裕国家的阶级关系的确与近代早期的西方阶级关系不同，没有必要强调阶级冲突。但阶级间的利益分配矛盾的存在，必然要通过阶级间的协调解决。前不久，美国NBA发生劳资关系的矛盾冲突，最后就是在协调的方式下得以解决的。这就是当代阶级矛盾的存在和阶级关系处理的形式。

现在，国内很多人认为，阶级已经不复存在，应该用阶层代替阶级作为新的概念。笔者不赞成在历史教育中使用这一新概念。我们国家现在生产力发展很快，已经成为世界GDP第二的生产大国，人们的生活水平得到质的提高；同时，政府执行共同富裕的原则，对弱势群体给予了最强有力的补偿和救济。但是，即使在经济如此高速发展的今天，我国的贫富差距依然很大，各个利益集团之间的矛盾依然存在。人们生活的改善、生产力水平的高速发展、政府的有力调配，都不能阻止各个利益集团在社会生产中担当不同的角色，这些不同角色的存在本身就说明阶级的存在。

另外，当代社会阶级已不固定，流动性大。第一次工业革命时期，阶级身份相对比较稳定，工人要想通过努力成为企业主的可能性不大，甚至可以说是不可能。当时要成为企业主的条件主要是拥有一定规模的财产，而社会条件却决定拥有财产的途径主要靠继承，而不是个人创造。近代早期，生产力发展水平不高，而且由于没有义务教育，工人没有技术资本。所以，工人想通过积累、技术更新的方式进入企业主行列也是不可能的。但在当代社会，由于任何一个家庭的子女都可以通过努力获得技术上的优势，具有技术资本，从而成为企业主或成为中产阶级一员；同时，现代社会的资金积累方式也发生了变化，一般家庭子女同样可以获得贷款或经过积累，获得创业所需的资金要求。所以，在较为发达和发展顺利的国家，都强调协调各个阶层在生产和利益分配中的矛盾，而不是强化阶层利益的矛盾冲突，避免矛盾冲突的爆发。

现在，国内史学家们一般不谈历史上的阶级矛盾，这是背离历史现实的。而现实中的阶级，我们似乎以阶层来淡化阶级的斗争性，这是可以理解的，因为我们曾受过阶级斗争扩大化的痛苦。不过，按马克思的阶级史观，阶级存在是共产主义社会实现前必然经历的过程，只是我们不要强调阶级对立。通过政府的政策调和阶级间的利益，并发挥各自在生产中的价值，是有利于经济发展和社会稳定的。

马克思原话针对当时现实，但即使世事变迁，生产力飞速发展，最下层人民的生产条件已经有较大程度的改善，现代发达国家和条件较好的发展中国家都出现了阶级关系缓和的趋势，甚至一些国家的阶级划分已经表现得比较模糊，但只要存在社会分工，存在分配环节所占用资源的不平等，阶级和阶级关系就依然存在。而只要有阶级存在，马克思主义的阶级观念就仍有现实意义，只是不要绝对化地理解和使用该观念从而人为造成阶级对立即可。当然，用阶层概念替代阶级概念也是比较明智的办法，在新的历史条件下使用新的概念，有利于我们放下历史的包袱（我们曾使用过的错误的阶级观念），不必纠缠于所谓的概念游戏，只要对现实的国家建设、稳定的生活和社会发展有利，概念也是可以改的。

不过，在中学历史教学中，应用阶级史观教学毕竟是一个重要的内容，而且应与文明史观、全球史观、现代化史观一道，成为中学历史教学的四种最重要的史观。在历年的高考试卷中，也多次出现阶级史观指导下的试题。所以，中学历史教师必须准确掌握阶级史观的分析方法，并以之引导学生分析历史事物、考察历史发展进程。

有中学教师总结说，以革命史观看待历史进程，将人类历史分成五种社会形态，每个历史阶段都有一条红线（阶级斗争）推动历史的进步，而两对矛盾（生产力和生产关系、经济基础与上层建筑）是社会的主要矛盾。当然，也有很多教师误解了阶级史观及其分析方法。例如，有学者提出，近代西方的传教士来华传教，具有殖民侵略的性质。一些教师认为这个结论是革命史观或阶级史观的表现，对其产生排斥心理。其实，不论从怎样的史观出发，西方的殖民侵略就是殖民侵略——这是事实。难道从文明史观出发，侵略就能变成文化交流了？

从现行的历史课程看，虽然已经采用多种史观并举的方式，丰富了史观教学的内容，从而淡化了阶级史观，但阶级分析方法在具体事例的分析中却应用得非常广泛。例如，我们在讲述任何一次社会变革的历史背景时，都会讲到新经济形式的出现，继而导致新的阶级产生，而新的阶级与传统的保守的统治阶级矛盾冲突，最终导致革命或改革的发生。在新的社会形态的产生过程中，无论革命与改革成功与否，历史教科书都会以新阶级的成熟程度为依据来进行分析。例如日本的明治维新，由于资产阶级发育不成熟，其改革是在外来的推动下提前发生的，所以改革极为不彻底，领导阶级的封建性很强，继而导致国家的封建性也非常明显。这种分析方法几乎在任何一部中学历史教科书中都可以找到。

二、科学的辩证法

历史唯物主义的辩证法是马克思主义重要的思想方法，是其分析一切历史事物的具体的方法。我们当前的中学历史教材和课标都坚称要以"唯物史观"作为指导思想，必然将应用辩证法作为分析历史事物的基本方法，也在很多历史问题分析方面体现出辩证法的灵活应用。历史辩证法是中学历史教学中最重要的分析方法之一。马克思主义史学的辩证法是历史辩证法，而历史辩证法要具有如下原则。

第一，辩证法不是由一方面和另一方面组成的，辩证法包括两点论和重点论，并非只有两点论。

我们必须先认清历史辩证法的基本内涵。很多学者和教师都熟知两点论和重点论相结合是看待历史问题的辩证法的最基本原则，但在具体进行历史认知和解释的时候，却有时违反该原则。他们错误地认为，所谓的全面地、一分为二地看待问题就是辩证的方法，其实不然。例如，20世纪80年代很多学者对克伦威尔的评价产生了严重分歧，有人认为此人是反革命的代表，他葬送了共和国，建立了军事独裁体制，远征爱尔兰，镇压平等派和掘地派等；有人则说他是近代英国的奠基人，是伟大的革命家。这种分歧是很正常的，因为研究者的史观不同。但是，另有一些看似客观，声称自己是用辩证法分析问题的专家，他们认为克伦威尔是"一身二任的矛盾的历史人物"，他一方面镇压了平等派、掘地派，远征爱尔兰；另一方面又是资产阶级革命家，是英国近代化的奠基人——总之，此人对历史有功也有过。这种分析方法不是辩证法，而是诡辩法。类似的误用辩证法的例子还有很多，如对人民群众在历史上地位的评价、对战争罪行的评价、对近代西方殖民侵略的基本评价等。

马克思曾在批评普鲁东的研究时指出，其研究其实只有一句话：一方面和另一方面。就是说，对事物的评价不能看似客观地一方面列举和分析其优点，另一方面又分析其缺点，这是没有重点论的两点论，即没有对事物定性的两点论，等于什么也没说。马克思在《路易·波拿巴的雾月十八日》中为我们清晰地展示了辩证法的应用原则，他认为：老拿破仑（即拿破仑一世）是一个浑身都是缺点的伟大的英雄，而小拿破仑（拿破仑三世）则是有着诸多优点的小丑。马克思对二人的评价中，首先肯定了双方的性质定位，一个是英雄，一个是小丑。而至于二人的其他方面，无论是英雄的缺点或小丑的优点，都是有前提的。我们对很多事物的分析都应像马克思一样，不要两个方面都说了，但等于什么也没有说——一个事物到底是什么？我们必须要首先回答这一问题，然后再具体分析该事物的全面的特征。①

第二，用历史辩证法对事物进行分析时要具体分析历史事件或人物，不能千篇一律地贴标签。

每个历史事物都是具体历史条件下的产物，因此涉及该事物的属性和价值时就需要具体问题具体分析，不能简单地给事物贴标签。例如，一些人将孙中山先生从君主立宪派转变为共和派定性为历史的进步。这种说法只是简单地将共和思想和共和派看作是比君主立宪思想和君主立宪派更为高明更为高级而已，因为他们没有解释为什么在当时的历史条件下共和派比君主立宪派更符合中国的社会现实，因为只有符合中国实际的思想、理论和主张才是正确的，不能简单地看是否共和派。英国至今都是君主立宪制，难道英国的制度在世界上很落后吗？马克思看待拿破仑和他的侄子路易·波拿巴的问题上就非常明确地使用了具体问题具体分析的原则方法。虽然拿破仑和他的侄子所建立的都是帝制，都是独裁政权，但马克思评价拿破仑是英雄，而其侄子尽管比拿破仑更民主一些，却被批判为小丑。他们虽然做了几乎相同的事，但马克思的评价却截然相反，其原因就在于历史背景不同即历史所提出的时代使命差异。拿破仑时代正处于法国大革命政权风雨飘摇，革命果实随时可能被封建的宗教势力夺回，革命可能夭折的关键转折之时，此时需要做的就是保护法国大革命的成果，促成法国向现代国家转变，拿破仑政权正是顺应了这一历史潮流，因此马克思称拿破仑为"英雄"；相反，路易·波拿巴在法国已经接近工业革命完成，资产阶级革命成果完全稳定的时代背景下，也同样采取独裁的政体，因此被马克思认定为"小丑"，他是在逆历史的潮流而动。

三、历史背景和历史原因

历史背景和历史原因是有严格区别的，但在中学历史教学中二者却经常被混淆，尤其是在考核中。当然，在高考中以历史背景来回答历史原因的问

---

① 张庆海. 中学历史教学中的史学理论问题［M］. 吉林：长春出版社，2012：148-149.

题并没有什么不对，因为历史原因对于中学生来讲是难以回答的，甚至是不可能回答的，所以只好从历史背景中寻找答案。

何为历史背景？何为历史原因？前面已经讲过，马克思关于历史事物发生的历史条件的论述，这个历史条件就是历史背景，即一个历史事物发生和发展过程中这个时代的基本条件和基本特性。简单地说，历史背景是历史事物发生和发展过程中历史的时代特征。而历史原因，则是促成历史事件发生发展的具体的历史要素，这些要素与历史事物的发生发展有着直接的联系。关于这些论述，所有的史学理论著作中都有详细的论述，笔者这里举鸦片战争的历史原因为例，具体说明历史背景和历史原因的差别和二者的内涵。

首先，不论是大学教材或以往的中学教科书在讲到"鸦片战争"一课时，其历史原因的叙述内容，本身就是历史背景，而没有历史原因的系统分析。如大学教材将历史原因概括为，英国方面：资产阶级革命完成，建立了君主立宪制，为资本主义的发展提供了制度保障；工业革命的顺利进行，国内市场狭小，需要寻找广阔的国际市场。中国方面：政治腐败；经济凋敝；军备松弛。其实，这就是鸦片战争发生时中英双方的基本背景，不是历史原因。

其次，要总结和分析一个事物的历史原因，需要注意两个要素：一是需要回答几个问题：为什么在这个时间发生？为什么在这个地点发生？为什么以这种方式发生？为什么会以这种方式结束？等等。笔者曾在《中学历史教学》杂志上发表过关于鸦片战争发生的历史时间和地点的分析。仅以历史事件发生的地点而言，笔者所强调的是，不仅要解释鸦片战争发生的地点，而且要解释为什么鸦片战争发生在中英之间，为什么英国扩展世界市场要选择中国？笔者认为，在1840年前后，英国扩展殖民地和世界市场的最佳选择就是中国，理由如下：当时的美洲，虽然资本市场比中国要开阔，美国的资本主义发展已经有一定的规模，但美国与英国刚刚经历了一场大战，难以实现英国对美国市场的掠夺，且拉美也刚经历了独立战争，处于美国的拉拢和控制之下，不适合作为英国殖民的理想目标；东南亚国家基本被早期殖民国家瓜分完毕，英国如果强行插手该地区，势必与传统殖民国家发生冲突乃至战争；至于西亚和中亚地区，当时英国正在与俄国法国等强国激烈竞争，由于地缘因素，俄国在许多方面都占有一定优势；在欧洲大陆，英国虽也积极倾销自己的工业品，但它从未指望能将欧洲大陆变成自己的殖民地或势力范围，因为这比征服整个亚非拉国家难度还要大，当时世界强国主要集中在这里；非洲除北非和其他一些沿海地区早已被殖民外，其他地区到19世纪末才开始被殖民化，主要是因为非洲内陆的传染病对殖民者是致命的威胁，在

19世纪末抗生素出现以前，非洲在19世纪中期也没有任何可以殖民的地区了。所以，尽管世界很大，但在19世纪中期，英国可以选择殖民的地区已经不多了，东亚尤其是中国是其最佳选择。而东亚的日本在19世纪50年代也被美国打开了国门。二是要注意，历史原因一定要与历史事件联系起来，即历史原因是如何促成历史事件的发生的，我们要注意这里提到的"如何"二字。也就是说，历史事件的发生发展，到底与哪些因素有关，这些因素又是如何一步一步促成历史事件的发生发展。笔者在读大学时，当时教授我们"中国古代史"学位课程的是黄中业教授，先生在课堂上非常严格地教过我们区分科研和学习的差异，也强调过论述历史原因的基本原则，即构成历史原因的要素必须与历史事物联系起来，笔者虽然现在想不起先生所举的案例，但先生所授原则至今牢记。笔者认为，所谓历史原因要素与历史事物相联系，就是指我们必须说明或证明历史原因在何时何地，以怎样的方式，在多大程度上对历史事物产生了哪些具体的影响，其中的每一条都需要详细证明。列举一个反证：我们经常在学位论文中看到论证西方中世纪妇女地位低下的论题，在分析妇女地位之所以低下时，几乎都从宗教的角度分析，说基督教如何如何歧视妇女，又列举了《圣经》如何对妇女有怎样的规定等等。但是，他们就是不讲《圣经》的这些规定到底在哪些方面在什么条件下对他们所研究的具体的妇女问题产生了怎样的影响，而做不到这一点，其实就不是历史原因分析。

  历史唯物主义是庞大科学的思想体系，是我们进行历史教学的指导思想和原则。同时，历史唯物主义也是开放的和发展的思想体系，将随着历史本身的发展而不断丰富和完善。历史唯物主义揭示的是历史解释的主要原则，是历史发展基本规律，这是我们历史教学的基本依据和必须遵守的核心史观。其实，历史辩证法还包括非常多重要的研究方法和原则，如否定之否定定律、量变质变定律等，都是非常需要学习和掌握的方法，只是由于篇幅有限，本章只先介绍这些内容，我们会在另章向大家介绍其他重要内容。

第二章　历史唯物主义与历史教师专业发展

历史唯物主义是当代中国史学的指导性史观，是对马克思主义史学的精确表达，是现代科学史学的重要代表。教育部《普通高中历史课程标准（2017年版）》明确要求学生具备以唯物史观观察和解决历史问题的素养，并具体指出了唯物史观的四个层次。由此可见，历史观的教育是历史教学和研究的关键，正如庞卓恒所说："历史教育的根本目的，是培育学生科学的历史观。"[①] 赵亚夫强调："养成正确的历史认识是中学历史教育的落脚点，只输出历史知识或认为有了历史知识即历史认识的观点必然导致历史教育的死亡。"[②] 要培养学生的历史唯物主义素养，中学历史教师必须先具备对历史唯物主义素养内涵与本质的理解，并且能在教育教学与日常生活中潜移默化地渗透和落实。

历史唯物主义素养的培养和提升，是历史教师专业化发展的关键，教师在历史研究、教学教育过程中有着科学的历史观，是达到启迪人生服务社会的保障，也是让历史教师的专业发展超越技术活动，成为有生命追求和精神内涵、达到自我价值实现的活动。历史教师培养历史唯物主义素养的途径是多元化与复杂性的，目前学者们对历史教师专业发展路径的研究已经有比较丰富的成果，历史教师成长路径可以归纳为14类，概括为：自主发展、增加阅历、系统阅读、专注德育、扎根课堂、成长记录、教学反思、执著研究、跨界行走、陶冶情趣、善用技术、收藏积累、团队协助与培训研修。[③] 关于历史唯物主义的培养路径，也有学者专门对其进行论述，主要侧重对历史唯物主义内涵的理解与课堂实践实施方面，如对内涵理解的途径有：学科联动，掌握唯物史观的基本观点；认识唯心史观的局限性，理解唯物史观的科

[①] 庞卓恒. 历史教育的根本目的是培育科学的历史观[J]. 历史教学（高校版），2003（1）：10-11.

[②] 赵亚夫. 个性·创造性：新世纪中学历史教育的核心（续1-7）[J]. 中学历史教学参考，1999-2001.

[③] 黄牧航. 论中学历史教师的专业内涵与成长路径[J]. 历史教学（中学版），2017（3）：16-21.

学性；理解唯物史观与其他史观的内在一致性等。在课堂教学中渗透唯物史观的方法有：研究课标，把握立意前提；引入故事，增强课堂生动性；构建场景，寻找历史发展规律；视角多元，掌握唯物史观的辩证性等。

从目前研究的前沿看，历史学界的专家和学者们探讨教师专业化发展的内容已经非常丰富与成熟，《普通高中历史课程标准（2017年版）》将历史教学拉入核心素养的时代，就核心素养与教师专业发展方面，很多学者已经开始探索并初见成果。但是从目前的研究来看，在历史唯物主义素养与教师发展方面尚不够深入，教师通过何种途径培养历史唯物主义素养、如何使培养历史唯物主义核心素养真正落地、历史唯物主义是如何指导课标、教材如何编撰等问题都需要回答。我们将在本章中梳理这些问题。

历史唯物主义核心素养统摄了其他四大素养，具有极高的理论地位，把握历史唯物主义的内涵和价值，阅读应该是首要且最重要的途径。但是阅读哪些著作、怎么阅读？这是笔者要在本节探讨的主要内容。

第一节　经典原著阅读

教育部《普通高中历史课程标准（2017年版）》在论述历史课程性质时，开篇就提到"历史学是在一定历史观指导下叙述和阐释人类历史进程及其规律的学科。探寻历史真相，总结历史经验，认识历史规律，顺应历史发展趋势，是历史学的重要社会功能"，"普通高中历史课程，是在义务教育历史课程的基础上，进一步运用历史唯物主义观点，以社会形态从低级到高级发展为主线，展现历史演进的基本过程以及人类在历史上创造的文明成果，揭示人类历史发展的基本规律和大趋势，促进学生全面发展的一门基础课程"。可见这里说的指导性的历史观就是历史唯物主义。在"基本理念"部分，课标明确指出"历史课程要以唯物史观为指导，对人类历史发展进行科学的阐释，将正确的思想导向和价值判断融入对历史的叙述和评判中；要引导学生通过历史学习，认清历史发展规律，对历史与现实有全面、正确的认识，形成实事求是的科学态度以及正确的世界观、人生观、价值观和历史观"。①因此培养和提高学生的历史学科历史唯物主义核心素养，是历史课程

---

① 中华人民共和国教育部. 普通高中历史课程标准（2017年版）[M]. 北京：人民教育出版社，2018：2.

的目标之一。教师必须先具备历史唯物主义核心素养,才能培养学生形成正确的历史观。历史教师如何培养历史唯物主义核心素养呢?阅读经典、原典是最基础、最重要也是最便捷的路径。

一、经典原著推荐

什么是经典、原著?顾名思义,历史唯物主义的经典是马克思主义经典原著。学习经典原著,主要就是通过经典文本,来掌握历史唯物主义的基本原理和方法。

历史唯物主义的创建有一个客观的发展过程,在此过程中诞生了一系列经典著作。通过阅读马克思、恩格斯的这些原著,教师可以更直接地了解历史唯物主义产生的过程及相关历史哲学思辨的历程,这对于把握历史唯物主义的基本概念及基本理论的来龙去脉会有极大帮助。中学历史教师加深历史唯物主义基本理论功底是探讨教学内容的争议、回应教学实践中的困惑、实现教学思路创新的重要前提。中学历史教师如果想在一线教学实践过程中坚持历史唯物主义,培养高中生的历史核心素养,就需要阅读马克思主义理论原著,研究历史唯物主义的学术著作以及在此思想指导下的历史著作。

现将与历史唯物主义相关的重要马列原著列举如下,根据著作内容和著作的前言、导读,对所列著作进行简单的内容介绍。

1.《关于费尔巴哈的提纲》

该著作是历史唯物主义萌芽阶段的著作,是马克思超越费尔巴哈走向历史(和辩证)唯物主义的标志,是马克思主义新世界观的历史起点和逻辑起点。该书通过揭露和批判从前一切唯物主义的主要缺点,初步制定了科学的实践观,并以新的实践观为锁钥打开了认识社会历史的大门。在《关于费尔巴哈的提纲》中,马克思阐明和表达了辩证唯物主义基本原理,如辩证唯物主义的认识论认为,认识是能动的反映,实践是检验认识真理性的标准,人的本质是一切社会关系的总和等,以简洁的方式对最重要的基本原理进行阐述,确立了辩证唯物主义的基本框架,是研究唯物主义的一篇基础性文章。该书在检验真理的标准和人类认识的基础、社会发展和人的发展的关系、宗教的社会根源和消灭宗教的途径、人的本质和社会的本质等一系列重大问题上第一次提出了马克思主义的根本观点,作出了经典性的表述。该书申明了马克思主义的阶级基础和历史使命,鲜明地显示了马克思主义的阶级性和实践性两个显著特点。只有站在无产阶级的立场,把它当作指导实践、改变世界的理论武器,才能真正弄懂并正确运用历史唯物主义。

2.《德意志意识形态》

《德意志意识形态》是马克思主义形成时期的一部重要著作，是唯物主义历史观的奠基之作。在该书中，马克思、恩格斯首次系统阐明了历史唯物主义的基本原理，包括社会存在与社会意识、生产力与生产关系、经济基础与上层建筑的辩证关系；批判了德意志意识形态的颠倒性和虚假性，揭示了其与德国社会矛盾和阶级关系的本质联系。以此为逻辑前提，立足于唯物史观，马克思、恩格斯对一系列重要问题做了深入系统的研究。这些问题包括：意识形态的根源、本质及其生产机制以及无产阶级意识形态的建构原则。马克思、恩格斯对这些问题一一给予了历史唯物主义解答，为无产阶级意识形态理论的确立奠定了重要的原理基础。不仅如此，浸透其中的唯物史观的立场、观点和方法，对于当下的中学历史教师认识和解决意识形态问题，仍然有着重要的时代价值。

3.《路易·波拿巴的雾月十八日》

《路易·波拿巴的雾月十八日》是一部评述法国政局的著作，由马克思撰写，针对的内容是路易·波拿巴发动的政变。马克思将文章命名为"雾月十八日"，是极其具有讽刺意味的。在马克思看来，虽然1851年12月2日路易·波拿巴发动的政变也是推翻共和建立帝制，从表象上看，似乎是历史的又一次重演，但这次政变与1799年11月9日拿破仑的"雾月政变"相比，更像是一场闹剧，为表讽刺，故取名叫《路易·波拿巴的雾月十八日》。这是一部典型的政论性历史著作，恩格斯曾称赞其为"天才的著作"。在这篇文章中，马克思对法兰西第二共和国的各种问题展开论述，分析法兰西第二共和国蜕变的历史，充分体现了历史唯物主义阶级分析法。《路易·波拿巴的雾月十八日》这篇文章在整个科学社会主义体系中占有重要地位，如果马克思主义中缺失了这部著作，那么整个理论体系就会失去落脚点和归宿，对于后世的国际工人运动而言也会是一种损失。从马克思主义哲学的角度来说，其主要内容包括辩证唯物论、唯物辩证法、认识论和唯物史观四大部分，唯物史观则是理性认识指导实践的一个中间环节，因此对于这个部分的文献阐述必不可少。我们知道，马克思的《关于费尔巴哈的提纲》是唯物史观的一个起源，《德意志意识形态》则第一次系统阐述了唯物史观的基本观点，从学理上奠定了它的地位。而《路易·波拿巴的雾月十八日》这部著作则是第一次较为系统地把唯物史观放到了法国大革命的具体历史背景下，对法兰西第二共和国的历史事件进行分析，同时也检验了唯物史观的客

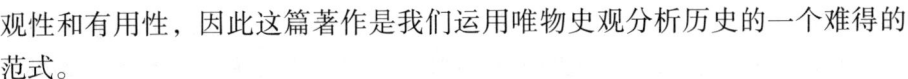

观性和有用性，因此这篇著作是我们运用唯物史观分析历史的一个难得的范式。

4.《共产党宣言》

《共产党宣言》是马克思、恩格斯的经典著作，是几乎所有人文学科研究议题的学术入门，也是深入认识当代社会最精辟的教材，值得反复研读。该书发表于1848年，是工业革命的产物，为国际工人运动提供指导，是科学社会主义的纲领。该书前三章集中体现了历史唯物主义的重要观点。第一章为资产者和无产者。马克思与恩格斯在这一章中充分运用了历史唯物主义的观点，深刻剖析了历史上所有社会的矛盾都是生产力与生产关系的矛盾，进而分析资产阶级和无产阶级的产生、发展及其相互斗争的历史过程。最终论证了无产阶级革命的必要性和必然性。恩格斯在《共产党宣言（1883年德文版序言）》中对贯穿《共产党宣言》的基本思想做了一个精辟的概括："每一个历史时代的经济生产以及必然由此产生的社会结构，是该时代政治的和精神的历史的基础；因此（从原始土地公有制解体以来）全部历史都是阶级斗争的历史，即社会发展各个阶段上被剥削阶级和剥削阶级之间、被统治阶级和统治阶级之间斗争的历史；而这个斗争现在已经达到这样一个阶段，即被剥削被压迫的阶级（无产阶级），如果不同时使整个社会永远摆脱剥削、压迫和阶级斗争，就不再能使自己从剥削它压迫它的那个阶级（资产阶级）下解放出来。"[①]

5.《〈政治经济学批判〉序言》

《〈政治经济学批判〉序言》由马克思、恩格斯合著，马克思从写作《1844年经济学哲学手稿》开始，就有意识地对资产阶级经济学展开了批判。历史唯物主义的历史性思想是马克思政治经济学批判的理论基础。该书从国民经济学的前提出发，从资本主义社会的经济事实出发，马克思找到了打开资本主义社会秘密的钥匙，即通过对劳动、私有财产的批判，将其与资本、工业的现实关联揭示出来。马克思通过政治经济学批判这一巨大的工程，描述并阐释了资本主义的发展动力、运行方式和内在逻辑，从资本主义发展的动力中揭示导致其自我解体的力量，从资本主义制度的最大优势中寻找这一文明的根本缺陷，并在其内部发现了构成资本主义解体的根本矛盾和

---

① 马克思，恩格斯. 共产党宣言 [M]. 中共中央马克思恩格斯列宁斯大林著作编译局. 北京：人民出版社，2018：7.

促使共产主义生成的革命因素，把共产主义的潜在趋势和可能面貌呈现出来，从而使资本主义的历史限度自行绽开，以此构成了对资本主义的决定性批判。政治经济学批判把历史唯物主义确立为展开理论研究的哲学基础，"现实的人"作为马克思的理论出发点，使整个政治经济学批判能够突破现代意识形态的限制，而立足于社会现实、社会关系、交往活动等人类的生存根基之上。

6.《家庭、私有制和国家的起源》

《家庭、私有制和国家的起源》写于1884年3月至5月，是恩格斯晚年运用历史唯物主义分析原始社会的一部全面、系统的重要著作。该书运用唯物史观的基本原理，以有关社会历史现象和人类早期社会发展的翔实史料为依据，考察了原始社会的基本结构和特殊发展规律，阐释了私有制、阶级和国家的起源、本质及消亡的历史规律，是马克思主义唯物史观乃至马克思主义整个科学体系发展史上里程碑式的力作。深入学习这一著作，对正确认识原始社会的基本状况及私有制、阶级和国家等问题，深化对历史唯物主义、整个马克思主义的研究，有重要的理论和现实意义。

7.《反杜林论》

《反杜林论》在历史唯物主义发展史上有极其重要的地位。在该书中，恩格斯对马克思主义的三个组成部分及其相互联系做了全面的论述和详尽的阐述。该书的内容主要是一部历史唯物主义著作，作者的论战对象杜林，不仅是绝对的形而上学者，更是一个历史虚无主义者，他既否定前辈思想家的历史建树，更否定人类社会历史的发展和进步。因此，研究《反杜林论》中的历史唯物主义，在理论上和实践上都有重要的意义。

阅读以上所列的马克思、恩格斯经典原著，我们可以基本把握历史唯物主义的基本内涵和方法。在教学、研究过程中，当我们对历史唯物主义的内涵和方法感到困惑时，建议回归经典、原著，通过阅读更好地理解其内涵。

二、阅读方法与建议

阅读马克思主义经典原著不仅是历史教师提升历史唯物主义素养的关键，也是从事历史教学和研究的基本能力。对与历史唯物主义内容相关的经典著作了解后，下一个重要的问题即如何阅读经典。我们可以在前辈和专家们关于马列经典导读的引导下阅读，也可以通过一些读后感和读书札记了解阅读方法，静下心来，认真啃一部经典，去探索适合自己的经典阅读方法。

目前已出版的马克思主义经典的导读系列图书成果丰富，如《马克思主义经典著作选读导读》（郇中建编，人民出版社 2001 年版）、《马克思主义经典著作选编与导读》（谭培文编，人民出版社 2005 年版）、《马克思主义经典著作选读》（中共中央马恩列斯著名编译局马列部、教育部社会科学研究与思想政治工作司编，人民出版社 1999 年版）、《马克思主义经典著作导读》（李爱华编，北京师范大学出版社 2008 年版）、《马克思主义经典原著选编导读》（翁志勇编，上海大学出版社 2008 年版）、《马克思主义经典导读》（杨春贵主编，中共中央党校出版社 2017 年版）等。可见导读既有原著，也有原著以外的经典。类型多样的马克思主义经典的选读与导读，可以帮助我们更有效地去阅读，了解经典的核心内容与结构。下面以《马克思主义经典原著选编导读》《马克思主义经典导读》（以下分别简称为《选编导读》与《经典导读》）中《关于费尔巴哈的提纲》的导读为例（见表 2-1），简单谈一谈目前导读的特点。

表 2-1 《马克思主义经典原著选编导读》与《马克思主义经典导读》中《关于费尔巴哈的提纲》的导读

著作名称	《关于费尔巴哈的提纲》导读
《马克思主义经典原著选编导读》	第四篇　马克思《关于费尔巴哈的提纲》 第一部分　《关于费尔巴哈的提纲》 第二部分　《关于费尔巴哈的提纲》导读 　　时代背景 　　内容提要 　　现实意义 　　问题思考
《马克思主义经典导读》	一、关于费尔巴哈的提纲 　　导读 　　原文

从目录可见，两本著作除内容范围之外，体例上也有很大的差异。《选编导读》的内容相对较为详细，导读涉及著作产生的时代背景、内容提要、现实意义与问题思考，比较适合深入研究的人阅读；《经典导读》则相对较为精练，侧重对著作中的核心观点进行引导和阐述，以帮助读者理解。鉴于导读的多元化倾向，建议在选择导读时先看目录了解体例后，根据自己的需求进行选择。

在经典著作导读之外，中央编译局立足于21世纪中国和世界发展的现实，对马克思、恩格斯、列宁重要著作以及有关专题思想重新进行较为深入的研究和解读，于2017年出版了"马克思主义经典著作研究读本"丛书。丛书共40册，包括《马克思〈法兰西内战〉研究读本》《马克思〈路易斯·亨·摩尔根《古代社会》一书摘要〉研究读本》《马克思〈资本论〉研究读本》《马克思〈路易·波拿巴的雾月十八日〉研究读本》《〈马克思博士论文〉研究读本》《恩格斯〈反杜林论〉研究读本》等。丛书全面系统地对经典作家的名著进行解读，对经典作家的观点进行全面系统的分析，并且突出文献性和考证性，每一研究读本的写作都力求反映国内外有关研究成果，特别是要充分反映我国新时期在经典著作翻译和研究方面所发现的新文献、取得的新成果。在此基础上，对经典著作形成的历史背景、国内外传播、原著重要思想观点及其流变，以及后人对这些观点的理解等做出说明。研究读本所依据的经典著作文本主要有中央编译局编译的最新译本，同时选择国内外在该研究领域最具权威性的专家学者的最具代表性的观点和最有影响力的文章，力求具有权威性和准确性。可以从中选择与历史唯物主义相关的著作研究阅读。

这里以《马克思恩格斯〈德意志意识形态〉研究读本》为例，对"马克思主义经典著作研究读本"丛书的体例和内容做一个简单的介绍，以供大家在历史教学与研究中参考。书中导论对《德意志意识形态》的基本内容与特点做了精练概括与介绍，并对该书的研究做了一个回顾。第一部分探究了《德意志意识形态》写作的时代背景、思想背景与直接动因，同时对该书的国内外传播做了梳理，通过这样的历史考证，让读者对《德意志意识形态》的成书与传播有一个清晰的了解。第二部分是对该书国内外研究的现状做了一个详细的学术史回顾与评析，让读者对目前的研究状况有个明确的把握与定位。第三部分是对该书结构与基本内容的当代解读，对其中的重要理论观点进行阐释，帮助读者更好地了解经典原著本身。第四部分辑录选编经典原文。第五部分是附录与该书相关的研究与延伸阅读推荐。这套读本的每一本书都由五个部分组成：一是历史考证（该书的写作背景、写作过程以及国内外传播情况），二是国内外研究状况，三是时代解读，四是经典著作选读，五是研究文献精选与延伸阅读资料推荐。这为读者全面了解和进一步深入研究马克思、恩格斯和列宁的主要著作提供了研究的范本。

此外，读者可以回归经典原著，在历史教学与研究过程中，直接阅读历史唯物主义相关的经典原著。以《共产党宣言》的阅读为例，作为"全部社会主义文献中传播最广和最具国际性的著作"，阅读时首先要通过现有的研究成果了解《共产党宣言》写作的时代背景，对其成书要有个历史性的把握，然后再进行快速阅读，把握《共产党宣言》的宏观结构。整篇文章约一万五千字，分为四个部分：一、资产者与无产者，二、无产者和共产党人，三、社会主义与共产主义文献，四、共产党人对各种反对党派的态度。要把握《共产党宣言》的内涵，必须精读文本。

以《共产党宣言》第一部分《资产者与无产者》的阅读为例，马克思通过论证，阐述了资产阶级的灭亡和无产阶级的胜利是历史的必然趋势。在对阶级社会，特别是资本主义社会阶级斗争状况的阐述中，体现了历史唯物主义的观点，如在这部分的开篇他明确地指出"至今一切社会的历史都是阶级斗争的历史"①，然后从人类历史发展的历程中论证这一观点，如"从封建社会的灭亡中产生出来的现代资产阶级社会并没有消灭阶级对立，它只是用新的阶级、新的压迫条件、新的斗争形式代替了旧的。但是，我们的时代，资产阶级时代，却有一个特点：它使阶级对立简单化了。整个社会日益分裂为两大敌对阵营，分裂为两大相互直接对立的阶级：资产阶级和无产阶级"②。

在对历史发展趋势的论证中，马克思强调"资产阶级在历史上曾经起过的非常革命的作用"，"在它的不到一百年的阶级统治中所创造的生产力，比过去一切世代创造的全部生产力还要多，还要大"。③正是生产力这个武器使资产阶级战胜了封建地主阶级，建立了自己的经济统治、政治统治和思想统治，使世界的面貌发生了深刻变化。它从各方面冲击和瓦解封建制度，破坏了封建宗法和道德关系。它到处掠夺原料、倾销商品、追逐利润，开拓了世界市场和全球化历史进程。它创造了巨大的城市，使众多农民变为市民。他消灭了四分五裂的封建制度，建立起集中统一的民族国家。④随着生产力的发展，"资产阶级的关系已经太狭窄了，再容纳不下它本身所造成的财富了"，"资产阶级用来推翻封建制度的武器，现在却对准资产阶级自己了"，"资产阶级不仅锻造了置身于死地的武器；它还产生了将要运用这种武器的人——现代的工人，即无产阶级"。⑤

随着生产力的发展，在不同的发展阶段，无产阶级反对资产阶级斗争的

---

① 恩格斯在 1888 年英文版中对其加了一个注："这是指有文字记载的全部历史。"
② 马克思，恩格斯. 共产党宣言［M］. 中共中央马克思恩格斯列宁斯大林著作编译局译. 北京：人民出版社，2018：28.
③ 马克思，恩格斯. 共产党宣言［M］. 中共中央马克思恩格斯列宁斯大林著作编译局译. 北京：人民出版社，2018：28，32.
④ 杨春贵. 马克思主义经典导读［M］. 北京：中共中央党校出版社，2017：20.
⑤ 马克思，恩格斯. 共产党宣言［M］. 中共中央马克思恩格斯列宁斯大林著作编译局译. 北京：人民出版社，2018：28，34.

形式也不同，"最初是单个的工人，然后是某一个工厂的工人，然后是某一个地方的某一劳动部门的工人，同直接剥削他们的单个资产者作斗争。……（他们）捣毁机器，烧毁工厂，力图恢复已经失去的中世纪工人的地位"，"随着工业的发展，无产阶级不仅人数增加了，而且结合成更大的集体，它的力量日益增长，而且它越来越感觉到自己的力量。……工人开始成立反对资产者的同盟；他们联合起来保卫自己的工资。他们甚至建立了经常性的团体，以便为可能发生的反抗准备食品。有些地方斗争爆发为起义。""最后，在阶级斗争接近决战的时期，统治阶级内部的、整个旧社会内部的瓦解过程，就达到非常强烈、非常尖锐的程度，甚至使得统治阶级中的一小部分人脱离统治阶级而归附于革命的阶级，即掌握着未来的阶级。"就这样"随着大工业的发展，资产阶级赖以生产和占有产品的基础本身也就从它的脚下被挖掉了。它首先生产的是它自身的掘墓人。资产阶级的灭亡和无产阶级的胜利是同样不可避免的"。①

　　从马克思的论证来看，《共产党宣言》第一部分语言简练通俗，逻辑缜密，史论结合层层深入，让人读起来热血沸腾。在论证过程中，马克思阐述并运用了历史唯物主义的观点，如生产力和生产关系是贯穿第一部分也是贯穿整个《共产党宣言》的一条主线，无产阶级必然胜利、人类社会由低级向高级发展，是这一矛盾运动的结果。阶级斗争也是渗透在《共产党宣言》中的重要的历史唯物主义基本原理，随着生产力的发展，资本主义的生产关系在不断地调整，如"二战"之后资本主义国家实施的国家垄断资本主义、"人民资本主义"等，局部缓和了资产阶级与无产阶级的矛盾，但是阶级对立与阶级矛盾却无法消除。《共产党宣言》的其他部分，语言、逻辑与第一部分相似，整篇文章读起来一气呵成，让人备受鼓舞。对于历史教学与研究来说，读《共产党宣言》不仅有助于对历史唯物主义的内涵与方法有更多的了解，同时对历史论文的写作也具有重要的指导意义。

　　从经典原著可见，马克思、恩格斯对于理论研究和思考的认真和严谨的程度令我们佩服和赞美，所以我们对于马克思、恩格斯经典原著的阅读、研究及评价必须谨慎敬畏，必须在全面掌握文献资料的前提下才能得出结论。我们可以借助经典导读与学者们的研究，创新阅读方式，找到适合自己学习和研究历史唯物主义的阅读方法。但是，任何对马克思、恩格斯经典原著的导读、研究与评价都会受到时代的限制，我们对马克思、恩格斯经典原著的学习、阅读与研究必须尊重原著，不能盲从权威，人云亦云。这样才能更加

---

① 马克思，恩格斯. 共产党宣言[M]. 中共中央马克思恩格斯列宁斯大林著作编译局译. 北京：人民出版社，2018：40.

客观全面地把握历史唯物主义的内涵,才能通过原著传承和发展历史唯物主义的精髓,才能有助于养成辩证思维、历史思维,超越自我,将历史唯物主义与现实相结合,在教育、教学与生活中融会贯通。

第二节 研究成果阅读

马克思主义经典原著是人类的精神财富,历史唯物主义是在人类文明转型过程中,马克思、恩格斯对社会、人类与自然的一种思考,是全新的世界观与方法论,开创了一种新的认识世界的哲学范式。历史唯物主义是马克思、恩格斯思考的理论成果,是经过实践检验的科学的理论和历史观。正如《共产党宣言》是为工人阶级追求自由、民主与幸福而生,其归宿必然是指导工人运动的实践。历史唯物主义理论的现实意义是更好地指导人类认识社会、自然以及人本身的实践活动,并在实践的过程中不断加深对理论内涵的理解,通过实践进一步检验理论的科学性,完善和丰富理论。在此基础上诞生了一大批研究历史唯物主义和运用历史唯物主义的著作。这些著作是帮助我们更好地理解历史唯物主义的桥梁,也是指导我们运用历史唯物主义进行历史研究和历史教学的范式。我们可以通过阅读重要的研究成果,体会历史唯物主义的运用与发展,提升历史学科核心素养。

一、国内运用历史唯物主义研究历史的相关著作

近代中国遭受西方列强的凌辱,在半殖民地半封建社会,先进知识分子不断探究救亡图存之道。十月革命后,随着马克思主义在中国的传播,历史唯物主义逐渐取代进化论对中国产生深远的影响,中国马克思主义史学产生了。李大钊是第一位奠基人。他的《史学要论》是中国第一部阐述历史唯物主义理论并把它跟一些具体的史学工作结合起来的著作,是为中国马克思主义史学开辟道路的著作;蔡和森的《社会进化史》是中国第一部用历史唯物主义观写成的社会发展史;还有毛泽东的《矛盾论》《实践论》《中国社会各阶级的分析》《井冈山的斗争》《新民主主义革命论》等,是对历史唯物主义的阐释、分析与运用。由科学史观的指引,形成了马克思主义中国化的飞跃,指导了中国新民主主义革命的胜利。此外还有一大批学者的著作,这里就其中典型的著作做简单的介绍。

1.《史学要论》

李大钊著的《史学要论》于1924年出版。该书比较集中地体现了李大钊对马克思主义唯物史观的理解和掌握，初步运用了马克思主义的世界观和方法论，与主观主义、唯心主义史学划清了界限，主要讲述史学的理论而非历史的理论，是运用马克思主义思维方法研究史学基本理论的创新之作。全书共分为六个部分：什么是历史；什么是历史学；历史学的系统；史学在科学中的地位；史学与其相关学问间的关系；现代史学的研究及与人生态度的影响。

李大钊的史学理论对中国史学的发展做出了重要的贡献。这一理论蕴含着革新的观念、开放的观念、科学的观念和现实的观念，这些观念使初创时期的中国马克思主义史学在理论与实践上呈现出一种基本态势，即坚持史学革新而形成的先进性、坚持开放的态度而形成的包容性、坚持科学追求而形成的正确性以及密切关注社会而形成的现实性。《史学要论》的撰写，吸引了大量历史学者依据唯物史观的基本原理，进行一系列的历史研究工作，从而独辟蹊径地树立了马克思主义的史学理论旗帜，为中国马克思主义史学的发展做出了巨大贡献。可以说，要真正了解中国历史唯物主义发展脉络，李大钊的《史学要论》不得不读。

2.《矛盾论》《实践论》

《矛盾论》《实践论》发表于1937年，是在中国新民主主义革命的实践基础上，毛泽东思想发展的里程碑，是对历史唯物主义的进一步阐述。"两论"立足于马克思主义哲学，探讨了实践与认识的关系，分析了矛盾的特征，系统地论证了实践的决定作用，强调矛盾的特殊性，是毛泽东思想在理论价值上的升华。实践是"两论"的立足点，认识来源于实践，并需要实践检验，矛盾是通过实践得到解决的。

《矛盾论》首先提出辩证法和形而上学是两种截然不同的宇宙观，他从矛盾的普遍性与特殊性关系出发，强调不同矛盾的解决方式也不同。《矛盾论》从中国革命的实践进行论证，如李立三路线不承认中国革命的不平衡性，没有认清当前矛盾，并污蔑毛泽东开创农村革命根据地是错误的做法，坚持中心城市发动暴动，引领革命高潮的教条主义路线，造成了革命的损失。毛泽东在《实践论》中指出："判定认识或理论是否真理，不是依主观上觉得如何而定，而是依客观上社会实践的结果如何而定。"同时在文章中他强调："无产阶级和革命人民改造世界的斗争，包括实现下述的任务：改造客观世界，也改造自己的主观世界——改造自己的认识能力，改造主观世界和客观世界的关系。……世界到了全人类都自觉地改造自己和改造世界的时候，那就是世界的共产主义时代。"①"全部社会生活在本质上是实践的。凡是把理论引向神秘主义的神秘东西，都能在人的实践中以及对这种实践的理解中得到合理的解决。"②阅读"两论"，可以了解历史唯物主义在新民主主义革命过程中在中国的传播，毛泽东用中国革命的实际阐述历史唯物主义，为我们理解理论的内涵提供了具体的事例，是马克思主义中国化的表现。

3.《中国通史简编》《中国近代史》

范文澜是运用历史唯物主义研究中国历史的学者之一，对中国历史和文学有独到的见解，对我国历史科学的发展做出了贡献。他在史学研究领域的杰出贡献包括两部影响巨大的著作——《中国通史简编》和《中国近代史》。《中国通史简编》着重论述了人民群众的历史活动，将中国历史按照原始社会、奴隶社会、封建社会划分，范文澜较早地用历史唯物主义来研究中国历史，使人耳目一新。随后，他又完成了《中国近代史》，该书描绘了近代中国人民的革命进程，使读者对近代中国历史发展的本质有全新的认识，为中国近代史的研究奠定了基石。新中国成立后，范文澜对《中国通史简编》存在的"借古说今"等缺点进行了重新编定，但只完成了前四卷。

4.《中国古代社会研究》

《中国古代社会研究》是郭沫若运用历史唯物主义进行中国古代史研究的典范。自20世纪20年代中期接受马克思主义以来，郭沫若自觉走上以唯物史观研究中国历史文化的道路，成为现代中国以马克思主义唯物史观为指导研究文史的一代宗师。他主张"以科学的方法回治旧学"，所谓科学的方法即马克思主义的历史观和方法论，主要包括人民本位标准、历史主义眼光和全面辩证的观点等；他以唯物史观为指导，将古文字学与古代史研究结合起来，探索中国古代社会的历史进程和发展规律，形成著名的殷周奴隶社会说和战国封建社会说；他以唯物史观为指导，主张处理好古今中西的关系，主张吸收古代遗产，会通东西文化，以期继往开来，创造出更高一级的新文化。在著作中，郭沫若明确指出以马克思列宁主义的社会发展规律学说"清算中国社会"，通过引用当时的历史文献资料与马克思主义关于人类社会发展规律的论断，证明中国同样经历过原始社会、奴隶社会与封建社会。他概

---

① 毛泽东. 毛泽东选集：第1卷[M]. 北京：人民出版社，1991：284, 296.
② 马克思, 恩格斯. 马克思恩格斯文集：第1卷[M]. 北京：人民出版社，2009：501.

括地划分了中国的各个历史阶段，主张殷代是原始社会，西周是奴隶制社会，东周即春秋时期进入封建社会。在论证中国上古社会的状况和性质时，他充分利用和解读《周易》《诗经》《尚书》、甲骨卜辞、铜器铭文以及一些考古资料，将殷代和周代的渔猎、畜牧、农业、工艺、贸易、家族关系、社会组织、社会意识、阶级分化等一一勾画出来，并进行定性分析，从而开辟了中国历史研究的新天地，是以唯物史观研究中国上古史的开篇之作。不可否认，《中国古代社会研究》一书还存在一些史料解读的牵强之处，但是它有力地证明了马克思主义思想方法对历史研究具有高效的指导作用。

5.《中国思想通史》

侯外庐、赵纪彬、杜国庠著的《中国思想通史》运用历史唯物主义进行思想史研究。侯外庐在史学界与郭沫若、范文澜、吕振羽、翦伯赞并称"五老"，都是中国马克思主义史学的开拓者。老一辈马克思主义史学家有一个共同的特点，就是都有一个明确而坚定的理想信念，并都曾在这一理想信念指导下积极投身革命斗争；他们都是为了解中国国情、变革现实，而自觉地运用马克思主义的立场、基本原理和方法研究中国历史的。

侯外庐在马克思主义哲学和历史唯物主义的视角下，对中国思想史进行了全面、系统、科学的研究。在《中国思想通史》中，他以马克思主义哲学思想为指导，用思想史与社会史相结合的研究方法，对马克思主义哲学原理在中国思想史研究上的运用进行了新的探究。作为一位马克思主义学者，侯外庐对中国思想史研究做出了巨大贡献，并形成了自己独特的风格。侯外庐在书中弘扬唯物主义，对唯心主义坚决批判；坚持唯物辩证法思想，反对形而上学；对中国思想史上的知行关系和对马克思主义认识论与实践观进行解读等。侯外庐把以唯物辩证法观点为指导的阶级分析法和矛盾分析法运用于各个时期的思想研究当中，并将马克思"亚细亚生产方式"理论与中国古代社会相结合，以马克思主义哲学思想为指导研究明清时期启蒙思想。

6.《中国通史》

《中国通史》是由白寿彝担任总主编，历时20余年而最终完成的一部巨著，在编撰体裁上实现了重大创新，并且以其卷帙浩繁、内容宏富和鲜明的历史唯物主义为指导而著称。该书探讨了几千年来中国历史各方面的问题，达到了前所未有的深度和广度。这部书反映了最新的中国通史的研究成果，是20世纪中国史学的代表性成果，因此得到了史学界的高度重视。白寿彝针对新中国成立前后通史著作不能适应时代要求的缺点，撰写了多卷本

《中国通史》，力求在中国历史的沿革流变之中探索社会发展的规律。《中国通史》用历史唯物主义分析了中国历史的发展规律和基本线索，从多种生产关系并存的角度阐明我国历史上各个社会形态的复杂性。

7.《中国史纲要（增订本）》

翦伯赞主编的《中国史纲要（增订本）》共十一章，包括资本—帝国主义对中国的侵略、中国人民的反侵略与反封建斗争、中国资本主义的艰难历程、资产阶级的改良与革命等内容。作为通史教材，本书虽然没有以五种社会形态理论表述中国历史发展的实际，但其理论依据依然保持了历史唯物主义的观点：第一，以经济形态、社会结构和阶级关系的变化作为国家结构和政治形态变化的基础，考察中国历史上经济形态、社会结构和阶级关系的变化，这是本书一条很鲜明的主线；第二，用"历史是不断向前发展的而不是停滞的，历史的发展不是直线的而是曲折向前的"理论来贯穿对中国历史演进的描述。该书的编写指导思想体现了马克思主义史学家特有的洞察力和责任感。例如，翦伯赞在编写该书前发表了《对处理若干历史问题的初步意见》一文，在谈到如何处理历史上的阶级关系时提出"农民反对封建压迫、剥削，但没有，也不可能意识到把封建当作一个制度来反对。农民反对封建地主，但没有，也不可能意识到把地主当作一个阶级来反对。农民反对封建皇帝，但没有，也不可能意识到把皇权当作一个主义来反对"。

8.《简明中国通史》

吕振羽著的《简明中国通史》是较早运用马克思主义观点写作的中国通史著作，书中涵盖了作者诸多把中国通史研究与马克思主义史学理论、史学思想相结合的历史研究成果。在书中，吕振羽运用马克思主义社会发展的学说规律，描绘了从中国原始社会至清末几千年的中国古代史历程。全书共分为15个章节，标题简洁明了，每章划分为若干节，从章节内容的安排来看，主要是从经济、政治、农民起义、阶级矛盾、民族关系等方面呈现中国社会历史，其中经济是社会发展的基础和重要因素，农民起义和人民的反抗斗争是历史发展与社会变革的重要力量。吕振羽特别注重对生产力与生产关系、经济基础的研究。唯物史观认为，社会生产力和经济基础的发展是社会发展的根本原因，从生产力、经济基础为研究角度出发揭示社会的历史发展规律，这具有很强的说服力。这体现了以马克思唯物史观为指导对中国历史进程的认识，显示了中国历史发展的阶段性和规律性。吕振羽曾说："历史的唯物论是唯一的历史方法，我们握住了这幅工具来解剖中国社会发展的全过程，一切问题都不难迎刃而解。"从各个章节的标题来看，其中有很大部分都涉及生产力与生产关系及经济发展的情况，并以此来探讨各个朝代的生产关系、阶级矛盾、政治制度和文化意识形态等社会因素，从而揭示出客观科学的社会发展规律。

9.《从鸦片战争到五四运动》

胡绳著的《从鸦片战争到五四运动》是一部以历史唯物主义书写中国近代史的著作，于1961年出版。在著作中作者以三次革命高潮——太平天国、戊戌维新与义和团以及辛亥革命贯穿整个中国近代史，他认为三次革命高潮中阶级力量的配备和关系是各不相同的，这是利用马克思主义阶级观点和阶级分析的方法来处理史料、看待近代中国历史进程的体现。作者还在再版的序言中明确了为什么使用阶级分析的观点和方法写近代史，因为1840—1919年半殖民地半封建时期的前半期的中国政治史，事实上存在复杂的阶级关系和阶级矛盾，只有用马克思主义阶级分析的观点和方法，才能把问题说清楚。阅读这部近代史的著作，有助于在学习、研究历史过程中，更好地理解和运用历史唯物主义。

此外高校"青年马克思主义者培养工程"教材如：曹德本等编写的《中国政治思想史》（高等教育出版社、人民出版社，2012），张海鹏等编写的《中国近代史》（高等教育出版社、人民出版社，2012），程中原等编写的《中华人民共和国史》（高等教育出版社、人民出版社，2013），于沛、徐蓝等编写的《世界现代史》（高等教育出版社、人民出版社，2013），朱寰等编写的《世界古代史》（高等教育出版社，2016），王顺生等编写的《中国革命史》（高等教育出版社，2016）等，对中国史与世界史的研究中，都体现出历史唯物主义史观在历史研究中的指导作用，中学历史教师可以阅读上述著作，了解目前历史唯物主义在历史研究与教学中的运用。

二、国外运用历史唯物主义研究历史的相关著作

中学历史教师在研读经典与国内学者关于历史唯物主义的著作过程中，也要了解西方马克思主义各学派的新发展，正所谓"他山之石，可以攻玉"。

1.《国家与革命》

《国家与革命》是列宁最重要的政治学著作之一，写于1917年，1918年出版。该书的副标题是"马克思主义关于国家的学说与无产阶级在革命中

的任务"，著作写于当时机会主义者坚持主张用和平的方式过渡到社会主义的背景下，这就等于取消了无产阶级革命与无产阶级专政的合法性。列宁认为资产阶级是不会也不可能自行消亡的，必须用无产阶级的革命来消灭它，用无产阶级国家来取代它。在该书中，列宁对以下几个重要理论问题和实践问题都给了明确的回答。一是国家如何消灭的问题。他指出，消灭国家是人类社会发展的必然趋势，一般来说消灭国家的方式有两种，即暴力革命的方式和自行消亡的方式。二是关于无产阶级如何夺权的问题。他指出："马克思和恩格斯关于暴力革命不可避免的学说是针对资产阶级国家说的。资产阶级国家由无产阶级国家代替，不能通过'自行消亡'，根据一般规律，只能通过暴力革命"。而且，他十分肯定地指出："无产阶级国家代替资产阶级国家，非通过暴力革命不可。"① 三是无产阶级专政何时消亡的问题。列宁认为无产阶级专政有四方面的任务：第一，"利用国家反对资产阶级"，第二，"反击资产阶级的复辟尝试"，第三，"革命战争"，第四，"实现和维护民主"。② 只有完成了这四个任务，无产阶级专政才会"自行消亡"。四是如何通过普选实行地方完全自治的问题。在全书的写作过程中，列宁将历史唯物主义的辩证法贯穿其中，是我们学习、了解和运用历史唯物主义的一个典范之作。如杜娜叶夫斯卡亚所说，"从《哲学笔记》开始，一直到列宁的逝世，他的著作中没有一本不是充满着辩证法。从《帝国主义论》到《国际的分裂》，从《论民族问题》到《国家与革命》，从著名的《关于工会问题的论战》到他的《遗嘱》，这一点构成了他所有著作中的偏激和低沉的基调。"③

2.《卡尔·马克思的历史理论：一种辩护》

英国 G. A. 科恩著的《卡尔·马克思的历史理论：一种辩护》是当代英美马克思主义研究译丛书籍，G.A. 科恩是英国政治理论教授，是分析马克思主义学派的开创者和主要代表人物之一。他最重要的著作《卡尔·马克思的历史理论：一种辩护》，是分析学派马克思主义的奠基之作。该著作的出现影响了西方英语地区国家的学者对马克思主义的看法，使马克思主义得到了英美主流学界的尊重，促进了分析学派马克思主义的成长。科恩初期研究

---

① 中共中央马克思恩格斯列宁斯大林著作编译局. 列宁选集：第3卷 [M]. 北京：人民出版社，2012：127-128.

② 中共中央马克思恩格斯列宁斯大林著作编译局. 列宁选集：第3卷 [M]. 北京：人民出版社，2012：127.

③ 杜娜叶夫斯卡亚. 马克思主义与自由 [M]. 傅小平，译. 沈阳：辽宁教育出版社，1998：158.

的主要是马克思历史理论，他用分析哲学的方法对马克思主义的一些基本概念和原理进行了详细阐述和分析，并为其进行了辩护，由此深化了马克思主义的研究。为了提高历史唯物主义的科学性，这本书对历史唯物主义的生产力、生产关系、生产方式、经济基础、上层建筑、社会形态等基本概念进行了澄清和论证，针对以往人们对历史唯物主义的模糊认识给出了纠正。科恩的分析一方面对于从多方面研究马克思历史唯物主义的思想具有借鉴之处；另一方面，科恩反对辩证法及"功能解释"中的后果解释方法，他认为这是与马克思因果联系的原理相悖的。对此，科恩在其后来的著述中对其早期分析马克思历史唯物主义思想的错误有明确认识，并进而转向了政治学的研究。中学历史教师阅读此书有助于坚持和发展历史唯物主义理论。

3.《马克思主义与历史学：一种批判性的研究》

英国 S.H. 里格比的《马克思主义与历史学：一种批判性的研究》一书是研究马克思主义历史唯物主义的经典著作。阅读这本书，会给中学历史教师带来深刻的启迪，促使各位马克思主义者进行理论反思。里格比在书中对马克思的历史唯物主义进行了全面深刻的探讨，围绕生产力、生产关系、经济基础和上层建筑的关系提出了自己的看法。他认为，马克思的思想遗产是模糊的，对历史唯物主义做功能解释是不能回应对它的各种质疑的，正确的解读是强调社会生产关系而不是生产力具有首要性，强调经济基础不仅包括生产关系，还包括那些发挥生产关系功能的政治和意识形态因素。在里格比看来，马克思主义具有现实意义，因为目前的社会理论和历史学尚处于前马克思主义的发展阶段。

4.《重建历史唯物主义》

哈贝马斯是法兰克福学派第二代最重要的代表人物，也是法兰克福学派最有名的理论家之一，法兰克福大学哲学和社会学教授，被认为是"批判理论"和新马克思主义的主要代表人物，曾发表过30多部著作。《重建历史唯物主义》是哈贝马斯学术历程中第二个阶段的代表作之一。这时，哈贝马斯开始转向批判理论的深化和系统化，形成了一套以交往理论为框架的社会进化理论，并且提出了重建历史唯物主义的设想。哈贝马斯的重建历史唯物主义理论是在其对历史唯物主义的总体评价的基础上形成的。他认为历史唯物主义是未来社会进化理论的纲领，但存在着不足。于是他对历史唯物主义的基本范畴和基本原理，包括社会劳动范畴、生产方式范畴、经济基础和上层建筑原理、生产力和生产关系辩证关系原理等进行了考察。在此基础上，他以交往理论为基础重建历史唯物主义，并对晚期资本主义社会进行预测性分析。该书向我们提出了许多值得重视和研究的观点，对于我们了解、认识当代新马克思主义的特点非常有价值。

5.《革命与历史：中国马克思主义历史学的起源，1919—1937》

美国德里克的《革命与历史：中国马克思主义历史学的起源，1919—1937》，这本书是美国著名左翼学者德里克的博士论文，该书以19世纪二三十年代的"中国社会史论战"为中心，在现代中国思想发展的脉络下，对马克思主义史学在中国的起源进行了深入的剖析，阐明了当时马克思主义史学家在运用马克思主义理论分析中国历史时所面临的问题和困难，以及当时中国的革命性大变革如何塑造他们处理理论和历史问题的方式。作者认为，尽管这些马克思主义史学家在学术上存在着应受责难的瑕疵，尽管他们经常是在粗糙地运用马克思主义的概念，但是他们对于中国史学研究的贡献却是持久的，无论如何，马克思主义史学的兴起，是由当时中国的思想和政治背景所塑造和决定的。因此，马克思主义对于中国知识分子的感召力，主要并不在于马克思主义对"历史"与"价值"的矛盾做出了回答，而在于它对中国革命的问题提供了答案。

作为中学历史教师，学习历史唯物主义究竟有什么价值，这里笔者想引用恩格斯在马克思墓前发表的著名演讲来做一个回应。恩格斯说："正像达尔文发现有机界的规律一样，马克思发现了人类历史的发展规律，即历来为繁茂芜杂的意识形态所掩盖着的一个简单事实：人们首先必须吃、喝、住、穿，然后才能从事政治、科学、艺术、宗教等等。所以直接的物质的生活资料的生产，因而一个民族或一个时代的一定的经济发展阶段，便构成基础，人们的国家设施，法的观点，艺术以至宗教观念，就是从这个基础上发展起来的，因而，也必须由这个基础来解释，而不是像过去那样做的相反。"[①] 恩格斯着重总结了马克思一生的两大发现，历史唯物主义是其中之一。历史唯物主义指导人们走向历史的深处，阐释了社会发展的动力，透视了社会生活的结构，指明了社会历史的主体，有助于社会力量的凝聚，揭示了"世界历史"的发展规律，并且在当代中国书写着新的篇章。[②] 因此在新时代建设中国特色的社会主义道路过程中，我们依然要坚持以历史唯物主义作为历史教学

[①] 中共中央马克思恩格斯列宁斯大林著作编译局. 马克思恩格斯选集：第3卷[M]. 北京：人民出版社，2012：1002.

[②] 郝立新，陈世珍. 我们为什么需要历史唯物主义[M]. 南京：江苏人民出版社，2018：3.

与研究的指导。

2015年，习近平总书记在中共中央政治局第二十五次集体学习时强调："要坚持用唯物史观来认识和记述历史，把历史结论建立在翔实准确的史料支撑和深入细致的研究分析的基础上。"2017年，在纪念马克思诞辰200周年大会上的讲话中，习近平总书记说："我们要坚持用马克思主义观察时代、解读时代、引领时代，用鲜活丰富的当代中国实践来推动马克思主义发展，用宽广视野吸收人类创造的一切优秀文明成果，坚持在改革中守正出新、不断超越自己，在开放中博采众长、不断完善自己，不断深化对共产党执政规律、社会主义建设规律、人类社会发展规律的认识，不断开辟当代中国马克思主义、21世纪马克思主义新境界！"作为新时代的中学历史教师，须不断加强自己的理论修养和业务水平，认真研读历史唯物主义原典及经典史书，去思考真正的历史唯物主义是什么。在此基础上，立足当下，放眼未来，强化教师自身的理想信念，承认社会历史发展的客观规律，对学生进行思想引领。另外，作为一线教师，既要研读历史唯物主义的经典理论著作，也要进行批判性的思考和分析，将历史唯物主义由知识体系逐渐内化为价值体系，从历史学科的学习中体验生命教育。

第三节　教材课标阅读

2013年，习近平总书记在主持政治局学习时指出："马克思主义哲学深刻揭示了客观世界特别是人类社会发展的一般规律，在当今时代依然有着强大的生命力，依然是指导我们共产党人前进的强大思想武器。我们党自成立起就高度重视在思想上建党，其中十分重要的一条就是坚持用马克思主义哲学教育和武装全党。学哲学、用哲学，是我们党的一个好传统。"党的十九大明确指出："要全面贯彻党的教育方针，落实立德树人根本任务，发展素质教育，推进教育公平，培养德智体美全面发展的社会主义建设者和接班人。"党和国家在《中共中央国务院关于深化教育改革全面推进素质教育的决定》《国务院关于基础教育改革与发展的决定》《基础教育课程改革纲要（试行）》《国家中长期教育改革和发展规划纲要（2010—2020年）》《教育部关于全面深化课程落实立德树人根本任务的意见》等重要文件中一再强调历史唯物主义在教育中的重要性，这给教育指明了方向，让学校、教师明白现阶段我们的教育目的是什么，要为谁培养人，培养什么样的人，如何培养人。有清晰的教育目标，教育的实施者在教学研究过程中才能有更精准的定位。教师是教育的实施者、实现教育目标的桥梁，因此教师要教什么、怎么教就成为培养人才的关键。

从学校教育的几个重要途径来说，课堂活动是学校教育的重要载体，因此，课堂教学的内容就成为实现立德树人教育目标的关键。《普通高中历史课程标准（2017年版）》提出五大核心素养，其中历史唯物主义素养是学习和探究历史的核心理论和指导思想，是实现历史学科价值目标的指针。中学历史课程承载着历史学的教育功能，如何做好历史学科教学与研究工作，这是学校、教师以及学者们一直在探索的问题。对于历史学习者和研究者而言，一个重要的前提是具有稳定而正确的史观，这是步入历史领域的前提。而要具备这样的史观，需要一个养成的过程。这种史观在前文已述，即历史唯物主义史观。如何理解历史唯物主义史观，怎样在研究、学习和教学中培养和落实历史唯物主义史观，教育部颁布的教学大纲或课标是中学历史教学的指导，我们可以借助新中国成立以来历史课程教学大纲、课程标准的目标要求和教学内容去分析。

一、新中国成立以来历史课程教学大纲或课程标准体现出历史唯物主义的指导地位

历史学是在一定史观指导下对人类历史进程进行叙述和阐述的学科。历史研究、历史教学需要有专业的研究方法、教学技能，更需要科学史观的指导。历史唯物主义是现代史观中唯一可以作为研究和学习的指导性史观，其所包含的丰富理论和方法是现代史学发展成熟的标志。历史唯物主义史观对历史研究、学习以及教学的指导性，是一个具有理论性，且较为抽象的内容。具体地分析和理解历史唯物主义史观，是培养历史唯物主义核心素养的基础。这里以新中国成立以来的教学大纲和课程标准为依据，理解历史唯物主义在中学历史研究、学习与教学中的体现，以便进一步培养和落实历史唯物主义史观。

教学大纲或课程标准是中学历史教学的依据，是历史教师开展课堂教学的宝典。新中国成立以来，不同的历史时期都对教学目标有非常明确的规定，教学目标在2003年之前被称为"历史教学大纲"，2003年开始改为"课程标准"。历史学科课程标准对历史教学的内容和要求做了规定。历史唯物主义史观是马克思主义关于历史研究的科学理论，精确地表达了马克思主义史学，是现代科学史学的重要代表，是我们当代中国史学的指导性史观。新一轮中学历史教育改革将其作为指导思想，是符合历史学发展的基本

要求和现代史学发展的方向的。以历史唯物主义史观为指导为实现立德树人提供了正确的导向。

新中国成立以来，从《1950年小学历史教学大纲（草案）》开始，到《普通高中历史课程标准（2017年版）》，国家颁布的中小学历史教学大纲和标准达20多个。为保障研究、学习历史史观的科学性，在历年颁布的教学大纲或课程标准中，都明确提出将历史唯物主义史观作为历史学教学、研究和学习的指导史观。

如《1950年小学历史教学大纲（草案）》中就明确指出"初步认识历史发展的规律，懂得历史是劳动人民创造的，与阶级斗争是推动历史前进的动力；逐步培养起历史唯物主义的观点和革命的战斗意志"。《1956年小学历史教学大纲（草案）》说明中也明确列出："小学历史教学的任务有下列几项：1.使学生知道劳动人民是历史的主人；2.使学生知道生产工具的发明和改进推动了生产事业的发展；3.使学生知道社会制度发展的过程，各阶级社会的阶级关系（例如奴隶和奴隶主的关系、农民和地主的关系、工人和资本家的关系等），阶级斗争（例如农民起义、工人运动等）是推动社会前进的动力。"《1956年初级中学世界历史教学大纲（草案）》也提出"在这个课程中，我们将通过资本主义的发生、发展和衰落的过程，通过社会主义的胜利、确立和扩大的过程，使学生认识资本主义必然死亡和社会主义必然胜利的历史规律"。《1963年全日制中学历史教学大纲（草案）》中"教学目标和要求"强调："历史学科叙述人类历史发展的具体过程，阐明人类历史发展的规律。今天的中国和世界是历史的中国和世界的一个发展。……中学历史教学的目标要求，在于给学生以有关中国历史和世界历史的基本知识，使学生了解中国和世界的重要情况（包括阶级斗争、生产斗争、民族关系、文化发展等方面），从而认识历史发展的规律，理解资本主义必然灭亡，社会主义、共产主义必然胜利。"

从上述所列的内容表述来看，改革开放前我国的历史教学大纲对历史唯物主义的表述主要包括：人类由低级向高级发展的社会规律、阶级斗争、联系的观点以及人民群众是历史创造者几个方面。这是与当时处于新民主主义向社会主义过渡，以及社会主义建设时期对社会主义内涵的认识相联系的。在改革开放时期的教学大纲中，对历史唯物主义的具体内涵与方法又有新的描述。

如《1978年全日制十年制学校中学历史教学大纲（试行草案）》中的"教学目标和要求"也指出"中学历史教学，要求学生掌握基本的历史知识，了解中国历史和世界历史的重要历史事件和历史人物，逐步培养学生树立阶级斗争、人民群众创造历史、历史按规律发展、经济基础决定上层建筑和上层建筑反作用等历史唯物主义的基本观点，运用历史唯物主义的基本观点观察问题和分析问题的能力。"《1980年全日制十年制学校中学历史教学大纲（试行草案）》中指出："历史教材和历史教学，一定要以马克思列宁主义、毛泽东思想为指导。要完整地、准确地领会和掌握无产阶级革命导师关于历史科学的理论，对历史作出正确的叙述和分析，做到革命性和科学性的统一，观点和材料的统一。一定要肃清形形色色的唯心主义历史观。中学历史教学，要求学生掌握基础的历史知识，了解中国历史和世界历史的重要历史事件和历史人物，逐步培养学生树立阶级斗争、人民群众创造历史、历史按规律发展、经济基础决定上层建筑和上层建筑反作用等历史唯物主义基本观点，同时培养学生运用这些基本观点观察问题和分析问题的能力。"

教学大纲中要求落实的历史唯物主义史观内容由阶级斗争向生产力与生产关系、经济基础与上层建筑转变，并且明确提出要强化学生运用历史唯物主义史观去观察问题和分析问题的能力，这是改革开放新时期经济与民主政治发展的需求。

1986年至今，历史教学大纲依然将历史唯物主义史观作为核心史观。现代史观是非常丰富多彩的，仅唯物史观就有多种，教育部和历史学专家为何单单选择了马克思主义史学的历史唯物主义史观作为指导思想呢？这是因为它具有非常强的科学性，适合中学历史教学宏观史学的基本要求。

《1986年全日制小学历史教学大纲》中有这样一段表述："历史教材和历史教学，要求以马克思主义为指导，对历史作出正确的叙述和分析，做到思想性和科学行动的统一，观点和材料的统一。中学历史教学，要求学生掌握基础的历史知识，了解中国历史和世界历史重要的历史事件和历史人物，逐步培养学生历史唯物主义的基本观点，以及运用历史唯物主义基本观点观察问题和分析问题的能力。"《1990年全日制中学历史教学大纲（修订本）》中对历史唯物主义并未做明确的强调。《1992年九年义务教育全日制初级中学历史教学大纲（试用）》有提及"初中历史教学，要求向学生进行初步的辩证唯物主义和历史唯物主义观点教育，尤其是社会发展规律教育。"《2000年九年义务教育全日制初级中学历史教学大纲（试用修订版）》在"教学中应注意的问题"部分指出"要以辩证唯物主义和历史唯物主义理论为指导，正确阐释人类社会发展的历史，并做出实事求是的评价"。

从教学大纲和课程标准中有关历史唯物主义的建议和要求可见，历史唯物主义一直是新中国成立以来历史教学、研究与学习的指导史观。不仅教学大纲中教学目的对历史唯物主义做了明确的要求，在不同时期的教学内容安排中也能看到历史唯物主义作为指导史观的地位。例如，教学内容整体结构的编排，体现了马克思主义关于人类历史发展的 5 种社会形态阐述的运用。《1963 年全日制中学历史教学大纲（草案）》中对古代史部分的教学内容进行解读时按照下面的结构："（一）我国的原始社会，从五十万年以前的中国猿人开始，到大约公元前二十一世纪夏朝建立前夕为止。（二）我国的奴隶社会，大约从公元前二十一世纪起到公元前 475 年止，经历了夏、商、西周和春秋。（三）战国秦汉是我国封建社会的形成和上升时期，从公元前 475 年起，到公元 220 年止，约计七百年。……（七）明清（鸦片战争以前）时期，从 1368 年起，到 1840 年止，将近五百年。……经过千百年来不断的阶级斗争，农民和工匠的身份都有些改变，中国封建社会内部产生了资本主义生产关系萌芽。在这个时期，专制主义的加强，不是说明中国封建社会的巩固，而是已经走向瓦解的阶级。"这一细节足以向学生展示人类社会发展规律的客观性，根据这一具体历史发展过程，感受到阶级斗争推动社会发展的历史唯物主义理论。

阶级斗争学说是马克思主义史学用以分析阶级社会的重要方法之一。如《1956 年小学历史教学大纲（草案）》中提到："十八世纪，欧洲各国的资本主义发展了。那时候，英国是世界上资本主义最发达的国家。十九世纪初期，英国殖民者把鸦片大量地运到中国来，我国的白银大量外流，人民的生活日益困苦。清朝官员林则徐坚决主张禁烟。为了维持自己的统治，道光皇帝派他到广东去查禁鸦片。1840 年，为了在我国开辟市场，掠夺原料，推销鸦片，英国殖民者发动了侵略我国的战争——第一次鸦片战争。在战争的过程里，清朝统治者对英国侵略者屈服了。但是，中国人民对英国侵略者展开了英勇的斗争。广州三元里平英团的斗争和定海军民的抗战，生动地说明了中国人民反抗侵略的坚强意志。这样，中国近代史一开始，是表现了中国人民和封建统治阶级所走的截然不同的两条道路：一条是坚决反抗侵略的道路，一条是对外侵略妥协投降的道路。"以阶级分析法解读鸦片战争，这是改革开放前特别是"文化大革命"时期较为常见的历史课程教学内容安排和编排。

二、教学大纲或课程标准中对历史唯物主义要求表述的变化

新中国成立以来历史教学大纲中都体现出历史唯物主义作为史观的指导地位，但不同时期的教学大纲对历史唯物主义原理和观点的教学侧重有所不同。新中国成立初，历史教学大纲比较重视阶级观点和阶级分析方法，因此生产力与生产关系、经济基础与上层建筑辩证关系的观点、人民群众与个人的历史作用被运用到历史研究与教学中。

（一）生产力与生产关系的原理贯穿教学大纲或课程标准中，在 20 世纪 80 年代后的教学大纲和课程标准中体现得更加具体明确

历史唯物主义关于生产力和生产关系的基本认识是最重要的原理之一，其所揭示的是人类发展进程中最重要的历史规律。20 世纪 90 年代之前的历史教学大纲更多侧重于人类历史发展规律的表述，如《1963 年全日制中学历史教学大纲（草案）》中"确定教学内容的原则"部分的第 1 点就指出："在人类历史发展的过程里，后一历史阶段总比前一历史阶段进步。奴隶社会比原始社会进步，封建社会比奴隶社会进步，资本主义社会比封建社会进步，社会主义社会又大大超过了资本主义社会，而且在本质上不同于阶级社会。教学内容应该体现这种历史趋势。"

因此，在教学内容中，人类社会发展的五种社会形态成为历史教科书编写的主要结构，如《1963 年全日制中学历史教学大纲（草案）》古代史部分的主要内容要点："第一编，原始社会；第二编，奴隶社会；第三编，封建社会……"可见上述表述突出了人类历史发展规律与趋势在历史研究、学习与教学中的重要性。

推动社会由低级向高级发展的动力是什么呢？改革开放之前的教学大纲中，以阶级斗争作为推动力的表述为主。

表 2-2　历史教学大纲中与历史唯物主义相关的表述

历史教学大纲	与历史唯物主义相关的表述
《1950 年小学历史课程暂行标准（草案）》	历史是人民创造的，与阶级斗争是推动历史前进的动力[1]
《1956 年小学历史教学大纲（草案）》	社会制度发展的过程，阶级社会和阶级关系（例如奴隶和奴隶主的关系、农民和地主的关系、工人和资本家的关系等），阶级斗争（例如农民起义、工人运动等）是推动社会前进的动力[2]

---

[1] 课程教材研究所. 20 世纪中国中小学课程标准·教学大纲汇编[M]. 北京：人民教育出版社，2001：104.

[2] 课程教材研究所. 20 世纪中国中小学课程标准·教学大纲汇编[M]. 北京：人民教育出版社，2001：109.

（续表）

历史教学大纲	与历史唯物主义相关的表述
《1956年初级中学世界历史教学大纲（草案）》	阶级斗争是人类历史前进的主要动力。……阶级斗争的现象充满在人类社会的历史中，并且还说明了阶级斗争是历史发展的动力。通过阶级斗争的史实学习历史，就能够指导人类社会发展的规律[①]
《1963年全日制中学历史教学大纲（草案）》	在阶级社会里，阶级斗争是历史发展的动力

从上述教学大纲的目标说明，可见新中国成立后到改革开放之前的这一段时间非常突出阶级斗争是历史的推动力，这是由当时中国的国情与社会发展决定的。阶级斗争学说是马克思主义史学用以分析阶级社会的重要方法之一，但是这段时期在历史研究与教学中过于偏重阶级斗争的作用；在阐述历史发展动力过程中，即便有指出阶级斗争是动力，但对阶级斗争产生的条件并未做特别清晰的分析，对推动历史进步规律形成的条件并未明确指出。这是历史唯物主义作为历史研究与教学指导的体现，但是很明显也是对历史唯物主义理解与运用不充分的表现。

关于推动社会进步的规律形成的历史条件，在《1956年小学历史大纲（草案）》的说明部分中提到"使学生知道生产工具的发明和改进推动了生产事业的发展"。《1963年全日制中学历史教学大纲（草案）》的教学目标和要求没有提到关于生产力与生产关系的表述，但是在具体的教学内容要求中，特别是在高中三年级古代史部分教学要求学生了解的内容中，体现了用生产力与生产关系的矛盾关系来分析和解释历史发展。如"原始社会经历原始群和氏族公社两个发展阶段。生产力的低下，决定原始社会的成员必须共同劳动、共同占有生产资料、共同享受劳动成果。……金属工具的应用和劳动工具的逐步改善，促进了生产力的提高。原始社会逐渐瓦解，出现了私有财产。阶级和国家，形成了人剥削人的最初形态——奴隶占有制度……"都未明确全面地将历史唯物主义的基本原理——生产力与生产关系的互动在历史研究和教学中进行运用。

1978年的历史教学大纲开始出现对生产力与生产关系原理的重视，在"教学目标和要求"的表述中对历史唯物主义的要求主要有："逐步培养学生树立阶级斗争、人民群众创造历史、历史按规律发展、经济基础决定上层建

[①] 课程教材研究所. 20世纪中国中小学课程标准·教学大纲汇编［M］. 北京：人民教育出版社，2001：166.

筑和上层建筑反作用等历史唯物主义的基本观点，运用历史唯物主义的基本观点观察问题和分析问题的能力。"其中提出的经济基础与上层建筑的关系是生产力与生产关系原理的体现。到《1980年全日制十年制学校中学历史教学大纲（试行草案）》在"处理教材内容的若干原则"中的第（二）点就明确提出："生产力和生产关系的矛盾，是任何社会发展的根本动力，而生产力又是最活动、最革命的因素。在阶级社会，生产力和生产关系的矛盾，集中地体现为阶级矛盾和阶级斗争，阶级斗争是阶级社会历史发展的直接动力。历史教材应该体现这一原理。"把生产力的内容提到这样的高度，是新中国成立以来历史教学大纲的新发展，这是克服此前阶级斗争为纲的教学理论与观点的体现，是中国史学研究与中学历史教学的重要进步。《1992年九年义务教育全日制初级中学历史教学大纲（试用）》在"处理教学内容的若干原则"部分指出："历史教学应该运用辩证唯物主义与历史唯物主义观点和方法，阐明生产力对生产关系、经济基础对上层建筑的决定作用，以及生产关系对生产力，上层建筑对经济基础的反作用。"要求教师在历史教学中，能运用史实说明生产力与生产关系、经济基础与上层建筑之间的相互作用，这也是改革开放以来，实事求是思想引领下的思想解放在历史教育中的体现，是对历史唯物主义更加全面认识与理解的体现。

（二）人民群众与英雄在历史中的地位在新课标中重新被强调

历史是人民群众创造的，这是马克思主义史学的基本观点，也是无产阶级政权所坚持的基本政治路线。关于这一原理，新中国成立以来的教学大纲、课程标准以及教学内容中，比较重视人民群众的创造性。

在教学大纲的教学目标说明中，明确突出人民群众是历史的创造者。《1950年小学历史课程暂行标准（草案）》的目标部分指出"初步认识历史发展的规律，懂得历史是劳动人民创造的"；《1956年小学历史教学大纲（草案）》的说明部分在指出小学历史的教学任务时，提出"使学生知道劳动人民是历史的主人"；《1956年初级中学中国历史教学大纲（草案）》的说明中提到"使学生了解劳动人民是历史的创造者，是历史的主人"；《1956年初级中学世界历史教学大纲（草案）》在阐述世界历史教学的基本任务时提出"必须充分认识劳动创造人、劳动创造世界一切文明的伟大意义。必须充分重视劳动人民和许多发明家征服自然和发明创造的巨大功绩。必须充分认识到劳动生产的发展过程及其对人类社会历史发展所起的巨大作用"；等等。之后1963年、1978年、1980年、1986年、1990年、1991年等年份的历史教学大纲的目标说明中，都有提及人民群众是历史创造者。但是在

1988年、1996年、2000年的历史教学大纲，以及2003年、2011年的高中历史课程标准中没有见到这样明确的表述。而在2017年的普通高中历史课程标准中，在课程目标部分，又明确提出要了解"人民群众在历史发展中的重要作用"。

课程标准决定了历史教学的内容与教材的编写，通过对新中国成立以来历史教学内容的分析，也能反映出不同时期对人民群众与英雄在历史中作用的重视程度的区别。

如《1956年高级中学中国历史教学大纲（草案）》中提到："讲授三国两晋南北朝历史的时候，教师应该使学生明确——南部中国的进一步开发，是劳动人民在生产斗争里的伟大胜利，为隋唐以后南方经济的上升准备了条件。"在对当代历史教学要求进行分析时指出："经过一个世纪劳动人民的努力，农业生产发展起来，在农业生产的基础上，手工业也发展起来。"可见在探寻隋唐时期的历史发展推动力时，将劳动人民的努力作为根本的推动力。

在1978年的教学大纲中，依然有一些带有"文化大革命"时期"左"倾的表述："一定要高高举起和坚决捍卫毛泽东的伟大旗帜，完整地、准确地领会和掌握毛泽东关于历史科学的理论和知识。"在1980年的教学大纲中，已转变为"一定要以马克思列宁主义、毛泽东思想为指导。要完整地、准确地领会和掌握无产阶级革命导师关于历史科学的理论，对历史作出正确的叙述和分析，做到革命性和科学性的统一，观点和材料的统一"。可见在1980年的教学大纲中已经体现出"实践是检验真理的唯一标准"在历史教学大纲中的渗透，是历史唯物主义实践的观点的体现。

（三）阶级斗争分析法的运用，20世纪80年代后在教学目标和课程标准中逐渐淡化

新中国成立初至"文化大革命"时期，教学大纲中突出阶级斗争、人民群众是历史的创造者。这是长期半殖民地半封建社会斗争的惯性思维的体现，同时也受到"左"倾错误思想的影响。由于"文化大革命"时期史学和政治生活领域滥用了阶级观念和阶级分析方法，乃至于从20世纪80年代开始，很多史家矫枉过正，摒弃了阶级斗争学说，开始孤立地采用马克思主义史学的另一重要理论方法即生产力和生产关系理论，有时甚至将这两种理论方法对立起来。其实，这两种马克思主义的基本理论方法不仅不矛盾，反而应该相互印证和支撑，因为两者不仅是相互联系的，而且在研究人类整个发展史过程中，各有自己更适用的领域。

在 1986 年之后的教学大纲中，我们发现历史唯物主义史观有关阶级分析的描述和要求相对有些削弱，这一点可以通过 1963 年与 2000 年的教学大纲中中国古代史内容结构目录的编排对比（如表 2-3）来分析。

表 2-3　中国古代史内容结构目录的对比

中国古代史目录	
《1963 年全日制中学历史教学大纲（草案）》	《2000 年全日制普通高级中学历史教学大纲》
第一编　原始社会（从五十万年前到约公元前二十一世纪） 第一章：中国猿人 …… 第二编：奴隶社会（约公元前二十一世纪到公元前 475 年） 第一章：我国奴隶社会的形成和发展 …… 第三编：封建社会 ……	一、先秦 1. 远古社会和传说时代 …… 二、秦汉 三、三国两晋南北朝 四、隋唐 ……

《1963 年全日制中学历史教学大纲（草案）》具有明显的阶级斗争的史观，在教学内容中特别强调："在阶级社会里，阶级斗争是历史发展的动力。劳动人民的革命斗争，在历史上占有重要的地位……历史教学内容应该以阶级斗争为线索，正确地反映劳动人民革命斗争和统治阶级活动的历史事实。"《1996 年全日制普通高级中学历史教学大纲（供试验用）》也只是提出"高中历史教学，有助于学生进一步认识人类社会发展规律"，在教学目的中也没有明确指出历史唯物主义的观点，只是侧重在社会发展规律这个层面。可见此时中国的历史教育试图运用历史唯物主义史观来认识、理解中国历史，并在此基础上将中国历史发展的阶段一一填充到五种社会经济形态中去，构建中国的中学历史教学体系。这种运用阶级斗争的观点来认识和分析阶级社会历史运动、采用社会经济形态的转变作为历史分期的标准、研究中国历史发展的规律性问题也是历史唯物主义运用的表现。但这里对历史唯物主义的运用显得过于僵化和教条，过分强调历史的统一性而忽视了历史发展的差异性。"20 世纪 50 年代，我国中学历史教育的领导者和从业者中，大多数人处于学习的初级阶段，对阶级观点的理解一般都比较肤浅，阶级分析方法的运用一般都比较机械，因此，这一主导中学历史课的阶级斗争史范式显得很不成熟，使中学历史课程带有幼稚性的特征。其主要表现是，简单机械地运用阶级观点和使用阶级分析法，有意无意地拔高或贬低对某些事与人

的评价"①,因而使"这一时期中学历史课竭力向政治课靠拢,很多时候历史课被上成社会发展史课,历史课的学科特点被淡化"②。

1963年的教学大纲中鲜明具体地将人类历史发展的五种社会形态作为分章的依据,而后这种划分方式被逐渐淡化。改革开放后,历史唯物主义史观渐渐受到文明史观、全球史观、现代化史观的影响,阶级斗争史观和以阶级视角、方法解释历史的理论方法似乎渐被弱化。

除受到其他史观影响之外,阶级斗争分析法在教学大纲和课标中的渐趋淡化,与"文化大革命"时期史学和政治生活领域滥用了阶级观念和阶级分析方法有关。以至从20世纪80年代开始,很多史家矫枉过正,摒弃了阶级斗争学说,开始孤立地采用马克思主义史学的另一重要理论方法即生产力和生产关系理论,有时甚至将这两种理论方法对立起来。前文对阶级分析的科学性和现实价值已做详细的论述,既然人类自阶级社会以来的历史都充满着阶级的活动,那么,阶级学说和阶级斗争学说就具有存在的价值。马克思的阶级学说强调阶级之间的斗争,而二战前的世界历史进程中,阶级之间的关系是非常尖锐的,很少存在阶级调和的现象。以阶级斗争学说来分析这些时期的历史,才能发现历史的真相。

如关于洋务运动的研究,在改革开放前后,学术界的研究观点出现了一个转变。20世纪70年代,洋务运动被全面否定,曾经提出洋务运动具有一定积极意义的学者被扣上"崇洋媚外"的帽子,受到批判。这也是阶级斗争的观点在改革开放之前处于突出地位的表现,改革开放之后,历史研究的观念也随之发展变化,逐渐朝着对历史唯物主义的全面理解与运用发展。80年代初出现了一股研究洋务运动的热潮,尽管在一些问题上争论较大,但洋务派引进西方技术符合时代潮流、有利于中国近代化的观点被越来越多的人所接受。③

阶级、阶级斗争学说是马克思主义史学的精髓,是我们现在分析阶级社会历史的重要学说和方法,是完整的理论体系,我们不能因为今天的社会条件而忽视历史上阶级社会中长期存在的阶级和阶级斗争。

普通高中历史课程是在义务教育历史课程的基础上,进一步运用历史唯物主义观点,以社会形态从低级到高级发展的主线,展示历史演进的基本过

---

① 常秀梅. 近百年中国历史观念变迁与中学历史教学:以中学历史课程标准和教学大纲为中心的探讨[D]. 济南:山东大学,2010.

② 冯一下. 阶级斗争史范式与我国现代中学历史课程的演变[J]. 历史教学,2008(1):11.

③ 姜铎. 洋务运动研究的回顾[J]. 历史研究,1997(2):114-128.

程以及人类在历史上创造的文明成果，揭示人类历史发展的基本规律和大趋势，促进学生全面发展的一门基础课程。

从新中国成立以来的教学大纲或课程标准中我们可以看到，在教材内容的安排上均有体现历史唯物主义，如阶级斗争、人民群众是历史的创造者、生产力与生产关系，人类历史发展的五种社会形态。但在不同历史时期的侧重会有所不同，从较为片面地强调阶级斗争到历史唯物主义史观的全面运用，反映了新中国成立以来国情变化给历史观带来的影响。

2003年版历史课程标准指出："普通高中历史课程，是用历史唯物主义观点阐释人类历史发展进程和规律，进一步培养和提高学生的历史意识、文化素养和人文素养，促进学生全面发展的一门基础课程。"2017年版历史课程标准指出："历史学是在一定历史观指导下叙述和阐释人类历史进程及其规律的学科。探寻历史真相，总结历史经验，认识历史规律，顺应历史发展趋势，是历史学的重要社会功能。历史学是人类文化的重要组成部分，在传承人类文明的共同遗产、提高公民文化素质等方面起着不可替代的作用。中学历史课程承载着历史学的教育功能。学生通过高中历史课程的学习，进一步拓展历史视野，发展历史思维，提高历史学科核心素养，能够从历史发展的角度理解并认同社会主义核心价值观和中国民族优秀传统文化，认识并弘扬以爱国主义为核心的民族精神和以改革创新为核心的时代精神，具有广阔的国际视野，树立正确的世界观、人生观、价值观和历史观，为未来的学习、工作与生活打下基础。"可见历史唯物主义作为历史研究和教学的指导史观，是历史教学、研究中教师必须要求掌握和把握的核心内容。

历史唯物主义是马克思主义哲学的有机组成部分，是科学的历史观。《普通高中历史课程标准（2017年版）》明确提出历史唯物主义"是揭示人类社会历史客观基础及发展规律的科学的历史观和方法论。人类对历史的认识是由表及里，逐渐深化的，要透过历史的纷杂表象认识历史的本质，科学的历史观和方法论是非常重要的。唯物史观使历史学成为一门科学，只有运用唯物史观的立场、观点和方法，才能对历史有全面客观的认识"。作为历史研究与教学指导史观，在学习、教学中有多种实现途径，但是中学历史教师对马克思主义原著的阅读、经典研究成果的阅读，以及课标教材的阅读，是了解、运用历史唯物主义的关键，能促进教师养成正确的科学历史观，推动教师专业发展，在教学中增强对核心素养的落实。

唯 物 史 观 的教学设计与学业评价

第三章　历史唯物主义素养与历史课程实施

在中学，培养历史唯物主义素养的最主要途径是课程的实施。1999 年 6 月，中共中央、国务院在《关于深化教育改革全面推进素质教育的决定》中提出了"三级课程体系"概念：国家课程、地方课程和校本课程。中学历史课程的开发和实施都应以历史唯物主义为指导思想。普通高中历史课程分为必修课程、选择性必修课程和选修课程。必修课程"中外历史纲要"共 24 个专题，是普通高中学生均应修习的基础课程，学生经过学习要通过合格性水平考试。选择历史科的学生还应修习选择性必修课程，包括"国家制度与社会治理""经济与社会生活""文化交流与传播"三个模块。选修课程是学生自主选择修习的课程，包括国家在必修与选择性必修课程基础上设置的拓展、提高、整合性课程和校本课程。新课标提供了"史学入门"和"史料研读"两个模块供学校和教师参考。这三类课程中，必修课程是基础，选择性必修课程是必修课程的拓展和深化，选修课程是在必修课程和选择性必修课程基础上的进一步延伸。

本章将阐述历史唯物主义素养怎样通过课程实施来"落地"。其中，第一节将说明历史唯物主义素养是如何在国家必修课程中呈现的，以及必修课程对历史唯物主义素养培养的要求是什么。第二节以案例的形式说明学校和教师如何通过开发和实施地方与校本课程来培养学生的历史唯物主义素养。

▶第一节　历史唯物主义素养在必修课程中的呈现

《普通高中历史课程标准（2017 年版）》对必修课程介绍如下："必修课程以通史的叙事框架，展示中国历史和世界历史发展的基本过程，共有 24 个专题，是高中历史学习的基本内容。在马克思主义的指导下，必修课程要通过对中外重大历史事件、历史人物和历史现象的叙述，展现人类发展进程中丰富的历史文化遗产,以及人类社会从古至今、从分散到整体、社会形态从低级到高级的发展历程。学生通过必修课程的学习,应了解和掌握唯物史观的基本观点,体会唯物史观的科学性,理解不同时空条件下历史的延续、变迁与发展,学习史料实证的基本方法,能够在此基础上对历史作出正确的解释;深化对中华民族多元一体发展趋势的认识,认同社会主义核心价值观和中华优秀传统文化,了解世界历史发展的多样性,理解和尊重世界各国各地区的文化传统,拓宽国际视野,形成开放的世界意识。"这里蕴含着两层含义:第一,必修课程的指导思想是历史唯物主义,是在历史唯物主义指导下编写的,历史唯物主义是学生在学习历史课程时必须具备的"史观";第二,学生通过学习历史课程,通过中外历史的发展,应该能理解历史唯物主义是科学的历史观,并能初步运用历史唯物主义解释历史。

在课程目标上,课程标准要求学生通过学习,"了解唯物史观的基本观点和方法,包括人类社会形态从低级到高级的发展、生产力和生产关系之间的辩证关系、经济基础和上层建筑之间的相互作用、人民群众在社会发展中的重要作用等,理解唯物史观是科学的历史观;能够正确认识人类历史发展的总趋势;能够将唯物史观运用于历史的学习与探究中,并将唯物史观作为认识和解决现实问题的指导思想"。新课标对核心素养的达成做了学业质量要求,其中,水平1和水平2是完成必修课程学习后应达到的,唯物史观核心素养的表现程度在水平1和水平2相同,一是要知道唯物史观的主要观点;二是理解唯物史观是科学的历史观。为进一步说明必修课程对历史唯物主义素养的具体要求,我们将历史唯物主义的基本理论和基本方法细化,以表格的形式呈现在"中外历史纲要"的24个专题中(见表3-1),供教师参考,并在后面予以解读。

一、历史唯物主义基本观点及方法在必修课程中的呈现

表 3-1　历史唯物主义基本观点及方法在必修课程中的呈现

专题	理论					说明
	生产力与生产关系、经济基础与上层建筑的辩证关系	人民群众与英雄在历史上的作用	历史发展的规律、偶然性与必然性	科学辩证法	正确运用阶级分析法	
1.1 早期中华文明	通过文化遗存，了解中国早期国家的特征	—	—	—	通过甲骨文、青铜铭文及文献记载，了解私有制、阶级和早期国家的起源特征	本课题需要教师了解早期文明中时空条件与文明起源的关系，并与雅典文明及起源相对比（只有这样才能真正理解本课题所涉及的历史唯物主义内容，以下就不再强调这一点了）
1.2 春秋战国时期的政治、社会及思想变动	通过春秋战国时期生产力发展状况理解战国时期的政治变动；理解"百家争鸣"局面的出现	理解墨家学派的思想主张	理解战国时期变法运动的必然性	正确评价春秋战国时期的争霸战争	理解士阶层的出现及历史作用；理解新兴地主阶级开展变法运动的原因和作用	教师需要将历史的整体性和历史的必然性理论融入其中
1.3 秦汉大一统国家的建立与巩固	秦汉封建经济的初步发展及政治制度的建立；理解汉初休养生息的政策	秦皇汉武的个人历史功绩与人民群众作用的统一	秦统一的历史必然性；用马克思的五种社会形态理论理解秦开启了统一的封建王朝；陈胜吴广农民起义发生的偶然性与必然性	正确评价秦皇汉武	从阶级分析法出发理解楚汉战争胜负的原因	需要理解和融入古代国家和民族理论

（续表）

专题	理论					说明
	生产力与生产关系、经济基础与上层建筑的辩证关系	人民群众与英雄在历史上的作用	历史发展的规律、偶然性与必然性	科学辩证法	正确运用阶级分析法	
1.4 三国两晋南北朝的民族交融与隋唐大一统的发展	从隋唐经济发展状况理解隋唐制度创新及思想文化繁荣的原因；从中外文化交流的角度理解隋唐文化艺术的发展特点	了解三国两晋南北朝时期民族交融及区域开发的史实，体会人民群众创造历史	理解三国两晋南北朝时期民族交融的必然性	认识两税法的利弊	理解三国两晋时期士族的出现及历史作用；理解科举制在促进阶层流动中的作用	融入社会学对古代国家的描述，融入古代民族国家基本规律研究成果
1.5 辽宋夏金多民族政权并立与元朝的统一	认识这一时期政治、经济、文化与社会等方面的新变化，理解经济发展带来的政治及文化上的变化	了解辽宋夏金元经济发展史实及少数民族政权对边疆地区的开发	理解辽宋夏金元时期民族交融及走向统一的必然性	正确评价北宋加强中央集权的措施、王安石变法	理解科举制度对社会流动的促进及巩固政权的作用、门阀士族的逐渐衰落	融入古代经济发展规律研究成果，融入古代国家政治研究成果
1.6 明至清中叶中国版图的奠定、封建专制的发展与社会变动	认识明清时期社会经济的发展及带来的思想文化的新变化；传统小农经济及专制统治对社会转型的阻碍	认识明末农民起义的影响；了解明清时期人民群众在文学、艺术、科技、经济等领域创造的巨大成就	结合明清社会发展状况及同时期西方国家的发展，理解中国社会迟滞不前、近代以来落后挨打的原因	正确评价清时期的海外贸易政策	了解明清时期商品经济发展推动地域性商人群体的形成；清中后期人口急剧增长带来的资源危机和统治危机、农民起义频发	融入世界古典文化研究成果，以及农业时代社会发展研究成果

（续表）

专题	理论					说明
	生产力与生产关系、经济基础与上层建筑的辩证关系	人民群众与英雄在历史上的作用	历史发展的规律、偶然性与必然性	科学辩证法	正确运用阶级分析法	
1.7 晚清时期的内忧外患与救亡图存	中国社会性质的改变；新经济因素的产生及由此而来的政治、思想、阶级的变化	概述晚清时期中国人民反抗外来侵略的斗争事迹，理解其性质和意义	理解中国近代社会的两对主要矛盾；正确分析鸦片战争爆发的原因；知道鸦片战争后中国沦为半殖民地半封建社会的原因	正确分析西方侵略对中国的影响、正确评价洋务派	认识社会各阶级为挽救危局所做的努力及存在的局限性；理解资产阶级民主革命时代，农民阶级已无法完成历史提出的新课题这个重任，中国革命需要一个代表时代发展方向的阶级力量来领导	融入资本主义经济规律研究成果，全球化和世界市场对世界影响的相关成果
1.8 辛亥革命与中华民国的建立	近代资本主义经济的进一步发展对此时中国政治的影响；三民主义思想、民主共和思想的传播推动民族复兴；新文化运动带来的思想解放深刻影响了中国革命；此时期社会风俗的变化	知道辛亥革命的历史意义；理解辛亥革命的局限性在于没有发动大多数民众	正确分析辛亥革命爆发的原因	正确评价清末新政、北洋政府的政策措施	在半殖民地半封建社会的中国，资产阶级领导的资本主义新中国成立方案是行不通的	融入资产阶级革命研究尤其是民主概念和内容研究，土地政策研究成果

（续表）

专题	理论					说明
	生产力与生产关系、经济基础与上层建筑的辩证关系	人民群众与英雄在历史上的作用	历史发展的规律、偶然性与必然性	科学辩证法	正确运用阶级分析法	
1.9 中国共产党的成立与新民主主义革命兴起	认识五四爱国运动的历史意义，认识马克思主义在中国的传播与中国共产党成立对中国革命的影响；土地革命的意义	理解五四运动是一场真正的群众运动；知道中国共产党对中国革命新道路的探索；国民大革命基本推翻了北洋军阀的反动统治；中国工农红军的长征是一部伟大的革命英雄主义的史诗	认识五四运动是中国新民主主义革命的开端	理解十月社会主义革命对中国革命的影响	五四运动后中国工人阶级开始作为独立的政治力量登上历史舞台；认识中国共产党成立对中国革命的影响；了解国民党在全国统治的建立及其性质	融入阶级理论，十月革命研究成果
1.10 中华民族的抗日战争	理解抗日民主根据地的建设推动了抗日战争胜利；理解毛泽东《论持久战》的意义	通过了解正面战场和敌后战场的抗战，感悟中华民族英勇不屈的精神；知道国统区民生凋敝、民怨沸腾、民变蜂起，国民党统治集团深陷统治危机	能正确分析中国14年抗战胜利的原因	认识到"九一八"后中国社会矛盾的变化；认识中国战场是世界反法西斯战争的东方主战场；理解正面战场和敌后战场的关系；认识到中国共产党在抗日战争中发挥了中流砥柱作用	抗日民族统一战线的建立及历史意义；抗日战争胜利的伟大意义	融入第二次世界大战、中华民族概念等相关研究成果

（续表）

专题	理论					说明
	生产力与生产关系、经济基础与上层建筑的辩证关系	人民群众与英雄在历史上的作用	历史发展的规律、偶然性与必然性	科学辩证法	正确运用阶级分析法	
1.11 人民解放战争	土地改革运动解放了农村生产力，巩固了工农联盟，有力支持了人民解放战争的胜利；国民党政权的统治危机导致其在人民中的信誉一落千丈，失去民心	中国共产党在政治上紧密依靠人民群众，在党的领导下建立最广泛的人民民主统一战线	理解中国共产党能领导人民取得中国革命胜利的原因	知道解放战争的进程	理解中国革命的胜利是马克思主义普遍原理与中国革命具体实践相结合的胜利；认识民主党派在民主革命中发挥的作用	融入民主、人民史观、民主革命概念等研究成果
1.12 中华人民共和国的成立及向社会主义过渡	土地改革解放了生产力，为工业化扫除了障碍；社会主义基本制度的建立是中国历史上最深刻的变革；"三大改造"适应了生产力发展要求；"一五"计划的意义	理解中华人民共和国成立的历史意义；理解人民代表大会制度建立的意义	知道中国由新民主主义向社会主义过渡，社会性质的变化	理解"一五"计划中优先发展重工业的原因；新中国初期外交实行"一边倒"的原因	理解中华人民共和国成立的历史意义	融入社会形态、生产关系和生产力关系原理、现代国家概念等相关成果
1.13 社会主义建设道路的探索	从生产关系和生产力的角度理解1956年前后社会主义建设取得的一系列成就；了解1957年后在探索中发生的严重曲折；认识毛泽东思想对近现代中国的深远影响	了解和感悟这一时期中国人民艰苦奋斗、奋发图强建设社会主义的精神风貌；了解毛泽东对中国革命和社会主义建设的贡献	—	中共八大正确分析了当时的主要矛盾；社会主义建设的曲折探索以及给我们留下的经验和教训	认识"文化大革命"的教训	融入社会发展前进和曲折性相结合原理，融入辩证法质变量变原理

（续表）

专题	理论					说明
	生产力与生产关系、经济基础与上层建筑的辩证关系	人民群众与英雄在历史上的作用	历史发展的规律、偶然性与必然性	科学辩证法	正确运用阶级分析法	
1.14 改革开放新时期与中国特色社会主义进入新时代	理解党的十一届三中全会作出全党工作的着重点应该是转移到社会主义现代化建设上来，发展生产力是社会主义的根本任务；理解十一届三中全会的历史意义；了解改革开放40年来中国在政治、经济、外交等各方面所取得的巨大成就；党的十九大以后习近平新时代中国特色社会主义思想是全党全国人民为实现中华民族伟大复兴而奋斗的行动指南	认识到全党全国人民经过努力奋斗创造了改革开放的巨大成就；经过海峡两岸的共同努力，两岸关系有了新发展；理解邓小平理论对建设中国特色社会主义的重要指导意义	认识中国特色社会主义进入新时代的重大意义；认清我国发展新的历史方位	认识科学发展观	改革首先在农村取得突破	融入历史背景和历史原因分析原则、历史时代性和特殊性原理

65

（续表）

专题	理论					说明
	生产力与生产关系、经济基础与上层建筑的辩证关系	人民群众与英雄在历史上的作用	历史发展的规律、偶然性与必然性	科学辩证法	正确运用阶级分析法	
1.15 古代文明的产生与发展	理解农耕与畜牧的产生是人类文明产生的前提；认识、分析各文明古国发展的不同特点，并分析、认识这些特点形成的不同时空条件；古希腊经济发展特点及对政治和文化的影响	—	农耕文明在古代不断扩大的趋势及原因	认识不同文明之间的早期联系	理解剩余产品的出现、社会分工的发展和阶级的分化，使人类走向文明成为可能	融入古代国家和民族概念，理解文明概念
1.16 中古世界的多元面貌	理解中古时期欧洲、亚洲、非洲和美洲生产方式的不同及其文明特点；封建经济的发展，城市的产生，推动了王权的强化和主要封建国家的形成；理解罗马法的历史意义	知道城市市民与封建主斗争的历史作用	—	知道西欧封建制度不是世界的普遍现象，世界历史发展具有多样性	知道城市市民与封建主斗争取得城市自治权的史实；自治推动了城市经济的发展	融入古代国家经济规律研究成果，融入古代国家文明一般形式研究成果

66

（续表）

专题	理论					说明
	生产力与生产关系、经济基础与上层建筑的辩证关系	人民群众与英雄在历史上的作用	历史发展的规律、偶然性与必然性	科学辩证法	正确运用阶级分析法	
1.17 全球联系的建立	理解新航路开辟推动了人口迁移和物种交换、促进商品在世界范围流动	知道主要航海家开辟新航路的史实	理解新航路开辟是人类历史从分散走向整体过程中的重要节点	正确分析新航路开辟的原因；理解新航路开辟后日本白银、美洲大量黄金白银流入中国带来社会变化；正确评价哥伦布	新航路开辟后欧洲的商业革命和价格革命推动了西欧社会结构的变化，资产阶级力量壮大，封建领主逐渐衰落，推动封建制度逐步解体，资本主义加速发展	融入全球化和整体历史概念，融入时空观念，融入历史规律性研究成果
1.18 西方人文主义的发展与资本主义制度的确立	理解西欧资本主义经济的发展是文艺复兴、宗教改革、启蒙运动产生的根本原因；通过文艺复兴、宗教改革、启蒙运动理解思想解放是社会改革的先导；理解科学革命对思想解放的促进作用；从法国大革命的历程理解生产力与生产关系的互动	理解欧美主要国家资产阶级革命的历史意义；知道克伦威尔、拿破仑等人的历史功绩	知道欧美国家通过资产阶级革命进入历史发展新阶段	理解资本主义制度是根据各国国情选择了相应的制度；能正确分析近代资产阶级政治理念历史进步性和局限性；能正确评价拿破仑	理解资本主义制度的建立是近代资产阶级反对封建制度的产物	融入社会发展整体性原理、阶级理论、民主和民族理论、事物性质和现象解释理论

（续表）

专题	理论					说明
	生产力与生产关系、经济基础与上层建筑的辩证关系	人民群众与英雄在历史上的作用	历史发展的规律、偶然性与必然性	科学辩证法	正确运用阶级分析法	
1.19 改变世界面貌的工业革命	工业革命既是一场生产力革命，又是一场社会革命；工业革命使生产组织与管理形式发生了重大变化	瓦特发明了改良蒸汽机，推动了工业革命进程	理解工业革命产生的原因及为何首先发生在英国	工业革命既有正面的影响，也有负面的影响；理解资本主义国家凭借工业革命提供大经济和军事实力，在世界各地大肆扩张，东方从属于西方	工业革命带来了社会阶级结构的巨变，工业资产阶级和无产阶级两大对立阶级形成；技术人员、管理人员等中间阶层的力量也开始发展	融入时空和史料实证方法理论、全球化和世界市场理论
1.20 马克思主义的诞生	理解马克思和恩格斯创立科学社会主义的时代背景；知道《共产党宣言》的基本内容	理解科学社会主义的创立是同工人运动相结合的产物	—	理解马克思主义思想来源	理解马克思主义是无产阶级的科学理论，为全世界无产阶级的解放提供了强大的思想武器	融入历史发展必然性和偶然性原理，生产力与社会意识互动关系原理
1.21 世界殖民体系的形成与亚非拉民族独立运动	资本主义的发展推动世界殖民体系形成	19世纪末20世纪初亚非殖民地半殖民地掀起了轰轰烈烈的民族独立运动	—	—	资产阶级和无产阶级领导亚非民族独立运动	融入社会性质理论和事物解释中现象和性质及联系理论、社会进步性和曲折性理论

（续表）

专题	理论					说明
	生产力与生产关系、经济基础与上层建筑的辩证关系	人民群众与英雄在历史上的作用	历史发展的规律、偶然性与必然性	科学辩证法	正确运用阶级分析法	
1.22 第一次世界大战、十月革命与国际秩序的演变	理解世界经济大危机爆发的原因；认识战时共产主义政策、新经济政策、斯大林模式建立的背景，掌握其作用，从生产力和生产关系互动的角度进行评价	理解十月革命建立了第一个无产阶级领导的国家，打破了资本主义一统天下的世界格局；非暴力不合作等亚非拉民族民主运动高涨沉重打击了帝国主义和殖民主义，动摇了世界殖民体系；联合国建立的意义	理解第一次世界大战爆发的原因	正确评价战时共产主义政策、斯大林模式、联合国建立的作用	理解德国法西斯上台的原因；一战促进了殖民地半殖民地国家的觉醒；十月革命极大鼓舞了殖民地半殖民地人民的解放斗争	融入原因和社会背景理论方法、现代国家和民族的内容
1.23 冷战与20世纪下半期世界的新变化	认识二战后资本主义、社会主义与第三世界国家的变化；理解战后资本主义国家加强对经济干预的实质及作用；理解二战后各国或地区经济发展对政治格局的影响	二战后世界殖民体系崩溃；独立后的发展中国家为维护国家主权、促进社会发展、改变不合理的国际政治经济秩序进行不懈的努力	理解苏联解体的原因	理解内外因是共同作用的结果	理解世界多极化趋势的出现；理解随着第三次科技革命发展，中间阶层人数增加	融入现代国际关系理论和现代国家性质、辩证法中的否定之否定规律

（续表）

专题	理论					
	生产力与生产关系、经济基础与上层建筑的辩证关系	人民群众与英雄在历史上的作用	历史发展的规律、偶然性与必然性	科学辩证法	正确运用阶级分析法	说明
1.24 当代世界的发展特点和主要趋势	理解世界多极化建立在各地区、各国经济繁荣的基础之上，有利于维护世界的和平、稳定和发展	理解二十国集团、上海合作组织、金砖国家、金砖国家新开发银行的作用；中国在全球治理中的中国智慧和中国方案	理解经济全球化出现的原因	正确认识经济全球化的作用；理解人类命运共同体的建设是长期、复杂和曲折的过程	理解人类命运共同体的意义	融入历史发展多元性理论、进步性与曲折性理论、全球化理论

注：在所有的历史唯物主义原理和方法教学中，要时时重视结合几个基本方法：首先是看待历史问题要使用辩证法；其次，坚持历史的整体性，包括历史发展内容的整体性和全球性；最后，注意以历史唯物主义为指导总结历史规律性。

二、如何运用历史唯物主义基本观点及方法实施必修课程

教师在运用历史唯物主义基本观点及方法开展必修课程的教学时，要避免说教，避免将理论灌输给学生，甚至背结论，应该用历史唯物主义统领教学，做好教学设计，将历史唯物主义的基本观点和方法渗透到教学中。前文将历史唯物主义的基本观点和方法呈现在每一个专题中，主要有：生产力与生产关系、经济基础与上层建筑的辩证关系；理解人民群众与英雄在人类历史上的作用；历史发展的规律、偶然性与必然性；科学辩证法；正确运用阶级分析法等。教师要熟知这些基本原理，在进行教学目标设计的时候，提前做好设计和引领，把握教学的高度和深度。

（一）生产力与生产关系、经济基础与上层建筑的辩证关系

历史唯物主义认为，生产力对生产关系（经济基础对上层建筑）在总体上是具有决定作用的，这种决定作用首先表现在历史发展的总趋势上。马克思根据生产关系的发展形态，将人类社会划分为五种社会形态，而生产关系的发展形态是由于不同时期人类生产力发展水平不同造成的。教师在教学中，一是要引导学生理解具体时期生产力发展水平下生产关系的性质，比

如奴隶制、井田制、工厂制等形成的原因，知道生产力决定生产关系。上层建筑是建立在经济基础之上的，诸如政治、法律、哲学、艺术、宗教等意识形态以及与其相适应的制度、组织和设施，所以某一时期的政治、法律、哲学、艺术、宗教等反映的是这一时期的经济基础，例如，古代中国和古希腊的政治制度不同，古代希腊罗马的文化和文艺复兴时期的文化本质也不同；中国明清时期由于商品经济的发展推动思想文化领域出现新变化等。二是要引导学生整体认识相关史事，理清中外历史发展的基本线索和主要阶段，并深化对人类历史发展基本脉络的认识，"在历史演进的脉络中帮助学生更好地理解马克思的学说及唯物史观"①。必修课程提供了中外历史发展的重要史事，教师既要指导学生看到"点"，也要能串成"线"，从宏观把握历史发展的脉络，"印证"、运用唯物史观的基本原理。例如，马克思认为，"从纵向看，人类历史经历了不同生产方式的演变和由此引起的不同社会形态的更迭，即从原始社会、奴隶社会、封建社会、资本主义社会发展到共产主义社会，是一个由低级社会到高级社会发展的总过程。……从横向看，人类的历史是从原始、孤立、分散的人群逐渐发展为全世界成为一个密切联系的息息相关的整体的过程"②。例如，教师讲授秦大一统国家的建立时，要引导学生认识到其在中国历史上的意义——开启了统一的封建王朝；在进行西欧历史教学时，可以让学生运用具体的史实说明西欧社会是如何从低级社会发展到高级社会的；新航路开辟如何连接了东西方等。

生产关系并不是一直会适应生产力发展水平，所以会出现改革、改良等。涉及社会转型时期的变化、改革与改良等问题，在讲到某时期政治、文化的发展特征时，教师要讲清楚其经济发展的要求，帮助学生理解生产力与生产关系、经济基础与上层建筑的互动关系。例如，春秋战国时期各国相继出现变法运动，是由于生产力出现重大突破——铁犁牛耕出现，这必然要求生产关系变革，以适应生产力发展的需要；再比如，工业革命不仅仅只是一场生产力革命，更是一场社会革命，工厂制度、垄断组织的出现等都是这一理论的体现。

（二）人民群众与英雄在历史上的作用

在讲到物质生产的进步、社会重大变革时，教师要注意说明人民群众是

---

① 章清. "唯物史观"如何进入中学历史课堂？[J]. 历史教学，2018（7）：56.
② 徐蓝，朱汉国.《普通高中历史课程标准（2017年版）》解读[M]. 北京：高等教育出版社，2018：54.

历史的创造者。人民群众是物质财富的直接生产者，中国古代的盛世不只是帝王将相创造的，更是人民群众创造的；中国古代手工业品巧夺天工，体现的是劳动人民的智慧和力量。

但是，教师也要引导学生理解，人民群众不是随心所欲地创造历史，而是受到既定的社会历史条件的制约。不同阶级的群众在不同的历史时期和不同的社会历史条件下，创造历史的具体作用和具体结果是不同的。例如农民阶级，在中国古代，农民承担了国家的赋税，是古代物质财富的主要创造者，而在中国近代，农民是工人阶级的同盟军，与工人阶级一起反封建反侵略，争取民族独立，不同历史阶段他们的作用是不同的。

人民群众是历史的创造者，意味着也要重视杰出历史人物和英雄在历史发展中的作用。历史人物评价是历史学习的重要内容之一，教师应引导学生理解时代与英雄的关系。例如，在中国古代，经过长期分裂、战乱，人民渴望统一，这时往往会出现一个能够完成统一的英雄，如秦始皇、赵匡胤、朱元璋等；在政治经济出现危机时，可能会出现"治世之能臣"，如王安石、张居正等。不同时期，人们对英雄的渴望不同，如第一章所述，英雄是民族精神的象征，民族和国家的发展需要英雄人物的引领和凝聚。纪念英雄是抵制历史虚无主义的重要措施。

（三）历史发展的规律及偶然性与必然性

历史唯物主义认为，历史发展是有规律可循的，包括人类社会发展从低级向高级发展、历史发展呈螺旋形上升等。在学习这24个专题时，教师通过引导学生把握中外历史发展的宏观线索，就可以清楚看到人类历史从低级到高级发展的过程。但不是所有的民族和国家都是按照这五种社会形态向前发展的，例如西藏自治区就是从封建农奴制直接过渡到社会主义社会。另外，历史的发展不是一帆风顺的，偶有反复甚至倒退，比如两次世界大战给人们带来了深刻的伤痛和教训，但是二战后人们吸取教训，通过建立联合国等国际组织避免新的争端就是一种进步，我们应该引导学生理解这种螺旋形上升的道路是向前的。

历史发展是必然性与偶然性相结合的产物，必然性主导着偶然性。教师可以通过具体历史事件来引导学生理解这一点。例如，辛亥革命的发生有偶然性因素，武昌起义的时间原计划也不是十月十日，但是我们还应该看到，辛亥革命的发生是当时中国内忧外患下必然会发生的一场革命，清末民族危机严重，政府腐败、无力挽救民族危机，中国民族资本主义初步发展，民族资产阶级力量壮大，资产阶级民主思想在中国传播，这一场革命的发生势在必行。新航路的开辟同样如此,这是西方资本主义发展过程中的一个必然事件,但是哥伦布发现美洲有偶然因素。教师应帮助学生深刻认识历史事件发生的必然性与偶然性,认识到历史发展是有规律可循的。

(四)科学辩证法

历史评价是历史课程中常见的问题,主要有对人物的评价和对事情的评价。评价涉及价值导向的问题。历史辩证法应成为中学历史教学中最重要的分析方法之一。教师要注意在评价时渗透科学辩证法,避免庸俗辩证法,即避免简单的一分为二看问题,要坚持两点论和重点论的统一,反对用孤立、片面的历史事实说明问题,坚持历史主义原则,也就是"要将历史人物或历史事件放在具体的时代背景和社会环境中去剖析,而不是将之抽离时代去审判"①。例如,在评价历史人物时,一是要将历史人物放在具体的时代背景和社会环境感悟中去剖析,而不是将之抽离时代去审判;二是要坚持把握历史人物的主要方面,不能掩盖、抹杀人物的主要方面,只讲支流、末节,陷入相对主义的泥淖。以拿破仑为例,拿破仑是法国杰出的资产阶级军事家、政治家,对法国、欧洲乃至世界历史做出了突出的贡献。其颁布的《民法典》以法律形式确立资产阶级自由平等的基本原则,形成了近代民法传统,有利于资本主义的发展。其领导的法国革命和战争捍卫了法国,传播了资产阶级革命思想,动摇了欧洲封建统治秩序,但是后期战争侵略奴役欧洲各国,给法国和欧洲人民带来了灾难。拿破仑颁布大陆封锁令绝对禁止欧洲大陆与英国人通商,打击了英国,一定程度上有利于法国工业发展,但致使法国和大陆其他国家在经济和工业上远远落后于英国,也葬送了法国,埋下了拿破仑走向失败的隐患。总体来讲,拿破仑对历史做出了突出贡献,是英雄,功是主流,后期的战争和大陆封锁令是过,是支流。评价拿破仑要结合当时的时代背景分析,分阶段评价。

(五)阶级分析法

阶级斗争学说是历史唯物主义分析阶级社会的重要方法之一。必修课程中涉及阶级分析法的地方很多,教师要"把人类社会的历史当作一个按照一

---

① 鲍丽倩. 辩证法不等于一分为二:谈当下中学历史教学对辩证法的误用[J]. 思想理论教育,2013(22):72.

定规律不断发展变化的客观过程"①，要把阶级分析与历史主义有机结合。例如，在历史发展中，新阶级产生与传统统治阶级矛盾冲突最终导致了革命或改革的发生：春秋战国时期，随着铁犁牛耕的出现，生产力进步，井田制逐步瓦解，新兴地主阶级势力逐渐壮大，他们对分封制下的利益分配不满，要求重新分配土地、人口、爵位等，因此"礼崩乐坏"，兼并战争频仍。在西欧，文艺复兴运动、启蒙运动、资产阶级革命或改革同样是由于新兴资产阶级崛起，要求改变旧有的制度，重新分配利益而发生的。

有人误认为，阶级斗争学说已经不符合当代的社会形势了，所以要弱化阶级斗争学说，但是"阶级、阶级斗争学说是马克思主义史学的精髓，是我们现代分析历史、分析人类社会的重要学说和方法，是完整的理论体系，其现实意义依然很大"②。正确把握阶级斗争法，不是一味强调暴力斗争，但是也不能完全忽视阶级斗争，要注意新的历史条件下阶级斗争学说的表现和新发展。例如，二战后主要资本主义国家调整劳资关系，利用财政税收等调节利益分配就是新的历史条件下调整阶级矛盾的一种表现。

最后，教师在教学过程中，要把握好历史唯物主义素养与其他素养的关系。历史唯物主义素养是历史学科核心素养的灵魂，是诸素养得以达成的理论保证。但是，五大素养是有机联系的整体，在培养的过程中难以完全割裂。例如，在认识中外历史发展的基本线索和脉络时，一定会运用到时空观念；恰当运用史料说明历史唯物主义理论时体现了史料实证素养；用历史唯物主义理论解释历史事件本身就是一种"历史解释"，"唯物史观和历史解释是交互作用、相伴相长的"③。历史唯物主义素养的培养需要与其他素养相结合，才能真正达成。历史唯物主义是历史学习的指导理论，学生不是光记住几条干巴巴的理论就能真正具有历史唯物主义素养，要在时空条件下，用史料去充分认识理论、解释历史现象，运用起来，才能在实践中检验自己是否真的具备历史唯物主义的素养。

---

① 徐蓝，朱汉国.《普通高中历史课程标准（2017年版）》解读［M］. 北京：高等教育出版社，2018：55.
② 张庆海. 中学历史教学中的史学理论问题［M］. 长春：长春出版社，2012：142.
③ 徐蓝，朱汉国.《普通高中历史课程标准（2017年版）》解读［M］. 北京：高等教育出版社，2018：67.

第二节　历史唯物主义指导下的地方与校本课程开发

为促进课程标准理念的落实，国家鼓励在落实国家课程的基础上，学校因地制宜地开发校本课程。① 这是因为，不同的学校有自己不同的办学优势和特色，学生有自己的兴趣爱好和专长。随着新高考制度的实施和综合素质评价的推行，建设丰富多彩的校本课程是实现以学定教和满足不同学生充分发展的重要环节。我们在实际教学过程中，应当"不断探索国家课程的地方化实施方式和校本化实施路径……对选择性必修课程和选修课程的内容进行整合，在实践中开发出具有地方特色的选修课程和校本特色选修课程"②。

一、历史唯物主义指导下的地方与校本课程开发的原则及方法

校本课程的开发和实施需要注意几点：一是学校要为校本课程留足时间，支持教师开发校本课程，并在教学计划中给予师生充分的时间实施教学；二是教师要不断提升教学教研能力，根据本校的实际情况和学情，设计相关的课程，辅助教学，满足学生的学习需求，帮助学生获得充分的发展。历史唯物主义素养是历史学科五个素养中的核心，是诸素养得以达成的理论保证，历史唯物主义素养得以提升必将带动其他素养的提升，因此开发有关的地方及校本课程迫在眉睫。

如何开发历史唯物主义指导下的地方与校本课程呢？与其他地方与校本课程开发流程类似，"一个完整的课程开发过程大致涉及这样一些课程因素：目标的确立、学习经验（或称内容）的选择和组织、课程方案或计划的实施，以及学习内容和结果的评价等。"③ 也就是说，教师在诊断学情的基础上，应充分考虑本地区、本校、本人的教学资源，整合资源，做好课程设计，提供教学内容，并设计本课程的评价方案，校本课程的开发和实施应当是教、

---

① 崔允漷、王斌华、钟启泉、廖哲勋、袁振国等人对校本课程均有定义，认为校本课程是学校根据自己的教育理念，在对学校学生的需求进行评估的基础上，利用当地社区和学校的课程资源，自主设计或与专业人员合作等方式编制出的供学生选择的课程。

② 徐蓝，朱汉国.《普通高中历史课程标准（2017年版）》解读 [M]. 北京：高等教育出版社，2018：230.

③ 李臣之. 校本课程开发 [M]. 北京：北京师范大学出版社，2015：53.

学、评一体化的过程。所教即所学，课程的开发应当首先设计教学目标，这也是预期的学习结果。具体开发历史唯物主义素养的地方及校本课程时，教师可以从学科性、实践性和本土性三个角度来设计。

（一）学科性

对历史唯物主义素养的培养首先要回归到历史学科本身，让学生在历史学习中理解"历史唯物主义是什么"，并在学习中不断加深对历史唯物主义理论的认知。上一节以国家必修课程为例说明了历史唯物主义的基本理论和方法，学生在完成必修课程的学习后，应达到水平2的要求：能够了解和掌握唯物史观的基本观点和方法，理解唯物史观是科学的历史观。但是对于选考历史的同学或者对历史有强烈兴趣的同学来说，仅学完必修课程是不够的。教师需要整合选择性必修课程和选修课程的相关内容，加强历史唯物主义素养的培养。

选择性必修课程是在必修课程基础上的递进与拓展，包括"国家制度与社会治理""经济与社会生活""文化交流与传播"。每一个模块都有几个并列的专题，贯通古今、兼顾中外。每一个模块和专题都建立在历史唯物主义的指导下，体现着历史唯物主义的理论和方法。以"经济与社会生活"模块为例，学生通过学习，要"能够知道人类物质资料的生产是社会生活的基础，知道生产力是历史发展的决定因素，知道经济基础与上层建筑之间的辩证关系，认识人类社会从低级到高级发展的规律"[①]。学生通过必修课程已经初步了解"人类物质资料的生产是社会生活的基础"，但是通过学习本模块，可以加深认识，并可以初步运用此理论解决历史学习中的一些问题，尤其是选择性必修课程的专题性更强，教师可以从小切口切入，选择一个具体的主题设计课程，引导学生学习。

选修课程"史学入门"有一个专题是"唯物史观与历史研究"。课程标准要求：知道历史观对于史学研究和史学发展的重要性；知道唯物史观的基本观点及认识历史的基本原则；理解唯物史观是科学的历史观，对历史研究具有重要意义；尝试运用唯物史观的观点对历史问题进行分析和解释。"史学入门"是针对在高考中选择了历史学科或者对历史学科有比较浓厚兴趣的同学设计的，是必修课程和选择性必修课程的拓展和深化，对学生的理论要求和历史学习能力要求更高。具体到本专题"唯物史观与历史研究"，学生

[①] 徐蓝，朱汉国.《普通高中历史课程标准（2017年版）》解读[M]. 北京：高等教育出版社，2018：137.

不仅要了解唯物史观的基本原理、意义价值，还要能比较准确地运用历史唯物主义理论。因此，教师可以从历史唯物主义理论生成的时代背景和内涵出发，最后落脚到运用层面来设计课程。教师可以通过让学生阅读相关历史著作、论文来提升历史唯物主义素养。具体案例我们将在后面呈现。

（二）实践性

学科性校本课程的实施使学生更深入了解和掌握历史唯物主义的基本理论和方法，并进一步锻炼了运用能力。将历史唯物主义运用于历史学习、探究中，并将其作为认识和解决现实问题的指导思想则是深化历史唯物主义认识的重要环节，这一环节的实施就是历史唯物主义在实践性校本课程中的体现。"马克思主义是实践的产物，也是实践的指南，它的出发点和归宿都是实践。"① 实践性校本课程重在锻炼学生对历史唯物主义理论的运用能力。

运用历史唯物主义理论分析和解决现实问题，不是简单地了解和认识理论，马克思主义指出："人的思维是否具有客观的真理性，这不是一个理论的问题，而是一个实践的问题。"② 因此，实践性校本课程的开发和实施至关重要，它涉及通过学生对历史唯物主义的运用来检验其认识是否客观。

那么，如何在校本课程中体现历史唯物主义的实践性呢？教师可以从内容选择和上课方式两大方面进行设计。

内容选择上，可以选取体现时代性的人或事作为研究对象，因为这些内容研究的侧重点与历史唯物主义的基本方法是相吻合的，比如新中国成立后工业遗产的研究，可以运用历史原因分析法探讨工业遗产存在的时代背景和历史价值；对历史人物的评说可以通过科学辩证法具体分析历史人物，从而做出客观评价。当历史唯物主义的观点和方法有这些具体的研究对象作为抓手时，学生对历史唯物主义的运用才能落到实处，教师也才能在教学过程中发现学生对历史唯物主义理论理解的局限性，进而在学生活动过程中给予恰当的指导和纠正。

上课方式上，实践性校本课程强调的是从理论到实践，在上课方式上也应遵循这样的流程，但这里的理论不仅仅是历史唯物主义理论，还包括研究

---

① 谭文华. "原理"课教学中要把握的几个"要变"与"不能变"[J]. 现代教育科学，2018（2）：124.
② 马克思，恩格斯. 马克思恩格斯文集：第1卷[M]. 北京：人民出版社，2009. 转引自：庞乃燕，彭俊桦. 重温经典：《关于费尔巴哈的提纲》的实践观及其现实意义[J]. 临沂大学学报，2019（4）：114.

对象的相关内容、研究方法的介绍，基于此再由学生在实践活动中运用，最后展示研究成果来检验学习效果。通过从理论到实践的上课方式提高学生的历史唯物主义核心素养，符合马克思主义认识论的基本观点。以上提到的两个研究对象将作为具体案例在后面呈现。

（三）本土性

将校本课程与国家和地方课程相呼应，除了强调学科性和实践性以外，还不应忽略校本课程的本土性。

本土性或本土味、乡土性，从现实讲是解决本土教育问题的重要途径。费孝通先生的名作《乡土中国》就曾论述了乡土性是中国社会的本质属性，乡土知识构成了乡土社会的文化网络，它规定着乡土社会的价值规范、伦理道德和行为规则。教师若能在校本课程中加入乡土性，将使学生对乡土产生一种新的认识态度，从而建立起自己的价值观，对自己的家乡有所认知，进而产生爱护珍惜之情。教育家陶行知所提倡的"生活教育理论"也强调教育与生活的联系："教育的根本意义是生活的变化。生活无时不变，即生活无时不包含有教育的意义。"① 本土文化是学生生活中最容易接触也最容易受到影响的部分，本土性的校本课程有助于教育的生活化，能够拉近国家课程中的重要理念与学生实际生活的距离，让学习更有趣、更有意义，对学生的影响也更能够达到潜移默化的效果。正如史观的两大核心问题——价值观问题和如何看待社会存在与社会意识的关系，本土性的校本课程开发，在历史唯物主义的运用上，也是围绕这两个基本问题进行设计的。

校本课程开发本土性的体现，可以基于地方文化的校本课程开发，基于学校自身现实性，遵照国家课改精神，充分利用课程资源，构建属于学生的课程；或是基于国家课程校本转化的地方文化融入，教师结合教材、社区条件、社会习俗以及自然地理，针对国家课程进行调适和创设教学内容，以使其适应本地区本学校学习的实际需要。② 我们将在下文呈现深圳地区本土性校本课程的设计，以及教师是如何引导学生通过课程的学习提升历史唯物主义素养。

当然，学科性、实践性、本土性三个原则不是孤立存在或相互对立的，从学科性出发的校本课程设计可能也会落脚到实践，因为历史唯物主义本身

---

① 中央教育科学研究所. 陶行知教育文选 [M]. 北京: 教育科学出版社, 1981: 116-164.
② 李臣之, 王虹. 校本课程开发的本土味: 逻辑、空间与限制 [J]. 课程·教材·教法, 2016 (1): 31.

就是一门从实践中来到实践中去的学问，而对理论的理解应该在实践中检验、提升。从实践性出发的校本课程设计当然可以选择本土化的资源，帮助学生从身边出发，更好地理解理论、运用理论。因此，下文所提供的案例，对这三个原则都有或多或少的体现。

新课标强调新情境下的问题解决，认为"学生能否应对和解决陌生的、复杂的、开放性的真实问题情境，是检验其核心素养水平的重要方面"[1]。"新情境"包括学习情境、生活情境、社会情境、学术情境。教师在开发校本课程时，除了把握学科性、实践性、本土性三个原则外，可以从塑造新情境入手，教学内容的选择和问题、任务的设置着重引导学生解决新情境下的问题。例如下文中的案例，《生产方式变革与人类社会进步》是从学习情境出发设计的，学生要学会搜寻史料，并能对史料反映的历史信息形成准确的认识；《历史唯物主义经典著作选读》和《历史人物评说》是从学术情境出发，学生要以历史唯物主义为指导，在探究学术问题的过程中，史论结合、实事求是地论述问题，并具备审辨式思维能力和批判性思维能力；《新中国成立以来工业遗产探究》和《改革开放和深圳建设》需要学生解决生活情境中的问题，全面客观地理解历史和现实社会问题。正是在情境下解决了问题，才能逐渐形成正确的价值观念、必备品格和关键能力。

校本课程还应该关注评价问题。评价关系到教学目标的设定和教学内容的选择，也是素养养成程度的体现。新课标对历史学科学业质量进行了水平划分，这是基于历史学科核心素养的高中历史教—学—评一体化的具体指导，使素养的测量具有可操作性，这也是新课标及此次课改最大的贡献。除了唯物史观素养水平被划分为两个层次外，其他四个素养均为四个水平，其中水平1、水平2是学生在学习完必修课程后历史学科核心素养达成的水平，是合格性考试的依据，水平3、水平4是学生在学习完必修课程的基础上，学习选择性必修课程和选修课程后达成的水平，是等级性考试的依据。新课标对唯物史观素养的学业质量水平规定如下表（见表3-2）。

---

[1] 徐蓝，朱汉国.《普通高中历史课程标准（2017年版）》解读[M].北京：高等教育出版社，2018：209.

 的教学设计与学业评价

表 3-2 唯物史观素养的学业质量水平规定

水平等级	唯物史观核心素养	要点
水平 1	能够知道人类物质生活资料的生产是社会生活的基础，知道生产力是历史发展的决定因素，知道经济基础与上层建筑之间的辩证关系，了解人类社会形态从低级到高级发展的规律；能够理解唯物史观是科学的历史观	1. 知道唯物史观的四个主要观点
2. 理解唯物史观是科学的历史观
水平 2		
水平 3	能够从生产力与生产关系、经济基础与上层建筑的辩证关系来理解历史上的发展变化和社会形态的演变过程，理解阶级斗争是推动阶级社会发展的直接动力；理解人民群众在历史发展中的重要作用；能够史论结合、实事求是地论述历史与现实问题	1. 能够从两个辩证关系理解历史
2. 能够理解阶级斗争的作用
3. 能够理解人民群众的重要作用
4. 能够史论结合、实事求是地论述历史与现实问题
水平 4		

新课标对学业质量的划分当然应成为教师开发校本课程的出发点和评价依据，但是新课标对唯物史观素养的水平划分并不像其他素养那样详细，需要广大教师根据实际情况，细化标准，做好评价量表，根据学生的具体表现进行评价。

校本课程的开发和实施是为了实现学生的充分发展，因此，对学生学习效果的评价应当不囿于纸笔测试，应当以多元评价为原则，将评价贯穿于整个学习的过程中，实施发展性评价。"评价的主体、内容和方法都应多样。应根据学生的不同特点制定个性化、等级化的评价标准。教师、学生、家长等都应成为评价主体。教师要综合运用课堂提问、纸笔测试、实践活动、自我反思、同伴互评、教师评语、家长评价等方式，多方面呈现学生的核心素养发展水平。在评价过程中，既要关注学生在课堂学习活动中的表现，也要关注学生在复杂情境下开展相关实践活动的能力；注重形成性评价和终结性评价、量化评价和质性评价的有机结合。"① 教师可以根据学生的表现及时调整教学策略，并给出学生针对性的建议，以真正提升学生的历史唯物主义素养。在下文的案例中，每一个案例都将会呈现本课程的评价方案，供教师们参考。

---

① 徐蓝，朱汉国.《普通高中历史课程标准（2017 年版）》解读 [M]. 北京：高等教育出版社，2018：199.

二、历史唯物主义指导下的地方与校本课程开发案例

（一）案例一 《生产方式变革与人类社会进步》

【课程背景】

本课程是在参考选择性必修课程"经济与社会生活"的活动课《生产方式变革与人类社会进步》的基础上设计的。历史唯物主义认为，任何社会制度、社会形态都是人类社会从低级到高级发展的历史过程中的暂时阶段，社会生产是人类历史发展过程中的决定性因素，在各个历史时期，与生产力发展相适应的生产关系，构成一定的社会形态和经济结构的现实基础，推动了生产力的发展与社会的进步。在学习完"经济与社会生活"课程的基础上，教师以生产方式的变革为切入口，古今贯通、中外关联，旨在引导学生认识生产方式的变革与人类社会进步之间的互动关系，进而理解历史唯物主义中生产力与生产关系、经济基础与上层建筑之间的辩证关系。这个问题既是历史唯物主义的基本理论之一，也是历史学要回答的重要问题。

【课程目标】

（1）通过查阅文献、搜集资料，了解中外历史上生产方式的主要变革及其影响，理解推动其发展变化的主要原因。

（2）理解人类物质资料的生产是社会生活的基础，知道生产力是历史发展的决定因素，知道经济基础与上层建筑之间的辩证关系，认识人类社会从低级到高级发展的规律。

（3）通过梳理生产方式变革与人类社会进步的关系的过程，能够形成前后对比的时空观念，并用史实解释自己的观点，做到论从史出，理解任何事物都存在历史发展的过程，并形成自己的历史解释，进而涵养唯物史观素养。

【课程结构】

第一课

学习内容：阅读教材《生产工具与劳作方式》专题及相关资料，制作两个表格。

（1）中外历史上生产方式的演变历程。

（2）某一时期社会生活的发展情况（以工业革命时期和信息时代为例）。

思考问题：查阅资料，以小组为单位制作PPT，回答下列问题。

（1）这一时期这一区域的社会生活发展有哪些表现？

（2）它们中的哪些表现与生产关系的变革密切相关？

设计意图：

（1）通过梳理中外历史上生产方式的演变历程，有助于学生理解不同时期生产方式变革对社会生活的影响。

（2）社会生活的发展与生产方式的变革息息相关，是经济基础与上层建筑互动的体现。社会生活是学生比较容易理解且比较生动的内容，借助具体的史实更能帮助学生理解历史唯物主义的基本理论。例如，以英国工业革命为例，工业革命后，人们普遍更加重视时间观念，伦敦还竖起了大笨钟进行准点报时；初等教育普遍发展；传染病与职业病严重危害工人身体健康等。

第二课

学习内容：上网或者去图书馆查阅某时期某区域一个社会生活现象的资料，深入研究，并以小组为单位，完成思考问题的学习报告。

思考问题：

（1）社会生活的这一现象主要发生在哪里？持续多久？波及范围有多大？

（2）这种社会现象中人们有哪些具体的表现？能否找到具体的文字记载？这些记载体现出怎样的历史信息？

设计意图：任何社会现象都是发生在一定的时空下的，并由一定人群的生活表现出来，聚焦某一时期具体的社会生活现象发展，能帮助学生深入思考生产方式变革及其所带来的对社会生活的影响。以英国工业革命为例，初等教育的普及化运动与工业革命带来生产方式的变革有关，对劳动者素质要求更高。

第三课

学习内容：查阅资料及相关论文，尝试用历史唯物主义理论解释这些历史现象，思考问题，并形成研究报告。

研究报告主题：生产方式的变革如何促进了这一社会现象的出现？（例如工业革命后英国初等教育逐渐普及，信息时代智能手机对人们社会生活的影响等）

设计意图：将此时空下社会生活现象的发展与生产方式的变革联系起来，能帮助学生从总体认知经济发展的规律，理解生产力与生产关系、经济基础与上层建筑的辩证关系。

第四课

学习内容：分组展示、汇报研究成果，教师做总体点评。

汇报主题：

（1）分组汇报：生产方式的变革如何促进了这一社会现象的出现？

（2）根据每组的汇报，从整体认知和回答"生产方式变革与人类社会进步"。

设计意图：

（1）小组汇报展示学习成果，交流学习心得，同时借助教师点评、同伴互评的方式，反馈学生的学习成果，帮助教师及时掌握不同学生的学习状态。

（2）教师根据各小组的学习成果，做总体点评，升华学生的认知。

【课程评价】

课时	评价方式	参考标准
第一课	自评为主，教师可指导学生合理选择研究对象	A．能完整、准确梳理中外历史上生产方式的演变历程；能合理选择研究对象；对问题思考深入 B．能比较完整、准确梳理中外历史上生产方式的演变历程；选择的研究对象较为合理；对问题思考比较深入 C．不能完整、准确梳理中外历史上生产方式的演变历程；没有合理选择研究对象；对问题的思考浮于表面
第二课	教师评价为主	A．获得的资料翔实，能准确地说明研究的问题 B．获得的资料比较翔实，能说明研究的问题 C．资料搜集不足，不能说明研究的问题
第三课	教师评价为主，根据学生在小组合作中的表现及报告撰写情况评分	A．对历史唯物主义理论运用得当，所选取的史料能充分说明生产方式的变革与社会现象之间的关系 B．对历史唯物主义理论运用比较得当，所选取的史料基本能说明生产方式的变革与社会现象之间的关系 C．不能准确运用历史唯物主义理论，所选取的史料不能说明生产方式的变革与社会现象之间的关系
第四课	教师评价、小组评价结合。根据学生汇报情况评分	A．小组团结合作，能合理运用媒体工具展现本组的学习成果，能选取合适的史料说明生产方式变革与社会现象的关系，对历史唯物主义理论有比较深刻的认识 B．小组合作比较好，能展现本组的学习成果，并说明生产方式变革与社会现象的关系，能认识本课程学习的历史唯物主义理论 C．小组合作效果较差，呈现了本组的学习成果，不能很好地说明生产方式的变革与社会现象的关系，无法上升到理论认识的高度

（二）案例二 《历史唯物主义经典著作选读》

【课程背景】

本课程是以选修课程"史学入门"1.2"唯物史观与历史研究"为基础设计的校本课程，学生阅读历史唯物主义经典著作及相关历史著作，通过理解、分析、比较来提升历史唯物主义素养。

中学生有没有必要阅读历史唯物主义的作品？笔者认为，不仅有，而且很有必要。余伟民指出："由于不读原著，也有人在各种理论思潮的影响下不能正确认识唯物史观的理论价值和指导意义，轻率地用其他种种'史观'（有些并非历史理论意义上的'史观'，而只是史学理论意义上的历史研究方法）来替代唯物史观。至于后者，也同样缘于不熟悉唯物史观的基本原理，因而缺乏将理论思想融汇于史料解读和历史解释的能力。"[①]阅读的过程，也是学生深刻学习历史唯物主义的过程：这样的学习，不是教师直接告知理论是什么，而是一种浸入式的学习，学生可以看到理论是产生于什么样的时代背景下、理论家是如何论证这些理论的，以及怎样运用这些理论。阅读兰克、布洛赫等其他史观的作品，与历史唯物主义进行对比，不仅有助于学生拓宽眼界，而且在比较中更见真知。经过这样的阅读训练，学生自然能从内心真正接受历史唯物主义。

当然，教师要根据学情的不同来调整阅读内容。这些历史著作并不算好读，既需要有兴趣、有耐心，也需要有专业指导。教师可以选择一些普及性质的书目，例如《漫画资本论》等，由浅到深，激发学生的阅读兴趣。也可以借助《〈共产党宣言〉导读》这种马克思主义经典著作导读的书籍帮助学生理解理论。另外，以上提供的书目不一定要求学生全部阅读完毕，可以选择合适的章节阅读；也不一定要集中阅读——在学习"马克思主义诞生"专题时就可以阅读《共产党宣言》，学习到新民主主义革命时期，也可以读《新民主主义论》等。总之，教师在处理的时候要灵活把握。

【课程目标】

（1）掌握历史著作阅读的基本方法。

（2）知道历史观对于史学研究和史学发展的重要性；知道唯物史观的基本观点及认识历史的基本原则。

（3）理解唯物史观是科学的历史观，对历史研究具有重要意义；尝试运用唯物史观的观点对历史问题进行分析和解释。

[①] 余伟民. 读"典"寻"源"：把握历史学科核心素养的理论维度[J]. 历史教学（中学版），2018（07）：54-55.

【课程结构】

第一单元:历史唯物主义的基本原理

阅读资源:《共产党宣言》《〈政治经济学批判〉序言》《反杜林论》《费尔巴哈与德国古典哲学的终结》等。

作业要求:

(1)阅读书目,完成阅读报告(见下表)。

篇目			
作者		写作时间	
阅读时间及目标			
章节概要			
印象深刻的观点	观点		评述
重大事件的描述	作者论证		你的思考
总体评价 (200字以上)			
阅读后记 (200字以上)			

（2）撰写小论文：结合所学知识，说明马克思、恩格斯是如何论证"生产力与生产关系"原理的。

设计意图：

（1）通过阅读历史唯物主义经典著作，掌握历史阅读的基本方法。

（2）通过阅读历史唯物主义经典著作知道唯物史观的基本观点及认识历史的基本原则。

（3）通过撰写小论文，运用所学知识说明历史唯物主义重要理论"生产力与生产关系"原理，加深对历史唯物主义理论的认识，初步尝试运用唯物史观的观点对历史问题进行分析和解释。

第二单元：历史唯物主义的价值

阅读资源：《共产党宣言（导读）》《封建社会》（布洛赫）等。

作业要求：

（1）阅读书目，完成阅读报告。

（2）撰写小论文：结合所学知识，说明历史唯物主义产生的背景。

（3）主题研讨：马克思与布洛赫关于封建社会的认识有何异同。以小组为单位开展合作学习，展示学习成果。

设计意图：

（1）通过阅读历史唯物主义经典著作导读，使学生加深对历史唯物主义理论的认识；通过阅读其他史观作品，与马克思主义经典作品进行比较，理解唯物史观是科学的历史观，对历史研究具有重要意义。

（2）通过撰写关于历史唯物主义产生的背景的小论文，理解唯物史观的科学性，坚定以历史唯物主义理论作为指导的信念。

第三单元：历史唯物主义的运用

阅读资源：《路易·波拿巴的雾月十八日》、《新民主主义论》（毛泽东）、《历史人物评说导论》（宋德华著）。

作业要求：

（1）阅读书目，完成阅读报告。

（2）主题研讨：选择以上一本书，选取书中的某个时期或某个事件或某个人物，说明作者是如何运用历史唯物主义的。以小组为单位开展合作学习，展示学习成果。

设计意图：本单元的书籍是运用历史唯物主义解决实践问题的典范，学生在阅读这些作品时，可以学习作者是如何运用历史唯物主义的，以进一步提升对历史唯物主义理论的认识和运用能力。

【课程评价】

项目	表现	等级
阅读报告	结构完整清晰，内容翔实，见解独到，能辩证地看待本书，语言规范，能准确地把握历史唯物主义的基本理论和方法	A
	结构较完整清晰，内容充实，语言较规范，能说明历史唯物主义的基本理论和方法	B
	没有完成报告，错漏百出，语言不规范	C
小组合作	重视团队合作，能不断提出新的问题并解决问题，有较完整、成熟的成果	A
	团队合作较紧密，能提出并解决问题，成果较完整	B
	团队合作一般，勉强完成主题研讨	C
撰写论文主题研讨	观点清晰明确、见解独到； 能在特定时空框架下理解、解释史事； 能选择、运用适当的材料论证观点； 能恰当使用媒体、工具，提高演讲效果，引起观众共鸣	A
	观点明确，有一定的见解； 能在特定时空下理解、解释史事； 能选取材料论证观点； 能使用媒体、工具展示学习成果	B
	有观点； 对史事有一定的理解； 能论证观点； 没有使用媒体、工具展示学习成果	C
活动反思	能较客观评价自己的学习过程和成果，感悟深刻	A
	能看到自己的学习过程和成果，有一定感悟	B
	不能看到自己的学习过程和成果，感悟不深	C

（三）案例三　新中国成立以来工业遗产探究

【课程背景】

2001年教育部印发的《基础教育课程改革纲要》明确指出：学校在执行国家课程和地方课程的同时，应视当地社会、经济发展的具体情况，结合本校的传统和优势、学生的兴趣和需要，开发或选用适合本校的课程。同时对校本课程的教材开发也有相关的建议：广泛利用校外的图书馆、博物馆、展览馆、科技馆、工厂、农村、部队和科研院所等各种社会资源以及丰富的自然资源。

基于此，本课程选择新中国成立后的工业遗产[①]作为研究对象，国际工业遗产保护联合会于2003年通过的《下塔吉尔宪章》中关于工业遗产的定义是："凡为工业活动所造建筑与结构、此类建筑与结构中所含工艺和工具以及这类建筑与结构所处城镇与景观，以及其所有其他物质和非物质表现，均具备至关重要的意义……工业遗产包括具有历史、技术、社会、建筑或科学价值的工业文化遗迹，包括建筑和机械，厂房，生产作坊和工厂矿场以及加工提炼遗址，仓库货栈，生产、转换和使用的场所，交通运输及其基础设施以及用于住所、宗教崇拜或教育等和工业相关的社会活动场所。"工业遗产是当时的人们改造自然、进行生产建设的历史证明，能够反映当时人们的经济发展情况及社会组织状况。以历史唯物主义为指导思想，引导学生关注那些在新中国成立后的工业遗产，注意吸收工业遗产研究的前沿成果、保护的成功经验以及国际上的优秀成果，史论结合、实事求是地探讨工业遗产的历史与现实问题，能够使学生对我国的社会主义现代化建设有更深刻的认识，培养历史唯物主义的核心素养，将历史学习所得与家乡的发展繁荣结合起来，增强对中国特色社会主义建设的认同感。

【课程目标】

（1）区分文化遗产和工业遗产，理解工业遗产的内涵，分析工业遗产出现的原因和存在的历史价值。

（2）了解居住城市中新中国成立后的工业遗产，选取其中感兴趣且有价值的工业遗产作为研究对象。

（3）依据前两个目标的研究成果确定工业遗产探究的方向，在历史唯物主义指导下学习科学的历史研究方法。

（4）总结工业遗产的现状，尝试提出工业遗产保护的方案，并以不同的形式呈现研究工业遗产的成果。

---

① 《工业遗产保护与开发》（迈克尔·洛编，姜楠译，广西师范大学出版社2018年出版）精选了自2010年以来全球范围内完成的一系列工业遗产改造作品，并收录了来自不同国家不同背景的作者撰写的4篇论文，与案例分析相辅相成，可以作为本课程的参考书。

【课程结构】

单元主题	课时主题	上课方式
第一单元 课程导入	第1课 文化遗产和工业遗产 第2课 工业遗产的前世今生	课堂教学、文本阅读
第二单元 寻找工业遗产	第3课 身边的工业遗产 第4课 我感兴趣的工业遗产	课堂教学、社会调查、小组学习
第三单元 探究工业遗产	第5课 ××工厂的昨天和今天 第6课 ××工厂的那些人和事 第7课 ××工厂的特色建筑	文献研究、社会调查、实地参观、访谈
第四单元 保护工业遗产	第8课 他山之石,可以攻玉 第9课 工业遗产保护之我见	文献研究、小组讨论
第五单元 总结与展示	第10课 我们的工业遗产探究	课堂教学、展示

设计意图:

本课程分为五个单元,内容设计基本依照从抽象概念到具象史实、从整体到个体、从现状到创新、从探究到展示编排。

第一单元主要是使学生建立对本课程的初步认识,包括研究的核心概念、学术研究前沿等内容。第1课通过比较文化遗产和工业遗产,理解工业遗产的内涵,认识到工业遗产是人们在当时改造自然环境发展生产的历史证明,其作为一种社会记录与技术记录存在,具有重要的价值。工业遗产和其他文化遗产一样,具有无法再生和重复性。它见证了人类文明和历史发展,是工业文明的重要载体。与文化遗产相比较,工业遗产存在的时间比较短,容易被人们忽视,面临着被毁坏、遗弃甚至掠夺式开发等严重威胁。第2课通过中外历史上一些工业遗产的历史、现状、保护与开发案例,引导学生运用历史唯物主义分析工业遗产出现的原因以及保护与开发工业遗产的基本方法。

作为中学历史校本课程,选择工业遗产为研究对象,是对校内课程的有效补充。尤其以新中国成立后的工业遗产为对象,引导学生认识新中国"一五"计划推动工业化的发展历程,理解我国进行现代化建设的必要性和取得的伟大成就,同时形成保护工业遗产的意识。第一单元主要是课堂教学,教师提供相应的史料,明晰概念。引导学生结合必修课程关于新中国成立初工业化的史实,梳理工业遗产出现的原因以及当时的历史价值,加深对工业遗产历史价值的理解。

第二单元的主要任务是确立研究对象。在第一单元的基础上，引导学生对所在城市的工业遗产进行汇总，以学习小组为单位，寻找相关的史料，进行社会调查。不同小组可根据工业遗产的行业、所处的地区、建设的时间或者规模进行汇总，然后在班级进行分享。再根据小组的兴趣或者方便程度选择想要研究的工业遗产，进行初步的探讨，确定研究的方向和维度，为第三单元的学习做好充分准备。

第三单元为学生的探究准备了三个方向，目的是构建研究工业遗产的基本方法。教师可引导学生运用历史主义的方法，"将历史问题置于特定的具体的历史时期、历史环境和历史条件下来认识，而不要脱离当时当地历史的实际，将历史问题变成抽象的理论问题或当今的现实问题"[1]。这是学生学习运用历史唯物主义理论，具体问题具体分析的重要过程。

对研究对象的相关人和事的探究，可以运用社会访谈的方式，确定访谈提纲和对象，使研究对象更加生动活泼，也培养学生与人沟通的能力。当然，这部分不是最核心的内容，可根据需求简化访谈过程，目的是获得多样化的资料丰富研究对象。

最后是对研究对象建筑的研究。由于"一五"计划是借鉴苏联社会主义建设的经验，在苏联的援助下进行的，所以某些研究对象的建筑可能具有时代特色，如河南郑州的棉纺织工业的厂房就"属于1950年代'民族形式、社会主义内容'建筑方针指导下的典型风格，为'中国式折衷主义'"[2]。该部分可以结合第5课的研究成果，以实地参观、拍摄以及绘图的方式进行搜集。

第四单元和第五单元是为了实现教学目标4：总结工业遗产的现状，尝试提出工业遗产保护的方案，并以不同的形式呈现研究工业遗产的成果。其中第四单元是在目前国际社会对工业遗产保护逐渐形成的良好氛围和成功经验的基础上，引导学生在对地方工业遗产研究后再提保护的设想，逻辑上水到渠成。

第五单元的展示是给予学生汇报成果、展示自我的一个平台，也是对课程结果的重要评价依据，教师应该为学生提供足够的时间和充分的条件进行展示，最后实现评分反馈。

---

[1] 宋德华. 历史人物评说导论［M］. 广州：广东人民出版社，2017：191.

[2] 郭璇，郭小兰，孙莹. 河南省工业遗产与历史文化名城保护［J］. 工业建筑，2013，43（7）：15.

【课程评价】

项目	说明	分值
资料搜集	1. 研究对象的选取有代表性； 2. 搜集的资料丰富翔实、真实可信、种类多样； 3. 注意区分直接史料和间接史料	20
成果展示	能够准确运用历史唯物主义的方法对研究对象进行分析论述	10
	引用的资料注明出处，能够选择、运用适当的相关材料和信息作为证据	20
	能够提出自己的观点，能够准确分析研究对象的历史背景和历史价值，对当时的历史有深刻的认识，并能提出有建设性的保护建议	30
综合素质	在活动中重视团队合作，能不断提出新的问题并解决问题	5
	能恰当运用媒体、工具，提高演讲效果	5
	新奇有趣、感染力强，能够引起观众的兴趣和共鸣	10

（四）案例四　历史人物评说

【课程背景】

人民群众是历史的创造者，杰出的历史人物和领袖人物在历史发展中起了重要的作用，这是历史唯物主义的基本理论之一。历史人物是指那些在人类历史活动中起了显著作用的人，如何评价历史人物、历史人物与时代的关系是什么，这些问题不仅是学习历史唯物主义应该回答的问题，也是历史研究的重要问题。引导学生掌握历史人物评说方法，一方面可以涵养历史唯物主义的理论水平，另一方面可以推动学生以优秀历史人物为榜样，具有极强的现实意义。

本课程的设计参考了宋德华的《历史人物评说导论》一书，但不完全照搬，而是根据中学历史教学实际做具体的设计，在把握学术性的基础上，做到尊重学生发展规律，使历史唯物主义素养的提升落到实处。

【课程目标】

（1）了解历史人物的基本概念，能够区分不同领域和不同时段中历史人物的作用。

（2）了解历史人物及其时代的关系，掌握评说历史人物的方法，运用历史唯物主义作为理论依据，理解时代对历史人物的影响，以及历史人物对时代的影响，更深刻地认识历史演变的进程和规律，借鉴历史的经验教训。

（3）选取某个历史人物搜集资料进行评说，并以合适的方式呈现研究的成果。

【课程结构】

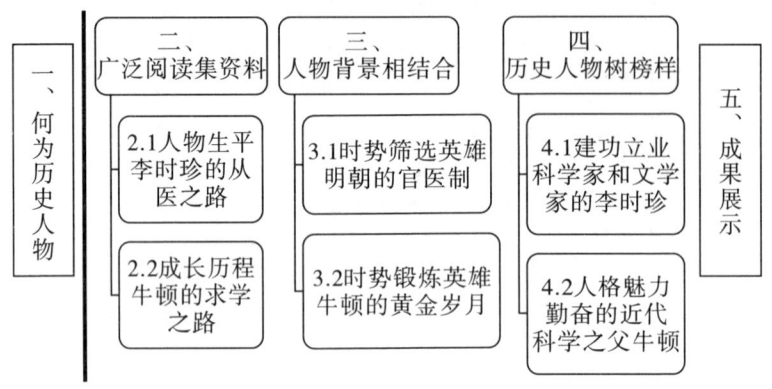

设计意图：

本课程的内容结构分为三部分。

第一部分是界定历史人物，以帮助学生厘清研究对象的概念，为接下来的学习打下基础。

第二部分包含"课程结构"中的"二、三、四"，主要是结合案例来引导学生掌握历史人物评说的方法。教师首先可以选择具体的历史人物，引导学生广泛阅读历史人物的各类资料，如传记、年谱、回忆录、人物志、碑刻、人物词典以及研究历史人物的学术论文等。其次是引导学生理解历史人物与时代的关系。我们常说"时势造英雄"，"时势"指的就是特定历史时期或特定历史时代。最后是将评说历史人物与努力提高现代人的素质相结合。优秀和杰出的历史人物能够发挥显著的历史作用，与他们具有不同一般人的优良素质密切相关，评说时应反观和反思当代人在素质方面所存在的问题，从历史人物那里获得提升自身的源泉和动力。① 这里举例的李时珍和牛顿仅是参考案例，教师在开发此类课程时可以使用其他历史人物，比如当地的历史名人，或者教科书中的历史人物，方法上依然遵循第二部分评说的方法。

第三部分是成果展示。这一部分是对前面理论学习的检验，是课程评价

---

① 宋德华. 历史人物评说导论［M］. 广州：广东人民出版社，2017：7-8.

重要的依据。学生可以选取自己感兴趣的历史人物，结合所学的方法对历史人物进行评价，在评价中要注意几种主要方法的运用：实事求是、历史主义、全面评价、主观动机与客观效果相结合、两点论与重点论的统一以及阶级分析的方法。

【课程评价】

项目	说明	分值
资料搜集	1. 历史人物的选取具有代表性； 2. 搜集的资料丰富翔实、真实可信、种类多样； 3. 注意区分直接史料和间接史料	20
成果展示	能够准确运用历史唯物主义的方法对历史人物进行分析论述	10
	引用的资料注明出处，能够选择、运用适当的相关材料和信息作为证据	20
	能够充分利用搜集到的资料对历史人物进行客观且全面的评价，能够从中得出对自己的启示	30
综合素质	在活动中重视团队合作，能不断提出新的问题并解决问题	5
	能恰当运用媒体、工具，提高演讲效果	5
	新奇有趣、感染力强，能够引起观众的兴趣和共鸣	10

（五）案例五 改革开放与深圳建设

【课程背景】

本土性校本课程的开发更贴近学生生活，更容易让学生对历史产生共鸣，进而理解历史，达到涵养历史核心素养的目的。以改革开放以来深圳发生的巨大变化为切入口，不仅可以帮助学生理解改革开放政策制定的背景、过程，也可以更好地理解深圳的现状，把握未来的发展，激发学生热爱深圳、认同改革开放的家国情怀。在本课程的学习过程中，教师应当引导学生认识到，发展生产力是社会主义的根本任务，改革开放使生产关系适应了生产力发展的要求，推动了社会的巨大进步，而深圳的巨大变化也体现了经济基础和上层建筑、社会存在和社会意识的互动关系。

【课程目标】

（1）了解改革开放的时代背景，认识改革开放的相关政策和历程，分析改革开放的原因，理解社会主义的根本任务是生产力的发展。

（2）认识深圳改革开放以来的建设成果，了解深圳作为特区的建立与改革开放的密切关系，理解生产关系与生产力的互动关系。

（3）了解深圳改革开放的成就，选取其中某一成就作为研究对象，在历史唯物主义的指导下进行深入探究并呈现探究成果，理解经济基础和上层建筑、社会存在和社会意识的互动关系。

【课程结构】

课时主题	探究内容	探究方式和目的
第一单元 课程导入	第1课 改革开放的时代背景 第2课 改革开放的政策和历程	这两部分以教师进行课堂教学为主。教师在教材的基础上，补充相应史料，讲解相关概念，指导学生进行文本阅读和梳理。使学生学会运用历史唯物主义分析改革开放的原因和重要意义
第二单元 寻找改革开放	第3课 深圳的改革开放成就： （分类：制度的变革、市场的力量、创新的激情、时代的窗口） 第4课 我所亲历的改革开放 （学生可自由选择自己身边的、更具体的探究对象——列举）	第3课主要是学生进行小组学习、课堂讨论。学生通过查找资料认识改革开放给深圳各个行业带来的变化和成就，并进行初步的分类梳理。 第4课是学生结合社会调查和自身的成长经历，在小组讨论之后进行课堂交流，可以从衣食住行等多方面探究改革开放对个人生活带来的影响。每个学生的不同经历将使课程的视野更加丰富，学生在学习的过程中，也在不断构建学习内容本身
第三单元 探究改革开放	第5课 改革开放视角下的××探究 （××的内容不限，可以是建筑，例如深圳市民中心；可以是制度，例如股份制公司、深圳证券交易；可以是经济建设的典型，例如蛇口工业区、乡镇制造企业等）	这一部分学生分小组进行，在前一阶段的梳理基础上，选取具体个案进行深入探究。鼓励运用多种手段探究，如上网或在图书馆查找资料，进行实地考察，对相关人物进行采访整理口述史资料等。深入探究研究对象的历史和现状，将有助于学生了解相关的人和事，看到重大的历史事件背后的人的作用，学会运用历史唯物主义解读人民群众对历史的创造
第四单元 探究成果展示汇报	第6课 主题汇报——我眼中的改革开放与深圳建设	学生以小组为单位，自拟主题，制作PPT以及撰写发言稿，进行课堂展示汇报，同学集体讨论评价。展示汇报举例见下文

设计意图：

第一单元是对改革开放背景的回顾，历史事件的发生依赖于一时一地，对本单元的学习重点在于引导学生运用历史唯物主义理解时代背景对改革开放政策制定的影响。

第二单元是对深圳改革开放成果的拓展探究，内容由广泛到具体，从深圳的各行各业到学生身边感受的方方面面，可以从各类书籍、报纸、杂志、档案等资料广泛查找阅读，也可以从身边人的探访中了解。这一部分的重点在于对改革开放成果了解的"广"而不在于"深"。

第三单元是在第2课基础上进一步深入，进行某一个案例研究，在前一课了解的成果中任选感兴趣的一个，进行详细的资料查找和实地调研。这一部分的重点在于对改革开放成果了解得"深"。教师应对研究方法进行适当的指导，例如如何查找资料、如何进行口述史采访写作等，指导学生如何在搜集资料的过程中进行分类整理，运用历史主义的方法拟订研究报告的主题和大纲。

第四单元的探究成果展示汇报，一方面是学生主题探究的研究成果展示，另一方面也是作为课程结果的重要评价依据。

通过本土性校本课程的学习和探究，让学生对自己的根源有所认知，对故乡产生联结之感和爱护之情，体会到先人改革的艰辛，继承创新精神，能够运用历史唯物主义看待事物和分析问题，从而形成正确的价值观和人生观，为社会主义现代化建设添砖加瓦。

附：学生探究成果展示汇报举例

"筑鹏城中心，梦市民未来——探访深圳市民中心"（大纲）

引入：从巴黎到北京——如何规划城市的中心

第一章：聚焦改革开放下深圳的城市规划图

1980版总规图、1986版总规图、1996版总规图、2010版总规图（图略）

福田中心区的确立，包括：图书馆、音乐厅、书城、莲花山、深南大道、深圳博物馆……

第二章：名·空间·人

（1）从"市政"到"市民"。

短片：市民中心名字的由来。

文件：1998年深圳市规划国土局开展"市政厅"征名活动。

（2）从"封闭的围墙"到"开放的空间"。

1996年深圳市中心区建设项目方案设计汇报暨国际评议会，深圳中心区规划建设方案诞生。

新理念：政府主导+政府财政投入带动市场投资。

新格局：福田中心区市政公共设施＋民生6大工程。

重中之重：规划建设政府办公大楼——市民中心。

建筑设计师口述视频：市民中心创新方案的确立；运用仿真系统计算机模型进行测量和完善；第一屋顶。

（3）从"国家的衙门"到"人民的中心"。

市民中心建筑格局的内涵解读：开放性，功能性，景观性。

小结：改革开放带动了深圳这座城市的发展和创新，城市的新陈代谢有3个R来解决：进步改造（reconstruction）、更新（renew）和再生（regeneration）。

【课程评价】

项目	说明	小组间互评	教师评价
资料搜集	1. 研究对象的选取在当地具有较强代表性，能够代表当地发展的历史； 2. 搜集的资料丰富翔实、真实可信、种类多样； 3. 注意区分直接史料和间接史料	5	15
成果展示	能够准确运用历史唯物主义的方法对研究对象进行分析论述	3	7
	引用的资料注明出处，能够选择、运用适当的相关材料和信息作为证据	5	15
	成果能从不同角度展示当地的发展历程，能够结合大背景分析发展的原因，并且提出对未来的展望	9	21
综合素质	在活动中重视团队合作，能不断提出新的问题并解决问题	2	3
	能恰当运用媒体、工具，提高演讲效果	2	3
	新奇有趣、感染力强，能够引起观众的兴趣和共鸣	3	7

注：每个案例所附的评价量表都不仅仅只是评价历史唯物主义素养的获得，因为这是完整的校本课程，评价的主要出发点当然是学习目标——历史唯物主义素养提升，但更应该是涵盖知识习得、能力提升、团队合作等多种要素的评价，这是一种表现性评价，"表现性评价实际上就是对学生在完成表现性任务过程中的表现情况进行观察与评价"[①]。教师可以根据学生的表现及任务的完成情况赋予等级或分数，以此评价学生素养的获得程度，促进学生改进学习，从而落实核心素养。

---

① 李臣之. 校本课程开发［M］. 北京：北京师范大学出版社，2015：178.

第四章 历史唯物主义素养与历史教学设计

第一节 基于历史唯物主义的教学设计基本要素

众所周知，历史唯物主义是对马克思主义史学的精确表达，是现代科学史学的重要代表，是当代中国史学的指导性史观。教育部《普通高中历史课程标准（2017年版）》明确要求学生具备以唯物史观观察和解决历史问题的素养，并将其确立为中学历史教学的指导思想。因此，笔者认为，在中学历史教学中注重培养学生的唯物史观素养，不仅能够指导学生准确地分析历史、认识历史、树立正确的历史观，还有利于学生准确地判断历史事件，顺应历史发展规律，从而构建适合学生个人发展的知识体系。在中学教育的过程中，培养和落实历史唯物主义最直接也是最有效的方式，还是要通过课堂教学。因此，准确掌握历史唯物主义理论基本的特征要素并进行教学设计，是每一位中学历史教师首要解决的任务。我们将在本节中探讨基于历史唯物主义的教学设计的基本要素，包括整体性、科学性、人文性和思辨性，每个要素辅以案例进行说明。

一、教学设计要体现历史唯物主义的整体性原则

整体观点是对实践纵横发展规律的反映。马克思历史唯物主义认为，近代资本主义的大工业和世界市场，消除了以往历史形成的各民族、各国的孤立闭塞状态，日益在经济上把世界连成了一个整体，从而"首次开创了世界历史"[1]。马克思认为，"各个相互影响的活动范围在这个发展进程中越是扩

---

[1] 中共中央马克思恩格斯列宁斯大林著作编译局. 马克思恩格斯全集：第1卷[M]. 北京：人民出版社，1995：114.

大，各民族的原始封闭状态由于日益完善的生产方式、交往以及因交往而自然形成的不同民族之间的分工消灭得越是彻底，历史也就越是成为世界历史"①。

马克思、恩格斯在他们的著作中对世界历史所作的论述，最早地、也是最为鲜明地突破了西方资产阶级史学的唯心史观和民族偏见，因而"在整个世界史观上实现了变革"②。根据马克思、恩格斯的历史唯物主义观点，世界历史不是各民族、各国家、各地区或者按形态学派的说法的各文明历史的堆积，而是其自身规律发展的结果。

人类历史发展成为世界历史，经历了一个漫长的过程。这个过程不仅包含纵向发展，还包含横向发展。一方面，"纵向发展，指人类物质生产史上不同生产方式的演变和由此引起的不同社会形态的更迭。"③按照马克思的观点，人类历史发展经历了五种社会形态的变迁和更迭，它们分别是原始公社制、奴隶制、封建制、资本主义制和共产主义制五种生产方式以及与之相应的五种社会形态，它们构成了一个由低级到高级发展的纵向序列，虽然不是所有国家都必须经历这五种社会形态的变迁，但是这个纵向序列揭示了人类历史发展的普遍性和规律性。另一方面，世界历史的横向发展，"是指历史由各地区间的相互闭塞到逐步开放，由彼此分散到逐步联系密切，终于发展成为整体的世界历史的这一客观过程"④。人类历史在发展的进程中正是因为各国、各地区、各民族之间横向联系的不断紧密，人类历史发展的整体性才得到不断加强。事实上，在农耕时代，由于物质生产力发展水平低下，虽然各地区之间也有一些零星的往来和联系，但是各大洲之间基本处于相对隔绝的状态，到了十五六世纪，随着新航路开辟、殖民扩张的不断加剧，资本主义世界市场的不断形成，世界才开始由分散逐渐走向整体，从隔绝逐渐走向联系加强。

由于中学历史具有综合性强、时间跨度大、历史事件繁多等突出特点，这就更加要求教师在日常的教学过程中进一步落实历史唯物主义的整体性原则，力求站在宏观的视角引导学生对于历史形成正确的认识和把握，从而进一步落实唯物史观这一核心素养。

---

① 中共中央马克思恩格斯列宁斯大林著作编译局. 马克思恩格斯全集：第1卷[M]. 北京：人民出版社，1995：168.

② 中共中央马克思恩格斯列宁斯大林著作编译局. 马克思恩格斯全集：第3卷[M]. 北京：人民出版社，1995：334.

③ 吴于廑，齐世荣. 世界史：近代史编[M]. 2版. 北京：高等教育出版社，2001：11.

④ 吴于廑，齐世荣. 世界史：近代史编[M]. 2版. 北京：高等教育出版社，2001：12.

教学设计 4-1

一粒砂糖里的世界史

【设计意图】

新航路开辟以来,各大洲之间的经济联系日益紧密,而大量美洲作物的传播和广泛种植,不仅改变了其他地区的种植结构,还带来了这一地区社会制度、经济格局乃至社会生活等多方面的变化。蔗糖的发展恰恰就是生产力在物质领域发展与进步的表现,体现了生产力发展对生产关系所产生的深远影响这一深刻的历史唯物主义基本原理,而砂糖的传播扩大更是世界历史经济发展横向联系不断加强的体现。本课以近代以来砂糖的传播为例,引导学生探讨新航路开辟之后蔗糖的传播情况及其所带来的社会变化,从而在教学中落实历史唯物主义基本原理——生产力与生产关系的互动,培养学生史料实证的意识,培养学生分析历史问题的能力。

【设计方案】

教师讲述:每个人都品尝过糖的味道,糖带给我们的感觉就是一种甜蜜和幸福的味道,生活在现代社会的人很容易就能够享受这种甜蜜,糖可谓人见人爱,成为当之无愧的"世界商品"。但是追溯糖的历史我们却惊奇地发现,中世纪时期的糖却是作为药品的身份而存在。那么,糖如何变成一种商品广泛传播?它又是如何加强各大洲之间的联系呢?带着这个问题,我们走进今天的课例。

材料一 甘蔗与制糖技术最早由波斯人从印度引入西亚,继而是穆斯林将其传播到阿拉伯帝国统治的各地区,然后是西方人通过阿拉伯而把它引进欧洲,从西西里引入意大利半岛,从伊比利亚半岛南部扩展至东部地中海沿岸的巴伦西亚和葡萄牙南部。……从15世纪起,随着西方人的对外扩张,甘蔗种植及制糖业又传入大西洋诸岛屿和美洲大陆。

——徐善伟《甘蔗种植及制糖术的西传》,《历史教学》,1998年第10期

教师讲述:通过阅读材料一我们不难看出,在新航路开辟之前,甘蔗与制糖技术的传播也促进了世界各个区域之间经济的联系和往来。

材料二　新航路开辟后不久，西班牙、葡萄牙等国开始在加勒比海地区种植甘蔗，甘蔗园如春笋般在这些岛屿上迅速增加。在英属巴巴多斯岛上，这个仅有430平方公里的弹丸之地竟有900多个甘蔗种植园。糖产量的增加导致糖的价格急剧下降，糖得以进入千家万户。糖对世界的影响不仅是在饮食上，它直接导致了跨越洲际的人口大迁徙，据统计，16世纪以后的300年间，从非洲贩卖到美洲从事种植甘蔗的奴隶高达1170万人，最终仅有980万人活着到达目的地。所以说，糖的甜蜜是与奴隶的血泪交织在一起的。

——刘作奎《改变世界的四种植物》，《广西质量监督导报》，2006年第21期

　　教师设问： 这段材料反映出，新航路开辟之后甘蔗与制糖技术发生了怎样的变化？

　　教师讲述： 新航路开辟之后，糖成为各大洲之间经济联系最为密切的食物媒介之一，也因为糖需求的不断扩大，欧洲不断加快了对亚非拉地区的殖民扩张步伐，加深了亚非拉地区的贫穷和落后。

　　材料三　欧洲扩张主义者从巴西等美洲殖民地运输大量蔗糖到欧洲市场获得暴利，此时，中国的糖也参与国际蔗糖竞争，其市场主要包括欧洲、波斯与日本，中国糖运入欧洲市场具有偶然性，17世纪30年代，当时欧洲主要的蔗糖供应商巴西卷入战争，使其蔗糖产量大幅度下降，导致欧洲市场蔗糖供应不足，糖价上涨，荷兰人借助于其对外扩张的范围之扩大，趁机利用东印度公司以中国为主的蔗糖贸易把中国糖输入欧洲，多时竟至三百万磅，中国白砂糖的赢利有时高达7.65倍。

——陈绍刚《十七世纪上半期中国糖业及对外蔗糖贸易》，《中国社会经济史研究》，1994年第2期

　　教师设问： 在17世纪，中国在关于糖的世界贸易中发挥怎样的历史作用？

　　教师讲述： 尽管中国很早就掌握了制造糖的技术，而且在新航路开辟之后也积极地为世界经济之间的密切联系贡献了力量，但是透过材料我们不难看出，中国并没有掌握世界贸易的主动权，西方殖民者严格控制国际市场，糖的受益者主要还是西方殖民者。

【案例总结】

本案例试图从糖这么一个看似普通的商品媒介切入，探讨糖如何从一种治病的药材成为餐桌上人们享受的美食，从各大洲之间零星的经济往来走向密不可分的整体的过程。"一粒砂糖中的世界史"充分体现了历史之间的横向联系，透过糖，我们看到了各大洲之间经济与文化的交流、经济结构的变动以及国际关系之间的变化对其传播的影响，这正是历史唯物主义历史发展"整体性"原则的重要体现。在日常教学过程中，我们除了按照常规的教学内容进行教学之外，更需要教师以主题式史料为媒介，在教学设计中充分兼顾历史唯物主义的整体性原则，这不仅有利于增加学生对于历史横向和纵向联系的深入理解，更重要的是有助于学生架构对于世界历史的宏观架构，从而更好地落实唯物史观这一重要的核心素养。

二、教学设计要体现历史唯物主义的科学性原则

众所周知，历史唯物主义是马克思主义关于社会历史发展问题的哲学总说明，既是世界观、历史观，也为进一步研究人类历史提供了"出发点"和"供这种研究使用的方法"。历史唯物主义的理论符合人类的认知规律，从个体到一般、从一般到个体、从形象到抽象的过程，其原则和方法具有充分的科学性。

首先，历史唯物主义的科学性原则深刻体现并落实在马克思基本原理和方法论里。马克思坚持从客观的社会存在出发，通过分析生产力与生产关系所构成的基本矛盾及其运动，揭示了人类社会发展的一般规律，即人类社会发展的首要规律是从低级向高级发展。而按照制度性建设水平标准来看，历史唯物主义又将人类的制度发展凝练为原始社会、奴隶社会、封建社会、资本主义社会和共产主义社会，马克思主义揭示了人类社会就像自然界一样有自身不以人的意志为转移的规律性，这正是其科学性原则的充分体现。这种科学性的论断始终要求我们站在"现实历史的基础上"，从"物质实践"出发来理解各种各样的历史事件和历史现象，因而在具体的教学设计和教学实践的过程中都要充分体现并贯彻这一原则。

其次，历史唯物主义的科学性原则还要求我们在日常的历史教学过程中对历史事件和历史人物的评价要遵循历史的具体的方法。我们要充分肯定人民群众是历史的创造者，也要重视历史人物对社会发展的作用。历史唯物主

义认为，人民总是在一定的历史条件下进行创造活动，其行为受到了现实的社会历史发展、政治条件、经济基础、精神条件等多方面的制约，因而我们在进行历史事件评价的时候要充分考虑多方面的因素，将其置于特定的"历史现场"和"一定的历史范围之内"，坚持联系、发展的科学方法和原则，做到具体问题具体分析。在全面认识历史条件、历史过程和科学把握历史规律的基础上，具体地评价历史事件和历史人物。"不能忽略历史必然性和历史偶然性的关系。不能把历史顺境中的成功简单归功于个人，也不能把历史逆境中的挫折简单归咎于个人。不能用今天的时代条件、发展水平、认识水平去衡量和要求前人，不能苛求前人干出只有后人才能干出的业绩来。"①

最后，历史唯物主义的科学性原则还体现在对历史虚无主义的坚决反对上。历史虚无主义站在历史唯物主义的反面，是一种反动的唯心史观，其突出体现在对于历史人物和历史事件的评价以偏概全、罔顾事实。在今天，历史虚无主义者则常以"重评""反思""还原"为名，进行假设和歪曲历史文化的反理性思考，以期达到扰乱人们思想信仰，消解人们政治认同，动摇国家和民族根基的目的。尤其是伴随经济全球化、信息化的发展，历史虚无主义的传播呈现出主体高知、形式多样、受众广泛等新特点，其渗透性和危害性更为突出。以传统文化为例，历史虚无主义者用孤立、片面等非科学的态度解读传统文化中的精华与糟粕，忽视、歪曲、贬损、否定、抹杀乃至颠覆优秀传统文化成果，肆意制造传统与现代的对立，企图引导人们走向文化虚无主义，进而动摇中华民族存在的思想基础。在历史教学工作中，广大教师更要坚持用唯物史观来认识和记述历史，把历史结论建立在翔实准确的史料支撑和深入细致的研究分析的基础之上，以科学的态度对待唯物史观，坚持不懈地开展对历史虚无主义的批判斗争，取得反对历史虚无主义斗争的彻底胜利。

---

① 习近平. 在纪念毛泽东诞辰 120 周年座谈会上的讲话［N］. 人民日报，2013-12-26.

教学设计 4-2

马克思主义中国化早期发展历程

【设计意图】

马克思主义作为人类智慧的结晶，它展现了自然和人类社会的发展规律，体现了极大的科学性原则。但是马克思主义本身也不是一成不变的，它需要从不同国家的国情出发，这样才能够发挥出马克思理论的生命力。马克思主义中国化的历程，就是马克思主义与中国革命、中国建设和中国改革实践相结合的历史过程，在这一历程中，我们有过成功的经验也有过失败的探索，但是中国共产党总能够及时总结历史经验教训，坚持马克思主义中国化的理论，找到一条适合本国发展的道路，从而实现了经济的腾飞、国力的增强和人民生活水平的提升。这充分体现了马克思主义中国化理论的科学性和先进性。本案例侧重从马克思主义中国化早期发展历程出发，以期让学生了解中国选择走马克思主义道路的正确性。

【设计方案】

教师讲述：在屈辱的中国近代史，社会各阶层的仁人志士都在探索救亡图存的道路。在20世纪初期，很多先进的知识分子认为资本主义道路才能救中国。资本主义的民主，在五四时期成为主流文化。一时间，三权分立、代议制、总统制、联邦制等各种思想学说广泛传播。但是随着中华民国临时政府名存实亡，这些思想也很快昙花一现。接下来的中国该何去何从呢？早期的共产党人意识到只有迅速地将马克思主义与中国实际相结合，才能成为民族复兴的伟大旗帜。

材料一　李大钊在1919年8月发表的《再论问题与主义》写道："一个社会主义者，为使他的主义在世界上发生一些影响，必须要研究怎么可以把他的理想尽量应用于环绕他的实境，所以现代的社会主义包含着许多把它的精神变作实际的形式适合于现状需要的企图。"

——《李大钊全集》（第二卷），人民出版社，1991年

教师讲述：列宁领导的十月革命取得胜利，社会主义从理论变成现实，打破了资本主义一统天下的世界格局。十月革命使得中国

先进知识分子意识到马克思主义强大的理论意义和实践价值，由此开启了马克思主义早期传播和中国化的进程。他们在接受马克思主义的同时，广泛传播马克思主义，特别是对马克思主义基本原理有了初步掌握之后，就用来考察中国现实问题。

材料二 在中共制定"一大"革命战略的时候，中国共产党还是简单照搬苏俄、欧美共产党党纲，确定中共实行社会主义革命。"革命军队必须与无产阶级一起推翻资产阶级的政权、承认无产阶级专政、消灭私有制。"1920年11月发表的《中国共产党宣言》写道："共产主义者的目的是要按照共产主义的理想，创造一个新的社会，但是要使我们的理想社会有实现的可能，第一步就要铲除现存的资本制度，要铲除资本制度，只有用强力打倒资本家的国家。"

——黄修荣、黄黎《中国共产党创建史》，中国青年出版社，2013年

教师讲述： 这段材料表明中国共产党在创立之初，由于对中国社会状况和革命特点缺乏深入分析和独立判断，基本照搬了马克思主义的普遍原理和共产国际的现成指示，提出中国革命要以无产阶级专政、社会主义革命为目标。可以看出，在马克思主义中国化的早期阶段，实际上也是存在认知偏差的。

材料三 中共"二大"正确剖析了近代中国的特殊社会，制定了中国革命分两步走的战略。"二大"宣言指出："中国共产党是中国无产阶级政党，他的目的是要组织无产阶级，用阶级斗争的手段，建立劳农专政的政治，铲除私有财产制度，渐次达到一个共产主义社会。中国共产党为工人和贫农的目前利益计，引导工人们帮助民主主义的革命运动，使工人和贫农与小资产阶级建立民主主义的联合战线。"

——中央档案馆编《中共中央文件选集》（第一册），中共中央党校出版社，1989年

教师讲述： 从这段材料不难看出，从"二大"开始，中共已经走上了马克思主义和中国实际国情相结合的道路，全党努力探索中国革命的基本规律，及时总结中国革命的经验和教训，体现了集体智慧。

材料四 1923年7月印制的《中国共产党第三次全国大会决议案及宣言》指出:"中国的无产阶级应当最先竭尽全力地参加促进此国民革命,并唤醒农民,与之联合而督促苟且偷安的资产阶级,以引导革命到底,以革命的方法建立真正平民的民权,取得一切政治上的自由及完全的真正的民族独立,还应当努力扫除宗法社会的余毒,以增加国民革命运动进行之速度。"

——中央档案馆编《中共中央文件选集》(第一册),中共中央党校出版社,1989年

教师讲述: 这段材料体现了自从"二大"制定最低革命纲领以来,马克思主义中国化的进程不断加快,"三大"的决议极大地丰富了马克思主义的统一战线理论和思想,是马克思主义中国化优秀思想的体现。

【案例总结】

本案例选取了从1917年十月革命至1923年中共"三大"这一时间段,中国共产党成立之初,在马克思主义思想的指导下,不断深化对中国国情和中国革命的认识,推进马克思主义与中国革命实践结合,积极探索中国革命之路。这些理论成果的形成,一方面体现出马克思主义中国化在其发展的早期阶段理论成果显著,标志着新民主主义革命理论的早期探索和理论实践,另外也体现出"社会存在决定社会意识""具体问题具体分析""对历史事件评价秉持历史全面的观点态度"等历史唯物主义基本原理和方法论,这正是唯物史观科学性的具体教学实践和具体体现,对中学教师在日常教学活动中落实并体现历史唯物主义这一原则有着充分的借鉴意义。

三、教学设计要体现历史唯物主义的人文性原则

历史唯物主义在注重科学性和整体性的同时,还要兼具人文性。事实上,马克思非常关注"由人出发,关注社会",在日常历史教学设计过程中注重历史唯物主义人文性价值原则的教学本质上是唯物史观素养达成的关键体现。

第一,历史唯物主义的人文性原则体现在注重人存在的物质基础。在马克思主义看来,有生命的个人的存在,无疑是任何人类历史的第一个前提,

人类为了生活，首先需要满足最基本的物质条件和物质结果，"历史上每一阶段都遇到有一定的物质结果、一定数量的生产力的总和，人和自然以及人与人之间在历史上形成的关系，都遇到由前一代传给后一代人的大量生产力、资金和环境"[①]。因此，注重人存在的物质基础以及所处的时代背景的生产力以及物质发展条件，是历史唯物主义人文性的第一要素。因为任何"现实的个人，是他们的活动和他们的物质生活条件"两者的统一。我们对历史上每一个时期的人物进行研究和分析的时候，都要首先从其所生活的现实世界的物质客观条件出发考量，要从尊重其所生活的时代客观规律和客观条件的制约这一科学性的基本原则出发，一旦脱离了现实存在的基础和环境去分析，人文性原则就无从谈起。

第二，历史唯物主义的人文性原则体现在注重人和人之间的交往联系。人是社会的产物，而非单纯的"类存在物"，人之所以具有社会性，是因为作为人类生存、发展基础的物质生产本身只能在人与人之间的社会关系即生产关系中才能实现。因此，生产关系本身就是人的社会性体现。马克思认为，历史的每一个阶段都遇到人的发展是同社会的形成和发展紧密相连的，"人的本质不是单个人所固有的抽象物，在其现实性上，它是一切社会关系的总和"[②]，因而中学教师在进行历史教学的过程中不仅要关注个体历史英雄人物的事迹，更要关注人类历史发展长河里普通人民群众的发展变迁，关注人与人之间的交往和联系，也正是因为生产关系这一社会性的需求体现，极大地反作用于推动生产力的发展，推动着各大洲、各个地区和各种文明形态之间的交往联系。马克思和恩格斯在《德意志意识形态》中曾多次提到"交往"并阐述了生产力与交往形式的辩证关系，人类文明史的演进受到生产力与交往形式的合理驱动，强调一切历史冲突都源于生产力和交往形式之间的矛盾。[③] 实际上，在人类历史发展的过程中，尤其是各地区之间的横向联系，文明之间的交往和联系更多地体现出了作为主体的人的多向实践活动过程。人和人之间的交往、联系、流动，推动了文明的交往，推动了世界从分散走向整体。

---

① 中共中央马克思恩格斯列宁斯大林著作编译局. 马克思恩格斯全集：第3卷[M]. 北京：人民出版社，1995：43.

② 中共中央马克思恩格斯列宁斯大林著作编译局. 马克思恩格斯全集：第1卷[M]. 北京：人民出版社，1995：273.

③ 马克思，恩格斯. 德意志意识形态[M]// 中共中央马克思恩格斯列宁斯大林著作编译局. 马克思恩格斯全集：第1卷，北京：人民出版社，1995：115.

第三，历史唯物主义的人文性原则体现在注重人自由而全面的发展。在马克思主义看来，人的自由而全面的发展是社会生产力存在的根本归宿，也是共产主义社会的最高价值理想。马克思强调在未来的共产主义社会里，不仅不否定个性自由，相反它真正使人能够得到自由而全面的发展，人首先从为生计而劳动中解放出来，其次从阶级剥削、阶级压迫中解放出来，再次从各种错误观念、偏激、成见中解放出来，使自己的才能、素质、兴趣、个性、特长能够得到充分的发挥。这恰恰体现出马克思主义不仅关注于人类社会制度的演变，更关注于个体个性全面发展，是其人文性最充分的体现。

教学设计 4-3

辛亥革命影响下的城市民众变化——从"臣民"到"国民"

【设计意图】

辛亥革命是中国近代史上一次巨大的社会变革，对中国社会各个方面都产生了深远的影响，社会面貌发生了显著的变化。在以往的历史教学过程中，对于辛亥革命的影响大多从宏观角度出发，侧重于对整个中国社会产生的深远影响，而较少从民众视角考量辛亥革命政治观念、政治权利发生了怎样的变化。本案例试图从政治角度分析辛亥革命影响下的城市民众变化，从而体现历史唯物主义的人文性原则。

【设计方案】

教师讲述：众所周知，辛亥革命对于中国近代史产生了深远的影响，从政治角度来说，它推翻了存在几千年的封建专制制度，第一次在中国建立了民主共和制度。但是，如果从城市的普通民众视角出发，中华民国临时政府的建立对于其政治观念、政治权利又发生了怎样的转变呢？带着这些问题，我们走进今天的课堂。

材料一 在辛亥革命之前，由于封建制度的长期存在，城市普通民众对政治持冷漠、畏惧、消极态度。但是，辛亥革命之后，民众参与政治的热情和意识得到了极大的提升，主要表现在民众越来越关注革命活动。武昌起义后，城市普通民众曾经为革命军掌握了地方政权而奔走相告，欢欣鼓舞，大受鼓动。许多民众纷纷投身于大大小小的各种政治社团活动，近代缫丝、翻砂等行业的工人在

1912年成立了上海的中华民国工党,不久之后,江南制造局的工人发起了制造工人同盟会,参加人数高达上千人。

——文苗《辛亥革命影响下的城市普通民众》,《大庆师范学院学报》,2016年第4期

教师讲述: 这段材料体现出辛亥革命之后,普通民众的政治观念发生了极大的变化,在封建制度下民众只把自己看成奴才,不会把自己当成国家的主人。而辛亥革命使得中国民众的社会意识逐渐现代化,确立了新的政治价值准则和新的观念,民众参与政治的热情得到了极大提高,不仅体现在先进的知识分子、工人阶级和学生代表积极参与政治活动,还体现在普通民众用自己朴实的行动支持革命,为革命呐喊。

材料二 专制帝国,一变而为共和民国,至此而女子之气,为之一吐,于是有所谓女子北伐队,女子敢死队,有所谓女子同盟会,女子参政团,女子自由党,又有以一人而结婚再四者,以一身而辟易三军者,脂粉元勋,风流韵话,不特自古所未见,抑亦环球所罕见。

——胡绳武、金冲及《辛亥革命史稿》,上海人民出版社,1991年

教师讲述: 这段材料体现出政治观念发生变化的不能忽视的一股力量是女性自我意识和政治观念的巨大觉醒。在历史上长期被剥夺基本权利的广大妇女,在辛亥革命的巨大影响下,也渐渐走出闺阁,走进社会,成立并加入各类政治团体,掀起女子参与政治的热潮,可以说辛亥革命还开启了男女平等参与政治的大门,极大地提高了女性地位。

材料三 临时政府成立之初,孙中山就布告天下,"中华民国之建设,专为拥护亿万兆国民之自由权利,官厅为治事之机关,职员乃人民的公仆,本非特殊之阶级,何取非分之名称。查前清官厅,视官等之高下,有大人、老爷之名称,受之者增惭,施之者失体,义无取焉。光复之后,闻中央地方各官厅,漫不加察,仍沿旧称,殊为共和政治之玷。"这样,孙中山领导的南京临时政府正式确立了政治官员是人民"公仆",这在中国历史上是第一次,而作为临时大总统的孙中山,首先以身作则,在当他得知被选举为临时大总统消息时,马上致电各省都督。"今日代表选举,乃认文为公

仆，自顾材力，诚无以当。"

——韩小林《辛亥革命时期的社会改造与转型》，《南昌大学学报（人社版）》，2004年3月

教师讲述：这段材料体现出民众思想的转变与中华民国临时政府的大力倡导有着极大的关系，作为资产阶级政权，临时政府对封建专制制度进行了否定，在对官员的角色定位上具有极大的前瞻性，官员从"官老爷"变成"公仆"，城市居民由"臣民"转变成"国民"，这些变化恰恰是资产阶级民主、自由、人权、平等等思想的落实和体现，从而极大地推动了中国近代化的社会转型。

【案例总结】

本案例从辛亥革命对城市居民政治观念变化这一角度探讨了辛亥革命对于民众政治观念转变所起到的极大的推动和促进作用。在日常的历史教学过程中，我们会较多地关注宏观的历史叙述和历史影响，容易忽视普通民众在这样的历史转折重要节点的变化。诚然，个人的转变受到客观条件和历史规律发展的制约，但是关注个体的转变、个体的进步，并且透过个体折射大时代的变化影响，正是历史唯物主义所坚持的人文性原则的重要体现。

四、教学设计要体现历史唯物主义的思辨性原则

所谓思辨性意指思考辨析。思考指的是分析、推理、判断等思维活动；所谓辨析指的是对事物的情况、类别、事理等的辨别分析。思辨能力首先是一种抽象思维能力。而在马克思历史唯物主义思想体系里，其思辨性最大的体现就是辩证的观点和分析方法。众所皆知，唯物辩证的观点是马克思主义哲学里最首要也是最基本的观点，"辩证法，在其合理形态上，引起资产阶级及其空论主义代言人的恼怒和恐怖，因为辩证法在对现存事物的肯定的理解中同时包含对现存事物的否定的理解，即对现存事物的必然灭亡的理解，辩证法对每一种既成的形式都是从不断的运动中，因而也是从它的暂时性方面去理解，辩证法不崇拜任何东西，按其本质来说，它是批判的和革命的。"[1]因此，在具体的历史教学过程中，我们要时时刻刻将辩证思维能力的

---

[1] 中共中央马克思恩格斯列宁斯大林著作编译局. 马克思恩格斯全集：第2卷［M］. 北京：人民出版社，1995：94.

培养落实到课程标准的基本目标中。尤其是对于历史人物和历史事件的评价秉持辩证的思维和态度，避免出现有失公允和极端的评价。

但是历史评价坚持"辩证"观点和态度，并不是意味着所有对历史事件的评价都是遵循积极和消极、正面作用和反面作用、历史人物的功与过这样简单的两分法思路就可以了，"当前的历史课堂上，往往采取打击习以为常的一种做法，即以所谓二分法去评价，既称赞其优点，又批评其缺陷，力图给学生所谓的定论，我们多美其名曰唯物史观，称之为客观、公正的结论。"①实际上，真正能够体现历史唯物主义思辨性原则的教学设计一定是将"两点论"和"重点论"有机结合的唯物辩证法，而对历史事物陷入一种简单而机械的评价，"既是这个，又是那个，一方面，另外一方面——这就是折中主义，陷入了庸俗辩证法的陷阱。而唯物辩证法则要求从相互关系的具体的发展中全面估计这种关系，而不是东抽一点，西抽一点。"②事实上，日常教学中如果教师不能将庸俗辩证法和唯物辩证法进行合理有效的区分，而将"既是这个，又是那个"的"两点论"带入课堂，就会使学生的思维陷入循环往复的混乱状态，必然使历史评价丧失立场和标准，直接影响学生正确的情感态度和价值观的建立。在过去很长一段时间里，我们喜欢用多元史观去解释和评价历史事件，分析历史问题。实际上，这正是"庸俗辩证法"的体现，这种不讲"重点论"的"多点论"忽视了事物性质的本来面貌，丧失了评价的基本立场和出发点，从而导致学生思维乃至价值观教育的混乱。因此，我们在日常的教学过程中，尤其要警惕陷入"庸俗辩证法"陷阱，要坚持历史唯物主义的指导地位，坚持历史评价的基本的态度观点，将清晰可见的历史事实摆在学生面前，将明确无误的价值判断摆在学生面前，从而有利于培养学生正确的是非观念，提升学生的思想道德素质。

---

① 陈志刚. 历史课程本体研究[M]. 天津：天津教育出版社，2012：137.
② 列宁. 论辩证唯物主义和历史唯物主义[M]//中共中央马克思恩格斯列宁斯大林著作编译局. 列宁专题文集. 北京：人民出版社，2009：328.

拨乱反正——鸦片战争对中国经济影响再认识

【设计意图】

对鸦片战争的评价是中学历史教学过程中不可避免的一个非常重要的历史评价分析案例。一些历史教学课堂里，我们常常听到教师采用"两分法"去分析鸦片战争的影响，并且用不同的史观给出了不同的答案，但是真正的课堂效果却是不理想的，甚至有的学生的价值观都出现了偏差，认为正是西方的侵略才使中国走上了近代化的道路。因此，如何更好地贯彻唯物辩证法的精神和原则去正确分析历史事件，本案例试图进行一些粗浅的尝试。

【设计方案】

材料一 鸦片战争总计来说，仅就条约赔款、公开勒索、洗劫国库等款项加在一起，就达二千八百五十一万元，此数约相当于清政府一年财政收入的二分之一，中国人民的财富遭受到一次更大的劫掠。与此同时，中国的经济主权遭到了严重的破坏，国家的经济命脉受制于人，关税自主权被剥夺，西方列强在协定关税和领事裁判权的保护下，掀起了向中国掠夺原料和倾销商品的狂潮。这种建立在不平等基础上的贸易，只能是以牺牲中国经济利益为前提的畸形发展的殖民地贸易。

——郭鑫、崔英杰《关于鸦片战争对中国影响的研究综述》，《学理论》，2015 年第 18 期

教师讲解：透过材料，我们可以得出在经济方面鸦片战争给中国带来的极大的破坏，它不仅导致白银外流、西方在中国大力掠夺原料和倾销商品，还导致中国的经济主权遭到了严重的破坏。

材料二 鸦片战争导致西方资本主义的侵入，破坏了中国传统的自然经济基础，瓦解了落后的封建经济体系，促进并催生了近代民族工业的发展壮大，由于五口通商口岸的开放，推动了农产品日益商品化的程度，促进了中国商品经济的发展。

——郭鑫、崔英杰《关于鸦片战争对中国影响的研究综述》，《学理论》，2015 年第 18 期

教师讲述：这段材料又从另外一个角度分析了鸦片战争在经济

层面带来的积极作用。

教师设问：面对这两段截然不同的历史评价，我们应该如何评价这一历史事件呢？是不是简单地用积极和消极"两分法"就可以了呢？

教师讲述：我们运用历史唯物主义在评价历史事件时首先要有一个总体的价值判断，解决"是什么"的问题。对于鸦片战争而言，它首先就是一场赤裸裸的侵略战争，给中国带来了巨大的民族灾难，给每一个中国人带来了不能忘记的创伤和耻辱。对于其所带来的一些客观作用，我们要辩证地去看待。首先，对于侵略者而言，他们的主观目的并非希望带来中国社会转型和经济的进步；其次，无论是自然经济的逐步解体还是民族资本主义的发展，都是中国社会各阶层在反侵略这一时代主题下所做出的不懈努力和抗争的结果。最后，我们要厘清两者之间的关系，材料所示的两个角度其实就是对于鸦片战争灾难性和进步性的辩证关系，灾难性和进步性并非绝对对立的，在一定条件下可以转化，面对灾难，只要国人奋起就能够把灾难转化为前进的动力，但是要特别注意的就是，进步是抗争的结果，而不是简单的侵略的影响。从而避免学生形成灾难过后必然有"补偿"，落后的同时必然有进步的错误认识。

【案例总结】

在日常的教学中，教师应做到的是理顺历史评价背后严格缜密的逻辑关系和联系，首先对历史事件有一个基本而全面的总体判断，从而把握"重点论"角度和内容，其次再结合其他史观和补充角度，但在讲述的过程中注重讲清两者之间的关系，将"两点论"和"重点论"进行有机的统一，从而避免陷入"庸俗辩证法"的陷阱，更好地树立和体现唯物辩证法的核心思想，从而在具体的教学设计中更好地落实和体现思辨性的原则方法。

第二节 历史唯物主义素养的分类与教学设计

按照不同的标准,历史唯物主义素养的类型可以有不同的分法。这里采用的是内容分类法,并结合中学课程和教学实际适当加以合并,共分为五类:第一类,生产力与生产关系,经济基础与上层建筑;第二类,人民群众与英雄在人类历史上的作用;第三类,历史发展的规律、偶然性与必然性;第四类,科学辩证法;第五类,阶级与民族国家。每个部分在扼要介绍本主题的基本理论之后,侧重于以教学设计举例,具体展示在教学实践中,如何运用历史唯物主义的基本观点、基本原理来观察、认识、分析、解决历史问题,引导学生树立历史唯物主义观点,并具备一定的运用历史唯物主义观点认识问题、分析问题、解决问题和发现问题的能力。

一、生产力与生产关系、经济基础与上层建筑

(一)生产力与生产关系、经济基础与上层建筑观点的基本内涵

历史唯物主义认为,物质资料的生产方式是社会存在和发展的基础,生产力是人类社会改造、影响自然的物质力量。其进步不仅包括生产工具的改进,也包括劳动者自身的进步,如生产技术经验积累。而生产关系则是人们在物质生产过程中所结成的社会关系,主要包括生产资料所有制关系、劳动和活动的分工与交换关系,以及生产成果的分配关系、消费关系。生产力和生产关系的矛盾是人类社会的基本矛盾,是生产方式中对立统一的两个方面,它们相互依存,相互作用,推动着生产方式的发展和更迭。一方面,生产力是矛盾的主要方面,对生产关系起着支配作用,生产力决定着生产关系的变革,有什么样的生产力,就要有什么样的生产关系。另一方面,生产关系对生产力也有反作用,表现为两种情形:生产关系适应生产力水平时,推动生产力发展;生产关系不适合生产力发展要求时,就会阻碍生产力发展。

生产关系的总和构成经济基础,包括生产分工关系、交换和分配关系、消费关系及所有制关系。而上层建筑是指社会的政治、法律、宗教等制度和机构,以及社会的意识形态,诸如政治、法律、道德、哲学、艺术、宗教等观念。二者之间存在辩证关系:经济基础决定上层建筑,上层建筑又反作用于经济基础。观念上层建筑和政治上层建筑是相互联系、相互制约的。观念

唯物史观 的教学设计与学业评价

上层建筑为政治上层建筑提供思想理论根据，政治上层建筑为观念上层建筑的传播和实施提供重要的保证。

社会发展的根本动力在于社会的基本矛盾，即生产力与生产关系之间的矛盾运动。而经济基础与上层建筑的矛盾则更多的是社会基本矛盾的一种反映。

（二）基于生产力与生产关系、经济基础与上层建筑观点的教学设计

教学设计 4-5

诸侯纷争与变法运动

【设计意图】

结合春秋战国历史状况，引导学生体会：生产力决定生产关系，生产力发展到一定水平，会要求生产关系做出相应的调整；生产关系经过调整，如果适应了生产力发展的需要，就会对生产力的发展产生一定的推动作用。当然，生产关系不会自动做出调整，它只能是由上层建筑领域的作为所完成。其结构简明化表示就是"生产力—生产关系（经济基础）—上层建筑"。其实它是一个极其复杂的系统，经济基础是处于不断变动之中的，它对上层建筑的影响势必呈现着复杂的情形；上层建筑也是动态的，它反作用于经济基础，情形同样复杂。

【设计方案】

材料一 春秋战国的经济有重大发展。冶铁技术出现，铁制农具广泛使用，牛耕也得到推广。各国纷纷兴建水利灌溉工程，如都江堰、郑国渠，大大提高了农业生产率。农业进步推动社会分工，促进了工商业的繁荣。

战国时期，新兴地主阶级在许多诸侯国掌握了政权。他们为了打击奴隶主贵族势力，发展封建政治和经济，巩固新生政权，增强竞争实力，纷纷开展变法运动。

商鞅变法……重农抑商，奖励耕织；奖励军功，剥夺和限制贵族特权；强制大家庭拆散为个体小家庭，推动土地私有制发

展；在民间实行什伍连坐，互相纠察告发；行政管理上普遍推行县制……。变法使秦国国富兵强，为秦统一中国奠定了基础。

——普通高中教科书·历史必修《中外历史纲要（上）》

教师设问：春秋战国时期，在社会生产力发展的推动下，生产关系发生了怎样的变化？这种变化是怎样实现的？又怎样推动了社会经济的发展？

课堂讨论，质疑释疑：（略）

教师点拨：

（结合学生的回答，教师动态展示并讲解下列图示，引导学生运用生产力与生产关系、经济基础与上层建筑相互作用的原理，结合上述材料，分析该时期的历史发展规律）

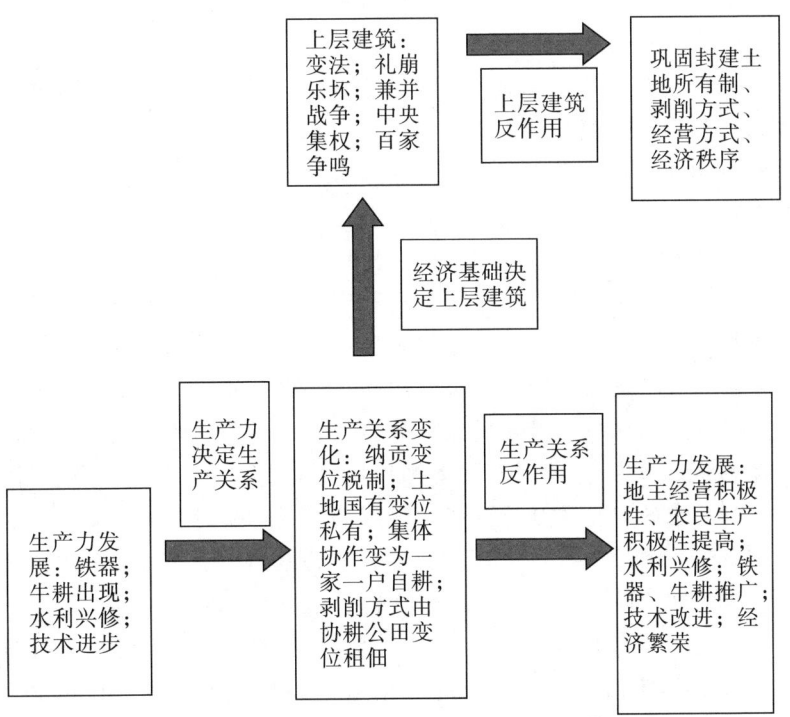

材料二　战国是社会大变革时期。社会经济的发展，促使阶级关系出现新变化。士人从各自代表的阶级阶层集团利益出发，提出了自己的政治社会主张和要求，影响社会现实。战国时期，学在官府的传统被打破，文化知识向民间普及。……士人周游列国，颇受重用。他们的活跃推动了学术文化的繁荣。当时出现众多学说、学派，各自提出对政治、社会乃至宇宙万物的看法，彼此论战辩驳，形成百家争鸣的思想文化繁荣局面。百家争鸣是战国社会大变革在意识形态上的反映。

——普通高中教科书·历史必修《中外历史纲要（上）》

教师设问：战国时期，百家争鸣局面出现的原因是什么？产生了怎样的影响？

课堂讨论，质疑释疑：（略）

教师点拨：

（结合课堂讨论情况，教师运用观念上层建筑和政治上层建筑是相互联系、相互制约的原理，依据材料并结合所学，分析相关史实，给予引导）

战国时期：社会大变革；阶级关系出现新变化，旧的贵族等级体系开始瓦解，新兴的士阶层崛起；士人从各自代表的阶级阶层集团利益出发，提出了自己的政治社会主张和要求，影响社会现实；教育下移，文化知识向民间普及；各国统治者出于竞争需要，礼贤下士，争相招揽人才，士人周游列国，颇受重用（以上是政治上层建筑的变化）。在上述因素的作用下，当时出现众多学说、学派，各自提出对政治、社会乃至宇宙万物的看法，彼此论战辩驳，形成百家争鸣的思想文化繁荣局面（观念上层建筑的变化）。

百家争鸣对战国时期的兼并战争、各诸侯国的政治改革和政治制度形成、发展，产生了重大影响。尤其是儒家、法家、道家思想，对后来的封建统治产生了深远影响，如广受封建统治者推崇的外儒内法的统治策略等（观念上层建筑为政治上层建筑提供思想理论根据，世界近代史上，启蒙运动也有类似的作用）。

历史上，统治者为了达到自己的政治目的，往往选择、扶持相应的思想理论，作为主流的意识形态。如汉武帝为了加强中央集权、解决边疆问题、建立帝国伟业，思想上采纳董仲舒的建议，"罢黜百家，独尊儒术"，这是典型的政治上层建筑为观念上层建筑的传播和实施提供重要保证的例证。

【案例总结】

通过对春秋战国时期社会经济、政治、军事、思想文化发展及其相互之间关系的认识，引导学生体会生产力与生产关系，经济基础与上层建筑的辩证关系在历史发展中的体现，明白在社会历史发展过程中，社会发展的根本动力在于社会的基本矛盾，即生产力与生产关系之间的矛盾运动。而经济基础与上层建筑的矛盾则更多的是社会基本矛盾的一种反映。观念上层建筑和政治上层建筑是相互联系、相互制约的。观念上层建筑为政治上层建筑提供思想理论根据，政治上层建筑为观念上层建筑的传播和实施提供重要的保证。教学过程中要紧紧依托历史事实，通过生生之间、师生之间的相互质疑答疑，教师在适当时机恰如其分地点拨、引导、解释，使学生形成运用历史唯物主义关于生产力与生产关系，经济基础与上层建筑辩证关系的原理，在历史学习中认识问题、分析问题、解决问题和发现问题的素养。

二、人民群众与英雄（杰出人物）在历史发展中的地位和作用

（一）人民群众与英雄（杰出人物）在历史发展中的地位和作用的基本内涵

人民群众在不同的历史时期包含着不同的阶级、阶层和集团，但最稳定的主体部分始终是从事物质资料生产的劳动群众及知识分子。

历史唯物主义认为，在社会历史发展过程中，人民群众起着决定性的作用。人民群众是历史的主体，是历史的创造者。首先，人民群众是物质财富的创造者；其次，人民群众是社会精神财富的创造者；再次，人民群众是社会变革的决定力量；最后，人民群众既是先进生产力和先进文化的创造主体，也是实现自身利益的根本力量。人民群众对历史发展的推动作用同社会基本矛盾推动社会前进的过程是一致的，人民群众的总体意愿和实践反映了历史发展的趋势，并最终决定历史发展的结局。从具体的历史条件看，不仅历史本身是人民创造的，创造历史的方式也是人民决定的，因而并不是只有历史的积极因素是人民创造的，消极因素也是人民创造的。

人民群众创造历史的活动及作用，必然受到社会历史条件的制约，包括相应时代的经济条件、政治条件和精神文化条件等方面的制约。人民群众创

造历史的过程，往往在一定的领导、组织下进行，因而，人民群众创造历史与英雄人物推动历史发展是相辅相成的。

关于英雄（杰出人物）在社会历史发展中的地位和作用，历史唯物主义认为，英雄（杰出人物）在社会发展过程中起着特殊的作用，他们是一个时代的先进方向的代表，能顺应历史要求，走在时代前列，引导人民走向正确的方向，与人民一起创造历史，具体表现为：第一，历史事件的发起者、当事者；第二，实现一定历史任务的组织者、领导者；第三，历史进程的影响者——加速或延缓历史任务的完成。因此，英雄（杰出人物）对历史发展的具体过程和结果起着一定的作用，有时甚至是决定性的作用。人民群众创造历史的活动及作用，必然受到社会历史条件的制约，包括相应时代的经济条件、政治条件和精神文化条件等。

英雄（杰出人物）是历史的产物，任何时代、任何国家都需要自己的英雄：民族英雄、政治英雄、文化英雄、科学英雄等，只不过是不同的主体、不同的时代主题呼唤并创造着不同类型的英雄。任何国家的英雄都受到人民的敬仰，而人民敬仰的不仅是英雄本人，而且是英雄所代表的民族精神和荣耀、尊严，任何对英雄的污蔑、羞辱，哪怕是质疑都是不允许的。

无产阶级领袖不同于以往历史上的英雄（杰出人物），因为他们所代表的是历史上最革命、最先进的阶级，他们在革命和建设中发挥了重大作用。但他们也是人而不是神，受历史条件的限制，也会有失误。因此，他们的作用，取决于对历史发展规律的认识程度以及同人民群众的结合程度。要发挥领袖的作用，但不能夸大个人作用。

（二）基于人民群众与英雄（杰出人物）在历史发展中的地位和作用观点的教学设计

> **教学设计 4-6**
>
> ## 拿破仑与法国大革命
>
> 【设计意图】
>
> 通过对具体的历史事例的分析、评价，让学生了解英雄（杰出人物）这一概念的基本内涵，认识英雄（杰出人物）在社会发展过程中起着特殊的作用，对历史发展的具体过程和结果甚至起着决定

性的作用。任何时代、任何国家都需要自己的英雄,只不过是不同的主体、不同的时代主题呼唤并创造着不同类型的英雄,任何国家的英雄都受到人民的敬仰。同时也要让学生认识到,英雄(杰出人物)引领民众创造历史的活动同样受到社会历史条件的制约,不能改变历史发展的基本趋势和规律。

另外,还要引导学生注意,英雄(杰出人物)对历史发展的特殊作用也是辩证的,即不是只有积极的推动作用,有时候也会产生消极的作用。积极或是消极,取决于他们对历史发展规律的认识程度以及同人民群众的结合程度。英雄(杰出人物)作用的发挥,离不开人民群众的拥护与支持,二者是相辅相成的。

【设计方案】

材料 1795年,拿破仑镇压了保王党叛乱,后来多次击败奥地利,威信越来越高。1799年,拿破仑在人民支持下发动雾月政变,成为法兰西第一共和国执政官,随后进行了军政、经济等方面的改革,颁布《拿破仑法典》,实现了中央集权,发展了资本主义,对西方国家立法起了重大影响。1804年,拿破仑称帝,后来插手西班牙内政,遭到强烈反抗。1809年,拿破仑率军打败第五次反法同盟,成为跟恺撒、亚历山大齐名的大帝,革命原则随着拿破仑的军队传播到欧洲各地。

1813—1815年,拿破仑率军与第6、第7次反法联军作战,因实力对比等问题告败。法国人民强烈要求他专政,推翻逼他退位的议会,但他清楚,资产阶级已抛弃了他。1821年,拿破仑在其流放地圣赫勒拿岛去世。1840年其灵柩运回巴黎,90万市民冒着严寒前来迎接。1855年英国维多利亚女王来到巴黎荣誉军人院,让王储"在伟大的拿破仑灵柩前下跪",时隔多年,拿破仑也赢得了对手的尊敬。

教师设问:

拿破仑由一个中下层年轻军官,迅速崛起为法国最高统治者,甚至称霸欧洲的原因是什么?这对法国以及欧洲甚至世界都产生了哪些影响?拿破仑英雄盖世,为什么下场又如此可悲?法国国内甚至国际上对拿破仑给予很高的评价,甚至崇拜,对这些现象你有何看法?

课堂讨论，质疑释疑：（略）

教师点拨：

［结合课堂讨论情况，教师运用历史唯物主义关于人民群众与英雄（杰出人物）在历史发展中的地位和作用的观点，依据材料并结合所学，分析相关史实，给予正确引导］

关于拿破仑迅速崛起的原因：

拿破仑的迅速崛起，固然是由于他有过人的军事才能、显赫的军功、巨大的政治野心和敏锐的政治嗅觉，但根本的是他所处的时代和面临的历史机遇塑造了他、成就了他：法国大革命高潮过后，督政府统治软弱无力，内不能安定社会秩序，加快推进工业革命，全面发展各项事业；外不能抵御外国干涉，更谈不上对外侵略扩张，以满足资产阶级的需要和法兰西民族的荣誉感。时代在呼唤着英雄人物，而拿破仑就是合适的人选。正如恩格斯所说，"恰巧拿破仑这个科西嘉岛人做了被战争弄得精疲力竭的法兰西共和国所需要的军事独裁者，假如不曾有拿破仑这个人，那么他的角色是会由另一个人来扮演的。这点可以由下面的事实来证明，即每当需要这样一个人的时候，他就会出现：如恺撒、奥古斯都、克伦威尔等等"（恩格斯《致瓦·博尔吉乌斯》）。普列汉诺夫也说过，"当时为恢复秩序，就要有如西叶斯所说的那样一支'宝剑'，起初大家认为这种宝剑使命可以由茹伯尔将军来担当。但当他在挪威会战中阵亡以后，大家便提到莫罗·麦克唐纳和贝尔多纳等人了。拿破仑这个名字，还是后来才被提起的。如果他像茹伯尔那样阵亡了，那么大家根本不会谈到他，而会提出另一支'宝剑'来"（普列汉诺夫《论个人在历史上的作用问题》）。由此可见，时势造英雄，而不是英雄造时势。历史的规律表明，每当社会的大变革时期，都是英雄辈出的时代，它必然成就伟大的历史人物。拿破仑之所以伟大，是由非凡的法国大革命和资产阶级革命潮流所造就的。

关于拿破仑的作用和影响：

拿破仑作为新兴资产阶级的军事家、政治家，镇压了国内叛乱，粉碎了欧洲"反法联盟"的多次武装干涉，全面推行资产阶级性质的社会改革，颁布了资产阶级性质的《拿破仑法典》，捍卫和巩固了法国大革命的成果，促进了欧洲各国人民的觉醒，打乱了欧洲的封建秩序，促进了资本主义的发展。这些都体现了英雄拿破仑个人的功绩和对历史发展的巨大推动作用。正如法国资产阶级史学家乔治·勒费弗尔所说："在法国大革命后的新国家尚未定型时，拿破仑给了它一整套行政机构，这显然是大师的杰作。1789年的法国大革命已迫使资产阶级掌握政权，但随后的民主力量鹊起而与之相争，在皇帝的庇护下，新贵名流才得以保住政权，增殖其财利，并扩张其势力；一旦摆脱了贫民的威胁，他们就准备自己登台进行统治，并恢复自由主义。在欧洲，法国的传播、英国的影响、资本主义的发展，以及随之而来的资产阶级的不断壮大，都在导致同样的后果，拿破仑撼动了欧洲各国的旧制度，并将近现代欧洲各国的新秩序的各项原则推广到了欧洲其他地区，大大加快了这一演变的过程。蓬勃发展的文化、人民主权的宣布、浪漫主义的传播等都预示了民族主义的觉醒，拿破仑进行的领土调整和种种改革促进了这种觉醒。……拿破仑个人的影响是诚然可贵的，但只有顺应正在推动欧洲文明进程的历史潮流，他的影响才能起到作用。"（乔治·勒费弗尔《拿破仑时代》，商务印书馆2011年版）

　　拿破仑一度呼风唤雨，英雄盖世，那固然是因为他出众的才能和超凡的个人魅力，但也离不开资产阶级的支持、人民群众包括战士们对他的拥护和追随。当资产阶级议会逼迫他退位、抛弃他的时候，当他被流放到大西洋上的一个叫圣赫勒拿的小岛上，与群众脱离以后，他就像古希腊神话中那个双脚离开大地的大力神安泰一样，不堪一击了。这是对英雄与民众关系的最好的诠释。

　　拿破仑后期的战争侵犯了欧洲国家的民族利益，具有侵略性，也具有为资产阶级利益而向海外和欧洲大陆扩张争霸的性质，正因如此，才引起了欧洲广泛的反抗，并最终惨败，落到一个可悲的下场。这是遗憾的拿破仑犯下的错误及其对历史发展的消极影响。

　　英雄人物所作所为的复杂性，对历史发展作用的多面性，拿破仑的事例具有典型性。而对拿破仑的评价的辩证性、全面性，后人也做得很到位。列宁说："法国大革命的战争起初就是解放战争，而且也确实需要这样的战争。这些战争本来都是革命性的，保护了伟大的革命运动，反对反革命君主专制的联盟。正当拿破仑建立起拿破仑帝国，奴役着欧洲许多早已形成的，有生存能力的民族、国家的时候，法兰西的国家民族主义战争便成为帝国资本主义战争，而这种侵略扩张战争又变成了反对拿破仑帝国体系的自卫反击战争。"(《列宁全集》第22卷第302页）雨果在《悲惨世界》中写道："失败反把失败者变得更崇高了，倒了的波拿巴仿佛比立着的拿破仑还要更高大些。拿破仑是战争中的米开朗琪罗。他是重建废墟的宗师巨匠，是查理大帝、路易十一、亨利四世、黎塞留、路易十四、公安委员会的继承者，他当然有污点，有疏失，甚至有罪恶，就是说，他是一个人；但他在疏失中仍是庄严的，在污点中仍是卓越的，在罪恶中也还是有雄才大略的。"

至于1840年拿破仑灵柩被运回法国巴黎之后受到的礼遇、法兰西民族对拿破仑的宗教般的推崇，以及世人包括他曾经的对手对他的尊敬，更是对应该如何对待英雄人物问题的最好回答。

【案例总结】

通过对拿破仑生平重大活动的认识及评价，引导学生体会人民群众与英雄（杰出人物）在历史发展中的地位和作用，明白在社会历史发展过程中人民群众起着决定性的作用，同时，英雄（杰出人物）在社会发展过程中也起着特殊的作用，人民群众创造历史的过程，往往是在一定的领导、组织下进行，因而，人民群众创造历史与英雄人物推动历史发展是相辅相成的。教学过程中要紧紧依托历史事实，通过生生之间、师生之间的相互质疑答疑，教师在适当时机恰如其分地点拨、引导、解释，提高学生运用历史唯物主义关于人民群众与英雄（杰出人物）在历史发展中作用的观点认识问题、分析问题、解决问题和发现问题的素养。

三、历史的规律和历史发展的必然性、偶然性

（一）历史唯物主义关于历史的规律和历史发展的偶然性、必然性观点的基本内涵

人类历史整个发展进程是有规律可循的，人类社会发展的规律与自然界不同，历史的偶然性是受规律即必然性支配的，规律是具有隐性特征的。

历史唯物主义认为，人类社会发展的首要规律是人类是从低级向高级发展的，这是人类发展的总的趋势和规律，人类制度发展的基本线索为原始社会、奴隶社会、封建社会、资本主义社会和共产主义社会。人类文明进步进程的基本要素，首先是生产力的发展水平，其次是制度性建设。

历史发展规律的第二个重要表现是历史发展是螺旋式上升的,历史发展从来不是一帆风顺的。历史发展的总趋势是向前的,但从未有任何一个新事物的产生能避免反反复复的规律,即总是在螺旋式上升的道路上向前发展的。

历史唯物主义认为,人类历史是有规律可循的,是必然性与偶然性相结合的产物,其中必然性主导着偶然性;而看似偶然性的事物却蕴含着必然性,即偶然当中有必然。

(二)基于历史的规律和历史发展的必然性、偶然性观点的教学设计

教学设计 4-7

西安事变

【设计意图】

通过对具体的历史事例的分析、评价,让学生了解历史发展的必然性、偶然性概念的基本内涵,认识人类历史发展是必然性与偶然性的有机统一。

首先,偶然性是指事物发生联系和发展过程中的一种可能性趋势。必然性是指历史事物发生联系和发展过程中一种不可避免、一定如此的趋向,必然性产生于历史事物的内部根据、本质的原因。偶然性则表明历史事物发展过程中存在的一种有可能出现、也有可能不出现的趋向。偶然性产生于历史事物的外在条件、非本质的原因。

其次,必然性和偶然性在历史事物发展过程中有着不同的地位并起着不同的作用。其中必然性主导着偶然性;而看似偶然性的事物却蕴含着必然性,偶然当中有必然;历史发展的必然性、规律性往往通过偶然性的因素表现出来。

【设计方案】

材料 红军长征到达陕北后,蒋介石调集包括张学良的东北军和杨虎城的西北军在内的大军围攻陕北。在中共抗日民族统一战线政策的感召下,张学良在西北地区实行联共抗日。

1936年12月，蒋介石亲赴西安逼迫张学良、杨虎城全力"剿共"。张学良和杨虎城在反复劝说蒋介石应以国家和民族大义为重、容纳抗日主张的努力失效后，发动"兵谏"，于12月12日晨，扣留蒋介石，以武力逼蒋抗日。这就是西安事变。

面对错综复杂的政治形势，中共中央确定了和平解决西安事变的方针，派周恩来为代表，奔赴西安，与张学良、杨虎城一起，同国民政府代表举行谈判。经过各方努力，蒋介石被迫接受停止内战、联共抗日的主张。西安事变得到和平解决。

——普通高中教科书·历史必修《中外历史纲要（上）》

教师设问：

西安事变的和平解决，十年内战的局面基本结束，全国团结抗战的局面初步形成。有一种观点认为，西安事变的发生与和平解决，是中华民族的幸运，否则，中国一盘散沙的局面就改变不了，很容易被日本侵略者各个击破，中国必亡！也有观点认为，早在20世纪30年代初期，中国共产党就倡导全民族抗战，并组织东北抗日武装打击日本帝国主义，并逐步出现了全国抗日民主运动的浪潮，即使没有西安事变，也不影响抗日民族统一战线的建立，更不会推迟全面抗战局面的到来。对这些观点你有何看法？请说明理由。

课堂讨论，质疑释疑：（略）

教师点拨：

（结合课堂讨论情况，教师运用历史唯物主义关于历史发展的必然性、偶然性的观点，依据材料并结合所学，分析相关史实，给予正确引导）

上述两种观点都有失偏颇，都没有用历史发展的必然性与偶然性的辩证关系原理去分析西安事变、中日民族矛盾激化与抗日民族统一战线形成的关系。西安事变在抗日民族统一战线的形成中起了关键性的作用，但能不能说起了决定性的作用？如果学生感到不好理解，可以做进一步的诱导，即如果没有西安事变，随着中日民族矛盾的激化和抗日民主运动的不断高涨，抗日民族统一战线最终是否也会形成？回答显然是肯定的。可见，形成抗日民族统一战线的决定因素是民族矛盾的激化。由此让学生明白，民族矛盾是抗日民族统一战线形成的必然性因素，而西安事变是偶然性因素。那么统一战线为什么没有通过别的事件形成，而是通过西安事变形成的呢？因为西安事变也是民族矛盾激化的一个结果。民族矛盾激化这个必然因素促成抗日民族统一战线初步形成是通过西安事变这个偶然因素表现出来的。以此让学生懂得，历史发展的必然性因素要通过偶然性的事件表现出来，偶然性也不是不可捉摸的绝对偶然，偶然性中有必然性。张学良、杨虎城将军发动的西安事变对于结束十年内战，促成抗日民族统一战线的初步形成，起了关键作用，直接改变了中国历史的进程，以此让学生知道偶然事件有时对历史发展产生巨大的，甚至是改变历史进程的影响。类似的问题还有虎门销烟（偶然性）和英国侵华政策（必然性）之于鸦片战争的爆发，第一次世界大战中德国实行"无限制潜水艇战"（偶然性）和美国的争霸政策（必然性）之于美国的参战等。学生通过这种方式了解到的必然性与偶然性的关系是较具体的、生动的，有感性认识为依托，因而是便于理解和运用的。正如恩格斯在《致瓦·博尔吉乌斯》中所说，"恰巧拿破仑这个科西嘉岛人做了被战争弄得精疲力竭的法兰西共和国所需要的军事独裁者，假如不曾有拿破仑这个人，那么他的角色是会由另一个人来扮演的。这点可以由下面的事实来证明，即每当需要这样一个人的时候，他就会出现：如恺撒、奥古斯都、克伦威尔等等"。同样的意思，普列汉诺夫在《论个人在历史上的作用问题》中也说过，"当时为恢复秩序，就要有如西叶斯所说的那样一支'宝剑'，起初大家认为这种宝剑使命可以由茹伯尔将军来担当。但当他在挪威会战中阵亡以后，大家便提到莫罗·麦克唐纳和贝尔多纳等人了。拿破仑这个名字，还是后来才被提起的。如果他像茹伯尔那样阵亡了，那么大家根本不会谈到他，而会提出另一支'宝剑'来"。

【案例总结】

通过西安事变的发生和和平解决，引导学生体会抗日民族统一战线形成的必然性和通过西安事变来实现的偶然性，明白必然性寓于偶然性之中，偶然当中有必然。同时，在教学方式上，又不能上成政治课，而是紧紧依托历史事实，通过生生之间、师生之间的相互质疑答疑，教师在适当时机恰如其分地点拨、引导、解释，提高学生学会运用历史唯物主义关于历史的规律和历史发展的偶然性必然性原理认识问题、分析问题、解决问题和发现问题的素养。

四、科学辩证法

（一）科学辩证法的基本内涵

唯物辩证法是马克思主义哲学首要的、最基本的观点。唯物辩证法认为，整个世界是普遍联系的，联系具有客观性、普遍性和多样性，而这一联系的世界又处在永恒的变化发展之中。一方面，社会历史在本质上是一种"自然历史过程"，具有一定的客观规律性和辩证性；另一方面，社会历史又是人的活动过程，人在活动过程中具有一定的能动性和选择性。其变化发展的动力源泉是对立统一，由量变到质变是其变化发展的状态，否定之否定是其发展的趋势和道路。辩证法在对现存事物的肯定的理解中同时包含对现存事物的否定的理解，即对现存事物的必然灭亡的理解，辩证法对每一种既成的形式都是从不断的运动中，因而也是从它的暂时性方面去理解，辩证法不崇拜任何东西，按其本质来说，它是批评的和革命的。①

上述观点是我们进行历史研究的核心理念，是最重要的思维方式，实践也无数次地证明了其有效性。唯物辩证法还告诉我们，对世界的认识及对历史的研究，还应该关注认识对象的现象与本质、内容与形式、整体与部分、相对与绝对、普遍与特殊等问题，并努力探索认识对象中的因果关联，做到具体问题具体分析。可以说，具体问题具体分析可指导我们对微观问题的实际研究，现象与本质引导我们对历史表象背后的抽象思考，普遍与特殊启发我们如何建构整体的历史，而普遍联系的、永恒发展的、全面的观点则是历史研究中应该具备的基本思维方式，贯穿于历史研究的各个层面，具有更广泛的指导意义。所以说，唯物辩证法无论是在当今的历史研究还是在历史教学研究与实践过程中都依然具有强大的生命力。

（二）基于部分科学辩证法的教学设计

1. 历史发展的对立统一性

对立统一规律是科学辩证法的最根本的规律，是辩证法的实质和核心。对立统一规律就是事物矛盾运动的规律，因此，对立统一规律也叫矛盾规律，这个规律揭示了事物发展的源泉和动力，阐明了事物发展过程的实在内容。在方法论方面，这一规律要求我们看问题、做事情都要看到矛盾的两个

---

① 中共中央马克思恩格斯列宁斯大林著作编译局. 马克思恩格斯全集：第2卷[M]. 北京：人民出版社，1995：94.

方面，要看到正反两个方面的相互斗争、相互平衡、相互依存、相互转化，做到了这些就是坚持了"两点论"，看问题做事情就不至于简单、片面、僵化。而在具体的历史教学过程中，无论是分析历史背景、历史发展进程、历史事件的影响评价等各个方面都需要充分运用对立统一规律，避免机械片面地看待历史事件，从而更好地落实唯物史观这一核心素养。

教学设计 4-8

战争和平：新视野下重新看冷战

【设计意图】

在人教版必修二《两极格局的形成》一课里，提及"冷战"对历史产生的消极影响。传统观点都会援引课本内容，笔者引入"冷战对二战后全球化做出了贡献"这一最新的历史观点，意在突破学生的传统思维局限，将"冷战"和"布雷顿森林体系"这个重要的概念进行有效的联系，从而拓宽学生思考的广度和深度。更重要的是，这样的设计意在引导学生充分运用对立统一规律全面地看待和评价历史事件。

【设计方案】

教师设问：通过本节课对于"冷战"产生的历史背景、历史过程的学习，相信很多同学都对"冷战"有了非常丰富的认识。那么它对于整个世界历史产生了怎样的影响呢？是积极还是消极呢？还是两者皆具呢？

学生1回答：我认为"冷战"的影响是消极的，首先它并没有给世界带来和平，反而加剧了冲突和动荡，比如朝鲜战争、越南战争的爆发，都是对世界和平的一种破坏。

学生2回答：我也认为"冷战"不仅造成了世界的冲突和动荡，而且造成了一些国家的分裂。比如德国和朝鲜，至今朝鲜问题没有得到妥善解决。但是"冷战"期间美苏两国展开军备竞赛，也在推动科技的发展和进步，这些都是"冷战"带来的影响。

教师讲述：两位同学分析得非常好，冷战的确对于二战后的世界造成了毁灭性的打击。它将世界分裂成两个方面，并且导致全世界的国家和人民都生活在一种核威胁之下，极大破坏了世界的和平。但是唯物史观告诉我们，对任何历史事物的分析都要遵循客观、公正、全面的态度，尤其要学会用科学的辩证法去分析历史问题，解决问题，那么冷战有没有产生一些积极的影响呢？我们看一组学术界最新的资料。

材料一　欧洲在1792—1945年的153年中发生了23场战争，平均造成2 820万人死亡。但冷战期间欧洲没有发生一场战争。

——约翰·米尔斯海默《大国政治的悲剧》，上海人民出版社，2008年

学生回答：从这段材料所提供的数据来看，冷战虽然伴随着热战，但在一定程度上保证了世界处在一种相对和平的状态。

材料二　冷战的最终作用是一体化而不是非一体化，虽然它造成了东西方深刻的分裂，但是这种分裂却为西方内部的一体化整合服务，并且潜在地为冷战后形成单一的全球体系作出贡献。

——叶江《大变局：全球化、冷战与当代国际政治经济关系》，上海三联书店，2004年

教师设问：谁知道二战后美国推动"西方一体化"和"全球化"的体现？

学生回答：美国对欧洲的援助，促进欧洲经济的恢复，这就为它走向联合奠定了重要的物质保障。而二战后由美国所倡导建立的布雷顿森林体系和国际贸易体系，虽然保障了美国的霸主地位，但是使得世界经济朝着体系化、制度化方向发展。

材料三　冷战期间，资本主义为避免大危机再次发生，纷纷改变形象，加强国家对经济的干预，建立广泛福利制度。

——白建才《美苏冷战史》，陕西师范大学出版社，1996年

学生回答：二战结束后，美国继续加大了对本国经济的干预，而苏联也进行了一系列经济体制改革，这实际上也体现出美苏两国并非完全的对峙，至少经济政策方面两国有着一定的借鉴。

教师总结：从以上的分析，我们可以得出"冷战"这一影响将近半个世纪的重大历史事件，我们对它的评价不能孤立、片面，而要全面、客观、辩证地评价，尤其要注意到冷战对于世界和平的破坏和让世界半个世纪保持的相对和平这两个看似相反对立的观点，恰恰体现了历史发展的对立统一性这一重要辩证法思想。

【案例总结】

本片段展现的是科学辩证法在历史概念教学过程中的运用。学生通过阅读史料，明白对同一历史事物会有不同的解释，并能对各种历史解释加以辨析和价值判断，从而学会透过历史表象发现其根本问题的能力。而在这个过程中，教师最重要的不仅仅是教授学生历史的知识，而更重要的是教授学生一种思考问题的角度和方式，教会学生学会运用科学辩证法核心内容"对立统一规律"去全面客观地看待历史问题。

2. 人类社会发展客观规律性

马克思主义揭示了人类社会就像自然界一样有自身不以人的意志为转移的规律性。恩格斯在1883年3月17日马克思墓前的讲话中指出："正像达尔文发现有机界的发展规律一样，马克思发现了人类历史的发展规律，即历来为繁芜丛杂的意识形态所掩盖着的一个简单事实：人们首先必须吃、喝、住、穿，然后才能从事政治、科学、艺术、宗教等等；所以，直接的物质的生活资料的生产，从而一个民族或一个时代的一定的经济发展阶段，便构成基础，人们的国家设施、法的观点、艺术以至宗教观念，就是从这个基础上发展起来的，因而，也必须由这个基础来解释，而不是像过去那样做得相反。"[①]这样一个规律的揭示，不仅使人们认识历史发展有了清晰的逻辑线索，而且为人类发展指明了共产主义的方向。习近平总书记站在无产阶级政治家的高度始终强调人类发展规律的客观性。他在一系列重要讲话中多次提到重视人类发展规律的重要性，在2013年1月5日新进中央委员会委员、候补委员学习党的十八大精神研讨班上的讲话中指出："事实一再告诉我们，马克思、恩格斯关于资本主义社会基本矛盾的分析没有过时，关于资本主义必然消亡、社会主义必然胜利的历史唯物主义观点也没有过时。""资本主义必然灭亡、社会主义必然胜利"是历史发展不可逆转的总趋势，也是历史演进的必然规律，是由社会发展的一般规律决定的，是社会形态从低级向高级不断发展的结果。

[①] 中共中央马克思恩格斯列宁斯大林著作编译局. 马克思恩格斯主集：第3卷 [M]. 北京：人民出版社，1995：776.

教学设计 4-9

警惕历史虚无主义——苏联解体原因再分析

【设计意图】

本案例是2017年人教版高中历史必修一第27课《世纪之交的世界格局》第一子目"东欧剧变与苏联解体"的重要内容。吸取苏联解体的经验和教训,对于当前中国乃至世界的社会主义运动发展与方向,有着重要的借鉴和现实意义。在设计这个教学案例时,教师寻找最新的历史资料,从反对历史虚无主义这一角度出发重新解读苏联解体的原因,引导学生树立正确的唯物史观,认识到人类历史发展是前进性与曲折性的统一,从而深化对人类社会发展客观规律性的认识。

【设计方案】

教师讲述:1991年12月25日,在克里姆林宫上空飘扬的苏联国旗颓然跌落,三色旗随后升起。苏共亡党是20世纪世界社会主义运动最惨痛的历史教训,苏联在没有外敌入侵和自然灾难的情况下顷刻土崩瓦解,"红旗落地"铸就了一个大国的苦难,也留下了巨大的历史谜团。认真总结苏共亡党、苏联解体的历史教训,铭记20世纪遗留下的这一沉痛的政治遗产,对于世界社会主义运动重新走向复兴,具有重要而深远的意义。

教师设问:仔细阅读课本,总结分析戈尔巴乔夫改革主要从哪几个方面进行?主要内容分别是什么?

学生1回答:戈尔巴乔夫的改革主要从经济、政治两个层面开展进行,经济层面从根本上触动了经济体制,打破单一的公有制形式,允许个体经济存在。而后又提出了"加速发展战略",把重点放在重工业上,使原本就畸形的经济结构更加失调。

学生2回答:政治方面他以"人道的民主的社会主义"取代科学社会主义,提倡所谓的"民主化"和"公开性",在经济改革濒临崩溃的同时,又使苏联的政治改革走进了误区。

教师讲述:同学们归纳得非常好,我们看到,无论是经济的改革,还是政治的改革,戈尔巴乔夫的改革都是不彻底的,更是不成功的。可以说,正是因为戈尔巴乔夫不正确的改革将苏联引向了解体。事实上，苏联的解体是各方面因素共同作用的结果。接下来我们看这段材料。

材料一 1956年2月24日，赫鲁晓夫在《关于个人崇拜及其后果》的秘密报告中讲到，斯大林滥用权力，违背了列宁处理党内斗争的原则和方法，并且抛弃了列宁说服教育的工作作风，把党内的正常争论看成是对敌斗争，走上了大规模镇压和清洗的道路，这一切都是斯大林个性缺陷和个人品质所致。赫鲁晓夫的报告使克里姆林宫外的普通群众感到震惊，人们忽然发现他们追随的领袖手上沾满了血腥。80年代中期，戈尔巴乔夫上台，在文化领域大搞新自由主义，将思想领域的混乱进一步扩大化。戈尔巴乔夫要求重新编写历史教科书，声称要继续60年代未完的事业，恢复历史公正。其所谓的"历史公正"就是彻底否定斯大林，进而批判列宁，动摇社会主义制度，推行戈尔巴乔夫自己全面右倾的"新思维"。

——欧阳向英《从苏联解体看历史虚无主义的危害》，《红旗文稿》，2018年第6期

教师设问：在这段材料里，你得到什么信息？

学生1回答：戈尔巴乔夫的失败不仅在经济和政治领域，而且在思想领域引起了混乱。

学生2回答：苏联在思想领域的混乱从赫鲁晓夫对斯大林全盘否定开始，戈尔巴乔夫则更进一步加剧了这种混乱。

教师总结：从这段材料里我们不难看出，戈尔巴乔夫的失败不仅仅是经济和政治方面，还有意识形态领域的失败。对历史以及历史人物的评价，缺乏公正和客观的标准，不去具体分析当时的历史背景和个人情况，文过饰非、全盘推翻、模棱两可和以偏概全都是历史虚无主义的体现，这一思潮恰恰是与历史唯物主义和科学辩证法思想严重背离。

材料二 1991年11月，英国前首相撒切尔夫人在美国休斯敦召开的一次会议上，围绕着"我们是怎样瓦解苏联的"这个主题发表演讲，提出"苏联是一个对西方世界构成严重威胁的国家"，她特别强调这主要不是指的军事威胁，而是经济上的威胁，"借助计划政策，加上独特的精神上和物质上的刺激手段相结合，苏联的经济发展指标很高。……苏联完全有可能将我们挤出世界市场"。正是按照西方的谋划和意图，通过戈尔巴乔夫、叶利钦这样一些叛徒窃

据了苏联领导权，把苏联送上了一条不归之路。所以，撒切尔夫人通过同戈尔巴乔夫会面摸底之后，也作出了自己的判断："这是个可以与之打交道的人……他值得信赖。"后来这位铁娘子无不自豪地说："是我们把戈尔巴乔夫提拔起来当了总书记。"戈尔巴乔夫在总书记的位子上坐了6年，同美国总统会见了11次，而每次都以牺牲苏联的利益为代价，首先满足西方的利益。

——梁柱《毛泽东的科学预见与苏联解体的历史教训》，《环球视野》，2011年367期

材料三 邓小平于1988年就指出："我们过去照搬苏联搞社会主义的模式，带来很多问题。我们很早就发现了，但没有解决好。我们现在要解决好这个问题，我们要建设的是具有中国自己特色的社会主义。"

——《邓小平文选》（第3卷），人民出版社，1993年

教师设问：透过这段材料得出怎样的历史信息？苏联解体除了内部因素之外，是不是还有其他方面的因素？

学生回答：苏联的解体不仅在于内部出现的危机，还在于西方资本主义国家对其长期以来的颠覆和渗透。

教师讲述：从以上的分析我们可以得出，苏联的解体是多方面因素共同作用的结果，但是苏联的解体并不意味着社会主义制度的失败，它正是人类社会发展道路上曲折性和前进性的体现。以史为鉴，我们更要吸取苏联解体的经验和教训，警惕历史虚无主义对我们思想的侵害，用正确的历史唯物主义思想武装自己。

【案例总结】

本案例选取了"苏联解体的原因"探析这个知识点，从"反对历史虚无主义"这个对学生来说相对陌生的概念出发，分析了历史虚无主义对苏联解体所造成的消极影响。历史虚无主义站在历史唯物主义的反面，是一种反动的唯心史观，绝不能听之任之，任由其虚无掉我们党领导人民建立的丰功伟绩和人民对社会主义事业的信心。在历史教学工作中，广大教师更要坚持用唯物史观来认识和记述历史，把历史结论建立在翔实准确的史料支撑和深入细致的研究分析的基础之上，以科学的态度对待唯物史观，坚持不懈地开展对历史虚无主义的批判斗争，取得反对历史虚无主义斗争的彻底胜利。

五、阶级与民族国家

（一）阶级的基本内涵

自原始社会瓦解以后，"至今一切社会的历史都是阶级斗争的历史"[①]。这是作为全世界共产党人共同纲领的《共产党宣言》第一句话，这句话开宗明义地点明了阶级斗争理论在马克思主义中的地位。马克思主义者在谈论阶级社会的一切社会问题时，始终不能离开分析阶级关系的正确立场，不能离开阶级观点和阶级分析方法，因为"阶级关系——这是一种根本的主要的东西，没有它，也就没有马克思主义"[②]。只要存在阶级，列宁的这一论断就不会过时。

唯物史观认为阶级斗争是阶级社会历史发展的基础和伟大动力，阶级斗争理论是了解和把握阶级社会发展的一把钥匙。阶级和阶级斗争是人类社会发展到一定阶段的产物，"阶级的存在仅仅同生产发展的一定历史阶段相联系，阶级斗争必然导致无产阶级专政，这个专政不过是达到消灭一切阶级和进入无阶级社会的过渡"[③]。

在高中历史的教学实践过程中，同样处处可见"阶级和阶级斗争"这一重要学说的体现。无论是西欧资产阶级革命推翻封建阶级广泛资产阶级代议制政体，还是苏俄的十月革命、俄国的无产阶级推翻资产阶级统治建立世界历史上第一个社会主义国家，抑或是中国资产阶级推翻封建阶级的辛亥革命、无产阶级推翻封建阶级和资产阶级的新民主主义革命，都充分体现了马克思关于阶级学说这一论断的正确性。因而，在日常的教学中如何进一步挖掘马克思关于阶级和阶级斗争的深刻内涵，重视阶级和阶级斗争的重要性，更是落实唯物史观的重要体现及途径。

[①] 中共中央马克思恩格斯列宁斯大林著作编译局. 马克思恩格斯选集：第1卷[M]. 北京：人民出版社，1995：272.

[②] 中共中央马克思恩格斯列宁斯大林著作编译局. 列宁全集：第41卷[M]. 北京：人民出版社，1986：92.

[③] 中共中央马克思恩格斯列宁斯大林著作编译局. 马克思恩格斯全集：第4卷[M]. 北京：人民出版社，1995：425-426.

（二）基于阶级观点的教学设计

>>> 教学设计 4-10

战后资本主义经济调整与变化
——当代西方国家阶级斗争是否存在？

【设计意图】

随着战后资本主义经济的大力调整和变化，国家干预经济、福利国家和"人民资本主义""经营者革命"等新调整、新变化广泛出现，很显然，与工业革命时期相比，西方工人阶级的阶级意识呈现出弱化的状态。贫富差距缩小、中产阶级、"新中间阶层"等新概念出现，资产阶级和无产阶级对立意识逐渐弱化。那么，这些新形势的出现，是否意味着当代资本主义社会阶级斗争已经不复存在？马克思关于阶级斗争的理论已经过时呢？带着这些疑问，教师对这节课做出如下的设计。

【设计方案】

教师讲述：恩格斯指出"资产阶级和无产阶级这两个阶级是由于经济关系发生变化，确切些说，是由于生产方式发生变化而产生的"[①]，这就表明，经济地位和经济利益在培育、发展、维护和弱化阶级意识方面具有根本性的决定性作用。在前工业革命时代，工人们通过捣毁机器运动产生的失望而引发不自觉的行动，而后又通过不断的社会斗争形成"阶级意识"。但是，随着工人阶级生活水平和工作待遇的提高，当代工人阶级的阶级意识呈现出趋于弱化的状态。我们一起探究其弱化的主要原因。

材料一 自20世纪70年代以来，西方国家不断强化意识形态领域的斗争，在对外方针方面，西方发达国家极力推行"和平演变"的战略取得成效，在对内方面，西方资产阶级力图在全社会宣传和推广"中产阶级"理念，以此削弱、取代资产阶级和无产阶级根本对立的观念。随着战后经济的复苏和发展，大批制造业工人由于工资待遇的提高和福利待遇的增加进入中产阶层行列。这种"中

---

① 中共中央马克思恩格斯列宁斯大林著作编译局. 马克思恩格斯选集：第4卷［M］. 北京：人民出版社，1995：250.

产阶级"概念逐渐取代了马克思主义阶级斗争学说。

——禚明亮《当代西方国家工人阶级意识弱化的表现及原因》，《马克思主义学刊》，2018年第2期

材料二 马克思很早就看到了职业和工作类型分化的本质，他认为这种情况没有改变工人依附于资本的事实。"粗俗的"人的理智把阶级差别变成了钱包大小的差别，把阶级矛盾变成了"各行业的争吵"。

——马克思、恩格斯《马克思恩格斯选集》（第4卷），人民出版社，1995年

教学设问： 战后"中产阶级"概念取代"阶级斗争"理论是否意味着当代资本主义社会阶级矛盾已经消失？

教师讲述： 诚然，战后工人阶级的待遇和生活水平相比从前有了较大程度的改进，但这并不意味着阶级矛盾的消失，实际上，阶级矛盾和阶级斗争并未消除，阶级矛盾反而更加扩大，资产阶级剥削的方式也越来越隐蔽，鼓吹"中产阶级"实质上就是混淆阶级界限，掩盖阶级矛盾。

材料三 英国工人阶级之所以能够如此强烈的反抗有产者的暴政，应当归功于他们所受到的教育，或者更确切地说，应当归功于他们没有受过教育。

——马克思、恩格斯《马克思恩格斯选集》（第4卷），人民出版社，1995年

教师设问： 从这段材料，我们可以得出什么结论？

教师讲述： 马克思认为，社会存在决定社会意识，而工人阶级意识的觉醒来源于工人所拥有的现实的物质生活条件，处在资产阶级压迫境遇中的工人阶级有着极强的革命欲望。因此不难看出，在资本主义发展早期阶段，阶级分化日益尖锐，反抗的精神日益深入。而随着第三次科技革命和生产力的迅速发展，资产阶级纷纷调整统治策略，实行许多缓和阶级矛盾的措施，表面上呈现一种平等、福利的假象，从而麻痹了工人阶级的政治觉醒。

材料四 在资本主义生产的进展中，工人阶级日益发展，他们由于教育、传统、习惯而承认这种生产方式的要求是理所当然的自然规律。

——马克思《资本论》（第一卷），人民出版社，2004年

> 教师讲述：这段马克思在《资本论》中的经典论述，在今天看来，依然具有振聋发聩般的影响。简单地说，马克思很早就指出，资本主义将产生一个它所需要的工人阶级，而这个阶级将资本主义的存在视为一种普遍常识。因此，即使工人们为了提高工资、改善工作环境而斗争，但只要他们将资本主义视为"理所当然的规律"，这些斗争就只会局限在资本主义的框架之内，最终，工人将依附于资本，这意味着面对资本主义危机，工人们的斗争只是为了维持自己的待遇。
>
> 【案例总结】
> 英国学者麦克莱伦曾认为，工人阶级的意识形态——唯物史观是资本主义生产方式的重要产物，也是马克思主义最重要的遗产，本课例聚焦关于这一阶级斗争理论是否在西方当代国家存在这一有争议性的话题，通过带领学生重读经典，学习并深刻理解马克思理论的科学性和前瞻性，并让学生深刻认识到，虽然战后资本主义国家出现了一些新的现象和新的调整，但是阶级矛盾和阶段斗争依然存在，了解到当下资产阶级侵略方式的隐蔽性，昭示了当下工人阶级所肩负的历史使命。

（三）民族的基本内涵

马克思在 1843 年发表了《论犹太人问题》一文，在文中马克思首次阐明了民族问题与社会革命的关系。在《神圣家族，或对批判的批判所做的批判》中明确指出："古往今来每个民族都在某些方面优越于其他民族。"[1] 随后在《共产党宣言》中，马克思、恩格斯一方面揭示了"人对人的剥削一消灭，民族对民族的剥削就会随之消灭。民族内部的阶级对立一消失，民族之间的敌对关系就会随之消失"[2]；另一方面提出了国际主义和爱国主义相统一的原则。

由此可见，民族问题是马克思主义非常重要的环节，其蕴含非常丰富的思想内涵：民族共同体的形成与发展；民族—国家是资本主义时期的通例；

---

[1] 马克思，恩格斯. 神圣家族，或对批判的批判所做的批判 [M] // 中国社会科学院民族研究所. 马克思恩格斯论民族问题：上册. 北京：民族出版社，1987：46.

[2] 马克思，恩格斯. 共产党宣言 [M] // 中国社会科学院民族研究所. 马克思恩格斯论民族问题：上册，北京：民族出版社，1987：131.

资本主义发展进程中民族问题的两个历史趋势；影响民族关系的决定因素；铲除私有制是解决民族问题的根本任务；无产阶级对待民族问题的基本立场；民族问题是社会革命总问题的一部分；无产阶级必须取得民族国家的政权；无产阶级必须反对资产阶级民族主义、倡导国际主义；殖民地民族的觉醒与民族解放运动；民族解放运动与无产阶级革命的关系；无产阶级的民族平等观是彻底的民主原则；无产阶级的民族自决权；各民族无产阶级联合的多民族国家观；无产阶级的社会主义民族文化观；地方民族自治权与国家民主集中制；民族利益的价值必须符合无产阶级革命的利益；民族多样性与社会主义道路的多样性；社会主义时期实现各民族完全平等的重要任务；无产阶级专政条件下民族问题的实质；社会主义时期民族融合的趋势与阶段；共产主义与民族融合、消亡。

（四）基于民族观点的历史教学设计

教学设计 4-11

民族区域自治制度历史沿革

【设计意图】

民族区域自治制度是我国的基本政治制度之一，是建设中国特色社会主义政治的重要内容。实践证明，这一制度的确立不仅有利于维护国家的统一和安全，保障少数民族人民当家作主的权利，更是马克思主义民族理论的重要体现，是马克思主义民族理论中国化的创新和体现。本课设计对新民主主义革命时期以来中国共产党民族政策变迁进行梳理分析，意在让学生掌握并了解民族区域自治制度的产生是新民主主义革命时期以来中国共产党对于民族问题长期重视并不断完善实践的结果，从而更好地落实并理解马克思主义民族理论这一深刻内涵。

【教学过程】

教师讲述：1954年我国第一部社会主义类型的宪法规定我国根本的民族制度是民族区域自治制度。事实上，这一制度的确立和形成经历了一个长期发展与实践的过程，本课我们就来梳理新民主主义革命时期以来中国共产党对于民族问题的演变历程。

材料一 当马克思主义传入中国时，中国共产党组织还是星星之火。共产党人于1922年7月首次提出了反帝反封建的民主革命纲领，受到第三国际影响提出"统一中国本部（包括东三省）为真正民主共和国"；"蒙古、西藏、回疆一部实行自治，为民主自治邦"；"在自治联邦原则上，联合蒙古、西藏、回疆，建立中华联邦共和国"。

——中共中央统战部《民族问题文献汇编》（一九二七年七月—一九四九年九月）

教师讲述： 这些解决民族问题的主张虽然还不具实践性，但是已充分表明中国共产党人很早就关注到中国社会的多民族特性，并试图在反帝反封建革命中解决民族问题。

材料二 1931年11月，中华工农兵苏维埃第一次全国代表大会通过的《中华苏维埃共和国宪法大纲》规定：在苏维埃政权范围内，不分民族和宗教信仰，在苏维埃法律面前一律平等。并强调指出中华苏维埃的任务就是"要努力帮助这些弱小民族脱离帝国主义、国民党、军阀、王公、喇嘛、土司等的压迫统治，而得到完全的自由自主"。

——中共中央统战部《民族问题文献汇编》（一九二七年七月—一九四九年九月）

教师讲述： 这段材料表明，在国共十年对峙时期，中国共产党已经对国内民族问题有了较为系统和全面的认识，更难得可贵的是，中共已经开始将马克思主义民族观点进行中国化的改造，并以阶级分析的方法厘清了当时的民族关系核心，即受帝国主义与中国军阀、地主、资本家压迫、剥削与屠杀的不仅只是少数民族的劳苦群众，也有汉族的劳苦群众。

材料三 1938年9月，毛泽东在党的六届六中全会的报告中详细论述了抗日战争时期的民族工作，其中包括各民族平等，在共同对日原则之下，少数民族有自己管理自己事务之权，同时与汉族联合建立统一的国家，尊重各少数民族的文化、宗教、习惯，赞助他们发展自己的文化教育，纠正大汉族主义等内容。正是在抗日战争时期，中国共产党人已经开始在陕甘宁边区进行了民族自治的实践，在属于边区的定边、曲子、伊克昭盟、正宁等县先后建立了一批回族和蒙古族的自治区、乡。少数民族在这些地方选举本民族的干部，自己管理自治区、乡内的事务。

——揣振宇《马克思主义民族理论：解决中国民族问题的行动指南》，国史网，2010年3月

教师讲述：在抗日战争时期，民族问题不断丰富和完善，民族平等、民族自治等重要原则都进行了实践。

材料四 解放战争伊始，党提出了《和平建国纲领草案》，主张"在少数民族区域，应承认各民族的平等地位及其自治权"，并在内蒙古地区领导了建立自治政权的斗争。中国共产党人在内蒙古领导各族群众根据中央的指示，粉碎了分裂主义分子分裂内蒙古的阴谋，说服一些人放弃了"独立自治"的错误主张，终于在1947年5月建立起了内蒙古自治区。这是中国第一个完全意义上的民族自治区，它的建立为在中国全面实施民族区域自治制度提供了宝贵经验。

1949年中国人民政治协商会议筹备期间，中央正式确定中国实行统一国家条件下的民族区域自治制度，并在《中国人民政治协商会议共同纲领》中作了明确规定，以后的宪法也都加以重申。民族区域自治由此成为我国解决民族问题的基本政治制度和政策，正是这项制度大大推进了中国社会的全面整合和各民族关系的不断进步。

——揣振宇《马克思主义民族理论：解决中国民族问题的行动指南》，国史网，2010年3月

教师讲述：解放战争时期，我国已经建立了第一个完全意义上的民族自治区，它的建立为民族区域自治制度提供了宝贵的经验。而共同纲领更是以法律形式第一次确立了民族区域自治制度的形成。

【案例总结】

本课重点讲述了自新民主主义革命时期以来，中国共产党的民族政策、民族区域自治制度发展沿革，梳理了从中共二大开始至通过《中国人民政治协商会议共同纲领》对民族问题的重视和不断完善的历程，这个历程有助于让学生更好地理解民族区域自治制度的深刻内涵，更重要的是，该课例也体现了马克思主义民族观点中国化不断发展完善的历程，它正是把马克思主义同中国具体国情相结合的典范。

唯物史观 的教学设计与学业评价

第三节　历史唯物主义素养的分层与教学设计

唯物史观是中学历史教学的核心和灵魂,《普通高中历史课程标准（2017 年版）》中指出，历史学是在一定历史观指导下叙述和阐释人类历史进程及其规律的学科。如何探寻历史真相，总结历史经验，认识历史规律，顺应历史发展趋势，如何在唯物史观指导下培育学生的历史唯物主义素养，教师不仅要深谙历史唯物主义的理论和方法，更要将其融入日常，将唯物史观与实际教学、现实生活紧密结合，引领学生形成基本的理论素养，以增强学生的历史意识和实事求是的科学态度。

一、融会贯通：理解历史唯物主义的基本原理和内容

在历史教学过程中，学生除了掌握基本的时间线索、历史史实以外，更重要的是透过纷繁复杂的历史现象厘清历史发展脉络，能够发现问题、分析问题，对历史问题进行综合阐释和解析，这些学科能力的形成需要正确的方法引领，历史唯物主义无疑是科学的理论和方法指导。而教师在其中又发挥着重要作用，因此在对学生进行历史唯物主义素养培养的过程中，应关注以下几个方面。

（一）教师应具备扎实的历史唯物主义理论功底

新的课程标准对于唯物史观的理论指导作用进行了科学的论述：结合新时代的发展需要，坚持马克思主义科学的世界观、方法论，培养学生辩证的唯物史观，形成良好的道德品质和优良的行为习惯，重视对青年学生日常信念、共产主义理想和中华民族优秀传统道德品质教育，塑造有理想、有志向、有担当，有高度的民族心、自信心、自尊心的一代新人。

在实际的课堂教学中，教师应具备深厚的学理，正确鲜明的立场和观点，切不可将主观臆断、断章取义、个人随意发挥，甚至错误、片面的、肤浅的观点传授给学生，自觉抵制一切丑化历史、用历史唯心主义方法混淆唯物史观、盲从西方唯心主义史观的错误倾向。同时，教师应指导学生，以历史唯物主义的理论和方法为指导，对人类历史的发展进行实事求是的叙述，运用正确的史观评判历史与现实中的大是大非问题，使学生正确地认识历

史，反对历史虚无主义。[①]

教师对历史唯物主义基本原理掌握的程度影响日常教学中学生历史唯物主义素养培育的程度。教师应重视对历史唯物主义教学的研究，可定期开展学术研讨活动、原典读书分享会、教学设计、案例展示课或同课异构课，开展多种形式的理论学习和交流，不断提高理论学养水平。

（二）教师应将经典原理与教学实践融会贯通

教师在教学中要将唯物史观活化，引导学生形成基本的理论判断，并准确应用唯物史观的相关理论客观、全面地认识和评价历史。随着高中生知识体系的丰富，在掌握了历史唯物主义原理的基础上，他们不仅能够在唯物史观指导下对具体的历史问题形成基本的判断，还应在唯物史观的指导下，运用原理解释历史问题，探寻历史真相，总结历史经验，认识历史规律，把握历史发展趋势，形成科学的历史认识。在这一能力培育和达成的过程中，教师不仅要兼顾理论的深度和高度、教学智慧、情境创设、思路引领、问题探究等方面，而且要从符合学生的认知和理解程度上选取适当的材料，既能潜移默化渗透唯物史观，又能提升学生的价值认识和思维品质。

（三）注重历史唯物主义统领之下各核心素养的有机结合

历史唯物主义是科学的历史观和方法论，在理解历史唯物主义素养相关方面的过程中，除了关注以上两个基本的方面，还应注意在历史唯物主义的指导下，在各核心素养有机结合的基础上，引导学生形成正确、客观、全面、科学的历史问题分析方法，避免简单、生硬地套用原理。将历史问题置于特定的时空环境中，以历史唯物主义的相关理论为指导，放宽历史的视野，客观叙述历史史事，多向度探寻历史事物的本质，形成科学、辩证、合理的历史解释，激扬家国情怀，引导和塑造学生积极、正向的价值观念。

在历史教学实践中，历史唯物主义素养的培育是历史学科核心素养达成的基础和理论保证。这一素养的形成和体现不是生硬的灌输，是师生在日常的学习探讨互动中不断融汇，更是教师将理论原典转化为教学智慧，最后在学生身上生出素养之花、春风化雨的过程。

以下结合具体的教学设计加以说明。

---

① 刘家和，郑谦. 历史教材：强化唯物史观的培养［N］. 光明日报，2016-09-13.

工业革命前的英国社会结构

【设计意图】

15、16世纪之交,人类历史发生了重大转折,世界整体化进程初露端倪,世界历史进入近代时期。引发这一重大转折的,是西欧社会经济、政治和文化方面的一系列变革和对外扩张,根源是西欧社会生产力的发展,社会分工的扩大和商品生产的增长。在资本主义萌芽出现较早的英国,社会阶层结构的变动尤为鲜明,对后来工业革命的发生产生了重要影响。本设计意在通过史料研读,丰富学生对于工业革命前英国社会的了解,引导学生形成对社会阶层结构变化原因的分析和概括,进而理解唯物史观"生产力决定生产关系"即物质生产是社会发展的根本这一原理,深化对工业革命前后英国社会变化的认识。

【设计方案】

材料一 从17世纪末开始,一种追求进取的精神开始在全英国弥散,并得到社会的承认与鼓励,结果激发了人的创造力,引发出技术大革命,这是工业革命重要的文化和社会因素。到18世纪,英国的手工工场已经非常普遍。随着英国社会经济结构出现的变动,社会结构的变动也在原有等级结构的外表下缓缓进行。到18世纪中叶,英国基本模糊地形成为土地贵族、中产阶级和劳动者这样较独特的三层式社会阶层结构。

——钱乘旦《谈谈英国工业革命中人的欲求因素》,《江苏社会科学》,1992年第6期

教师设问:17世纪末到18世纪中叶,英国社会阶层结构经历了怎样的变化?引发变化的原因是什么?

教师讲述:随着新航路开辟后世界市场的形成,英国加入海外殖民扩张掠夺行列,海外市场不断扩大,商业冒险、金融投机、海外掠夺等商业活动积聚了大量的商业资本,大大推动了资本主义商品经济的发展,瓦解着自然经济。引发这一系列变动的因素,归根结底是社会生产力的发展,推动着资本主义经济的发展、资产阶级产生并发展,新兴资产阶级为赚取利润,扩大再生产,采用以雇佣为基本特征的资本主义的生产方式组织生产,手工工场如雨后春笋

般涌现。随着资本主义生产关系的产生和资产阶级力量的壮大，阶级结构和阶级关系改变，提供了一个手工业者、农民可能因为发明或投机上升为企业主或富商的机会，培育了一批新兴的社会阶层，而地主、商人也有可能因为经营不善沦为雇工，由此形成了英国社会"贵族—农民"到"贵族—中产—劳动者"三层式社会结构的变化，这一结构完全不同于原有的封建的等级结构，是与新的生产力发展水平相适应的，并不断推动着生产力的发展，直至工业革命取得了生产领域中的变革式飞跃。

材料二 "合理谋利"精神主要起源于新兴的市民等级。市民等级是一个复杂的组合体，它包括手工艺匠人、商人、雇工、作坊老板，以及所有居住在城镇中的人，市民在英国的社会经济生活中，是一个极有活力极为重要的群体，从这个市民等级中，发展出后来的城市中等阶级。

——钱乘旦等《在传统与变革之间——英国文化模式追溯》，浙江人民出版社，1996年

教师设问： 综合材料一、二，试析工业革命前英国社会结构变动的积极作用。

教师讲述： 唯物史观认为，生产力决定生产关系，生产关系对生产力具有一定的反作用。随着近代民主政治的确立，英国资本主义经济的发展，新兴的社会阶层、阶级不断成长，英国社会逐渐形成了日益增大且复杂的中间阶层，社会具有更多的开放性和流动性，激励人们创新、进取。生产力是推动人类社会不断进步发展的物质力量，而人作为生产力中的活跃因素，不仅从事生产、发明工具、革新技术，创造物质财富，同时也是具有很强的能动性和创造性的精神载体。近代英国社会结构因生产力的不断发展而变动，同时也在资本主义的市场机制下激活了新兴阶层"技术创新""谋利精神"，从而将市场机制与个人合理谋利相结合，大大推动了资本主义经济的发展，为英国工业革命的进行奠定了精神和文化基础。

【案例总结】

工业革命首发英国不是偶然，是合力作用的结果。本课通过对工业革命前英国社会结构变动原因及作用的分析，意在培养学生运用唯物史观的重要原理——生产力决定生产关系的相关内容探究历史现象的本质，重视生产力中人的因素及其能动作用。

唯物史观 的教学设计与学业评价

教学设计 4-13

从民心角度看人民解放战争的胜利

【设计意图】

解放战争时期，不仅是国共两党战略对决的重要时期，也是中国前途、命运转折的重要时期。人民选择、拥护中国共产党，响应和支持人民解放战争，成为解放战争胜利的重要保障。中国共产党在领导中国新民主主义革命取得胜利的过程中积累了丰富的经验，其中一个重要的原因是党代表中国最广大人民的根本利益，始终保持同人民群众的血肉联系。党始终把体现人民群众意志和利益作为一切工作的出发点和归宿，始终从人民群众的智慧和力量中汲取推动革命事业前进的不竭动力，逐步形成一套关于相信群众、依靠群众、从群众中来到群众中去的群众路线。这也是中国共产党不断取得胜利的重要保证。本设计意在使学生在对材料理解的基础上，以唯物史观为指导，理解人民群众是历史的创造者，是推动历史前进的决定力量。

【设计方案】

材料　长期积淀的民族主义情感是民众反蒋拥共的最根本原因。解放战争时期国民党实行的勾结敌伪，献媚美国，镇压民主，发动内战，巧取豪夺，鱼肉百姓的内外政策，是逆历史潮流而动的，是不得人心的。共产党实行的力争国家主权，维护民族尊严，坚持和平民主，反对独裁内战，与民休养生息，分给农民土地，发展多种经济的政策，代表了最广大群众的利益，从而得到了民众的广泛支持。

——刘信君《人民选择了共产党——解放战争时期民众反蒋拥共心态研究》，《社会科学战线》，2001年第6期

教师讲述：历史唯物主义认为，人民群众是历史的创造者，是社会活动的主体，是社会发展的决定性因素。抗战胜利后，蒋介石无视国家、民族命运和人民的利益，继续发动内战，不得人心。中国共产党从民族、国家、人民的利益出发，对外力争主权，对内力求和平、民主，经过重庆谈判、政协会议，和平的努力终成泡影。

在内战不可避免的情况下，中国共产党高瞻远瞩，解决农民的土地问题，维护广大人民的切身利益，放手发动群众，建立反内战独裁的统一战线，不断扩大反蒋力量，用实践印证了"失人心者失天下，得人心者得天下"这一最基本的社会发展规律，因此民众的广泛支持是人民解放战争取得胜利的重要因素。

【案例总结】

历史是人民创造的，对于中学生而言，这个结论是清楚的，但认识并不深入。甚至有的学生对于国共合作取得了抗日战争重大胜利，国民党却又发动内战，国民党反共反人民的性质在认识上是有误区的。基于这些认识的误区，难以形成对这一阶段历史的正确认识和评价。因此在中国近代史，特别是中共领导新民主主义革命的历史学习过程中，教师应明确历史唯物主义的相关原理，运用阶级分析法，引领和明确学生的认识方向，突出中共以人民利益为重，在新民主主义革命阶段采取了一系列争取民族独立、民主权利的举措，得出历史是由人民创造并推动发展的深刻认识。同时，这一历史分析过程也恰恰印证了人民群众是历史的创造者，是推动历史前进的决定力量。

二、聚焦解读：高中历史课程内容中的历史唯物主义

历史唯物主义是一个完整的思想体系，内容极为丰富。囿于学习阶段所限，中学历史教学并不能全尽其深度和奥妙，但我们仍应当在现阶段让学生掌握基本的原理和方法。与此同时，要注意避免将历史唯物主义体系曲解成一个个割裂的公式，僵化地运用历史唯物主义原理去裁剪历史。如果我们看看马克思和恩格斯的著作，会发现两位作者一致拒绝在历史中公式化地运用历史唯物主义。实际上，大多数情形下，马克思和恩格斯在他们的历史研究中避免将关于历史发展进程中的法则做模式化和机械化的运用。恩格斯在针对保·恩斯特的评论中说："在历史研究中，如果唯物主义方法不被当做指导方针，而是当作现成的模式、以此来裁剪历史事实，那么它就会走向反面。"故而，在以历史唯物主义为指导思想时，要灵活运用，注意整合，方能使历史唯物主义成为影响学生终生的思想武器，运用到他们认识世界、改造世界的过程中去。

《普通高中历史课程标准（2017年版）》明确指出，普通高中历史课

程是运用历史唯物主义基本原理阐释人类历史发展进程和规律的基础课程。在教学中,应多方利用、开发资源,运用历史唯物主义解读课程内容。在新课标教学中,可采用主题式教学的方式,自拟主题探究,串联相关的课程内容,引领学生在比较、联系中串联古今中外史事,领悟历史唯物主义的普遍性、思辨性和科学性,体会历史唯物主义不是一个个割裂的原理,而是一个周密科学的思想体系。

以下试以主题式教学方式为例,权作引玉之砖。

教学设计 4-14

历史上革命中的历史唯物主义

【设计意图】

在中外历史纲要的必修课程中,当我们有意识地对它们进行整理归类时,会发现"革命"一词的确不只是政治革命。社会革命可分为经济革命、政治革命、思想革命,它们虽属不同范畴,但都能促进社会形态、社会制度发生根本性变革。因此,本设计意在通过主题探究设计,以使学生理解马克思主义革命观,驳正把革命等同于"政治革命"的偏见。通过历史唯物主义理论方法的引领,在对相关历史问题论证后更加认同马克思的经典论断,并训练学生的批判性思维,打开思维之门。

【设计方案】

材料一 在基本意义上,革命是马克思思想的主题。在经典马克思主义那里,革命观具有多个意义维度。首先具有自然意义,体现着人对自然的改造和人自身的改造,这也触及到了革命的道德维度。但对于马克思和恩格斯来说,革命最重要的是一个社会历史范畴,与一定的经济、政治、技术和意识形态相联系。

——马强强、关晓丽《革命观是马克思主义的理论轴心:塔克对经典马克思主义革命观的深刻分析》,《山西师大学报(社会科学版)》,2015年第4期

教师设问:根据材料,概括马克思主义革命观的主要内涵。

教师讲述:一谈到革命,人们首先想到的是政治革命。但在唯物史观的视域中,社会革命是一个整体有机过程,新的社会形态通

过社会革命这个有机整体过程而实现，政治革命仅仅是社会革命过程中最极致的表现而已。

中外历史纲要的内容中明确带有"革命"字眼的内容有辛亥革命、新民主主义革命、"文化大革命"、西方资产阶级革命、工业革命、十月革命。除此之外，文艺复兴、宗教改革、启蒙运动等思想解放运动也可以纳入"思想革命"的范畴。这与马克思的革命观相互印证。正如塔克对经典马克思主义的革命观的总结那样，马克思主义中革命的内涵是多面的，包括政治、经济、科学、哲学思想等方面。①关于思想革命的举例，我援用恩格斯的观点：欧洲资产阶级反对封建主义的伟大斗争在三个决定性的大战役中达到高峰。第一个在德国被我们称为宗教改革……资产阶级的第二次大起义……发生在英国……法国大革命是资产阶级的第三次起义。

材料二　革命是历史的火车头。

——中共中央马克思恩格斯列宁斯大林著作编译局《马克思恩格斯选集》（第1卷），人民出版社，1995年

教师讲述：这是马克思在《1848年至1850年的法兰西阶级斗争》中的观点。理解的前提是明确"革命""火车头"的含义。革命一词的含义已经在材料一中明确了。"火车头"是一种比喻，喻指起带头作用或领导作用而非决定作用。故而，材料观点为：革命推动历史发展。

材料三　革命是不能"制造出来"的，革命是从客观上（即不以政党和阶级的意志为转移）已经成熟了的危机和历史转折中发展起来的。

——中共中央马克思恩格斯列宁斯大林著作编译局《列宁选集》（第2卷），人民出版社，2012年

革命	诞生条件
英法美资产阶级革命	
启蒙运动等思想革命	
工业革命	

---

① 马强强，关晓丽. 革命观是马克思主义的理论轴心：塔克对经典马克思主义革命观的深刻分析[J]. 山西师大学报（社会科学版），2015（4）：29-33.

教师设问：以上述革命为考察对象，分析推动诸革命诞生的条件。

教师讲述：生产关系和生产力之间的矛盾，上层建筑和经济基础之间的矛盾，是推动一切社会发展的基本矛盾。在分析中，我们会发现它们的共性原因是生产力的发展使原生产关系不合时宜，原生产关系日益阻碍生产力的发展。随着经济基础的变化，整个巨大的上层建筑也或慢或快地发生变革。在阶级社会中，社会发展的基本矛盾，表现为阶级的对抗和冲突，表现为激烈的阶级斗争。阶级斗争必然要集中地表现为夺取国家政权的斗争，表现为社会革命，阶级斗争是阶级社会发展的动力。由此可见，新的生产关系通常是用革命的手段推翻旧的生产关系来确定的，从而推动社会进步。

革命	背景	过程	结果
英国资产阶级革命	（同）旧制度阻碍资本主义的发展	（同）都采用过革命的方式	（同）建立资产阶级代议制
	（异）	（异）	（异）君主立宪制
美国资产阶级革命	（同）旧制度阻碍资本主义的发展	（同）都采用过革命的方式	（同）建立资产阶级代议制
	（异）	（异）	（异）
法国大革命	（同）旧制度阻碍资本主义的发展	（同）都采用过革命的方式	（同）建立资产阶级代议制
	（异）	（异）	（异）

（续上表）

革命	背景	过程	结果
历史唯物主义原理	（同）1.社会历史发展有着自身所固有的客观规律。2.社会的发展主要是由社会的内部矛盾所推动的，生产关系和生产力之间的矛盾，上层建筑和经济基础之间的矛盾，是推动一切社会发展的基本矛盾	（同）1.社会历史发展有着自身所固有的客观规律。2.在阶级社会中，社会发展的基本矛盾，表现为阶级的对抗和冲突，表现为激烈的阶级斗争，阶级斗争是阶级社会发展的动力。阶级斗争必然要集中地表现为夺取国家政权的斗争，表现为社会革命。新的生产关系通常是用革命的手段推翻旧的生产关系来确定的。3.偶然性与必然性原理。4.在社会发展的历史上，不否认个人的作用，但是，人民群众才是历史的创造者。5.量变到一定程度才会引发质变	1.历史发展是有规律的。历史是从低级阶段到高级阶段发展。2.一种社会形态在其所允许的全部生产力展现出来之前绝不会没落，新的生产关系在其存在的物质条件尚未在旧母体中酝酿之前绝不会产生。3.封建主义和资产阶级社会之间的历史矛盾的辩证解决若不采取革命的形态，就会出现社会组织的过渡形式，如"官僚制"的出现，经济上早已超越封建主义的资产阶级将他们的政治权力转让给官僚体制，而不是自己掌握它

教师设问：新的生产关系通常是用革命的手段推翻旧的生产关系来确定的。能否举出一些反例，说明有的新的生产关系不是用革命手段去推翻旧的生产关系的？

教师讲述：德、日、俄等国资产阶级代议制民主的建立并不是通过革命手段，而是通过自上而下的改革。德、日、俄的这种方式，既能用生产力决定生产关系来解释，更能用上层建筑的反作用来解读。此外，二战后资本主义经济的调整、新中国社会主义市场经济体制的改革等都是通过用和平、合法手段调整生产关系，使之适应生产力发展。

材料四　改革是中国的第二次革命。

——邓小平《邓小平文选》(第三卷)，人民出版社，1993年

材料五　德意志帝国是一个革命的创造物——虽然是一种独特的革命，但并不因此就缺少革命性……革命仍然是革命，不管它是由普鲁士王权还是由一个补锅匠完成的。

——恩格斯

教师讲述：新的生产关系通常是用革命的手段推翻旧的生产关系来确定的。但任何事物的发展都是一个由量变到质变的过程。人类社会的发展也总是交替采取渐变和突变这两种形式，或者说表现为和平进化和革命变革这两种状态的交替。在通常的情况下，人类社会是以渐变的方式演进的，这时改良、改革对历史发展起着推动作用；当社会矛盾空前尖锐、不推翻现存的反动政权就不能改变陈腐的生产关系、解放和发展生产力，而推动变革的社会力量也相应地成长起来了，这时革命就会被提上议事日程，并成为历史发展的主要动力。①

采用革命或改革，要具体考察各个时期社会矛盾的特殊情况和历史特点，既不能无条件地排斥一切革命，也不能把改良绝对化、神圣化，"革命崇拜""改良崇拜"本身就是十足的主观主义、教条主义，它把复杂的社会历史问题极度地简单化了，因而是反历史的、反科学的。

【案例总结】

本设计围绕"革命"这一主题展开历史唯物主义指导下的"头脑风暴"，一方面引导学生明确与"革命"相关的历史概念、史实的含义，另一方面意在使学生认识到，建立科学理性的历史唯物主义认知观和方法论的重要性，避免公式化地运用历史唯物主义剪裁历史，把握住"与时俱进、实事求是"，并在此基础上深化"马克思主义并不是凝固不变的教条，而是观察国家命运的工具"这一认识。

---

① 沙健孙. 革命是历史的火车头：略论二十世纪中国的历史道路 [J]. 求是，1996（13）：23—27.

三、迁移活化：运用历史唯物主义原理分析新情境下历史事物的能力培育

《普通高中历史课程标准（2017 年版）》要求"引导学生深度学习，促进学生带着问题意识和证据意识在新情境下对历史进行探索，拓展其历史认识的广度和深度"。所谓"新情境"并不是指史学研究意义上学者新近提出的观点或发现的新材料，而是指学生在历史学习中，教材主干内容之外的新材料、新问题、新观点等。这些新材料、新问题、新观点的提出或者解读，可以拓展学生的历史学习视野，使其形成更为丰富完整的知识体系。同时，教师在备课、上课过程中要具备创设"新情境"的意识，鼓励学生提出问题，发散思维，多角度思考问题，引导历史课堂向深度学习的学术型课堂转变，提升学生的历史核心素养水平。

"学生能否应对和解决陌生的、复杂的、开放性的真实问题情境，是检验其核心素养水平的重要方面。"① 在能够解释判断历史唯物主义原理的前提下，学生应进一步具备运用历史唯物主义原理分析新情境下历史事物的能力。历史新情境有多种类型，主要包括学术情境、生活情境、社会情境、学习情境等方面。

以下将结合案例做具体说明。

（一）学习情境

学习情境，指在历史学习中遇到的问题，如史料、图表、历史叙述、史论等问题。② "史料、图表、历史叙述、史论等"是学生学习历史的主要素材。学生在学习的过程中，除了学会利用这些素材来分析、解决问题外，还需要掌握对历史学习素材的批判和质疑能力，学会独立思考，在史料中渗透历史唯物主义史观。

---

①② 中华人民共和国教育部. 普通高中历史课程标准（2017 年版）[M]. 北京：人民教育出版社，2018：59.

教学设计 4-15

鸦片战争中国失败的原因

【设计意图】

1840—1842年的鸦片战争是中国历史发展进程中一个非同寻常的标志。古老中国独立自主、闭关锁国的状态被打破，半殖民地半封建社会由此开始，中国近代史开启。当面对鸦片战争后签订的一系列不平等条约、丧失的一系列主权、社会发生的剧烈变动，我们不禁要问：中国为什么失败？这一问题从初中学习延续至高中学习，随着学生年龄、学识、经验的增长，教师应从历史唯物主义的角度引导学生分析鸦片战争中国失败的原因，力图从多个角度还原历史，帮助学生正确分析历史事件发生的原因，全面客观地了解鸦片战争中国失败的原因。

【设计方案】

教师设问：鸦片战争清政府为什么失败？

教师讲述：清政府的腐败，封建制度的落后是同学们在学习中得出的深刻认识。但是，这些结论性的论断不足以使我们全面了解鸦片战争中国战败的原因。让我们来看看同时代的马克思是怎么看待鸦片战争的。

材料一　1800年，输入中国的鸦片已经达到2 000箱。如果在十八世纪时期，东印度公司与天朝之间的斗争，同外国商人与中国海关之间的一般争执具有相同的性质，那末从十九世纪初叶起，这个斗争就具有了完全不同的特征……一个人口几乎占人类三分之一的幅员广大的帝国，不顾时势，仍然安于现状，由于被强力排斥于世界联系的体系之外而孤立无依，因此竭力以天朝尽善尽美的幻想来欺骗自己，这样一个帝国终于要在这样一场殊死的决斗中死去。

——马克思《鸦片贸易史》

教师设问：请同学们想一想，文中说的"完全不同的特征"指的是什么？文中指的"时势"是什么？（参考答案："特征"主要指鸦片贸易量剧增或转变为殖民侵略。"时势"主要指第一次工业革命后英国成为世界霸主，在全球范围内抢夺殖民地）

第四章　历史唯物主义素养与历史教学设计

教师讲述：实际上，马克思在那个时代就断定，清朝的灭亡是无可挽回的事实。这是基于历史唯物史观的一个基本的判断，那就是生产力的落后直接决定了晚清中国在当时世界的竞争力相当孱弱，是必定要挨打的。

材料二　中国政府在1837年、1838年和1839年采取了非常措施，这些措施的顶点是钦差大臣林则徐到达广州和按照他的命令没收、焚毁走私的鸦片；这成了第一次英中战争的起因，这次战争又使中国发生起义（太平天国运动），使帝国国库完全空虚，使俄国能够顺利地由北方入侵，使鸦片贸易在南方得到极大的发展。英国以签订条约结束了旨在维护鸦片贸易而发动和进行的对华战争，虽然鸦片贸易为条约所禁止，可是从1843年起，鸦片贸易实际上还是完全不受法律制裁。……英国政府在印度的财政，实际上不只是依赖对中国的鸦片贸易，而且正是依赖这种贸易的走私性质。如果中国政府使鸦片贸易合法化，同时允许在中国栽种罂粟，这意味着英印国库会遭到严重的损失。……英国政府公开宣传自由买卖毒品，暗中却保持自己对于毒品生产的垄断权。只要我们注意考察英国的自由贸易的性质，我们几乎可以处处看到，它的"自由"的基础就是垄断。

——马克思《鸦片贸易史》

教师讲述：从马克思的论述中，我们可以看出晚清政府禁绝鸦片的原因是挽救当时面临崩溃的帝国财政，维护统治。但是，我们可以看到英国在签订《南京条约》获取大量侵略权益后，仍同意鸦片在名义上被中国禁止，因为中国如果允许鸦片合法化，那么本国就可以生产鸦片，从而对英国制造的鸦片产生竞争。由此，英国发动鸦片战争的根本目的，就是市场独占，进行垄断。这就是历史唯物主义中所强调的，经济基础决定上层建筑，任何政治行为都是经济利益驱使下的产物。因此，当帝国主义的商品输出达到一定程度之后，随着贸易量的扩大，就产生了在殖民地国家建立生产基地的诉求，这也成了在第二次鸦片战争后的一个重要特征，那就是由商品输出转向资本输出，其本质仍然是经济利益的驱使。

【案例总结】

通过马克思对于鸦片战争的分析，将历史唯物主义经济基础决定上层建筑的原理渗透进历史教学，促使学生从深层次分析历史事件，了解历史进程，看清事件本质。

（二）学术情境

学术情境，指历史学术研究中的问题，如历史学家对某一历史问题有多种看法等。① 中学教师在日常备课中要广泛阅读，了解最新的历史研究动态，更新历史知识和观念，这样才能给学生更多思考的角度与空间。以下将通过案例具体说明如何营造新的学术情境，引导学生探讨特定时代下的历史事件和历史人物，激发学生深入研究历史的兴趣。

教学设计 4-16

评价王安石变法

【设计意图】

王安石变法是北宋时期重要的政治改革运动，变法以发展生产、富国强兵，维护赵宋政权统治为目的，涉及政治、经济、军事、社会、文化各个方面，是中国古代社会一次颇具社会进步意义的大变革。然而史学界对王安石变法的争议颇多，后世史学家对王安石变法评价各异，支持者认为王安石是伟大的改革者，反对者认为王安石是北宋灭亡的罪魁祸首。本设计意在引入史学界对王安石变法研究的新材料、新观点，通过学术情境的营建，帮助学生更好地理解经济基础和上层建筑的互动关系，以及特定历史条件下如何评价历史事件和历史人物。

【设计方案】

材料一　南宋以来，学者们普遍认为"王安石变法"（包括"熙丰改革"）失败了。我认为，王安石变法在当时确实失败了，但

---

① 中华人民共和国教育部. 普通高中历史课程标准（2017年版）[M]. 北京：人民教育出版社，2018：59.

是在某些领域、某些历史时段却取得了很大成效，并且具有深远的历史影响……

从避免亡国、恢复汉唐旧疆、重塑社会等远大理想和目标来看，王安石变法确实失败了，并且是惨不忍睹的大败……新法本身确有缺陷，实行一段时间后又出现新问题，理应实事求是地仔细甄别，及时纠错补缺……令人遗憾的是，王安石新法的内在缺陷未能加以完善却横遭破坏，使古老伟大的中华民族痛失战略机遇期。

——姜锡东《"王安石变法"的成败得失》，《光明日报》，2016-08-04

教师设问： 请同学们结合所学知识和材料，谈一谈你对王安石变法的看法。

教师讲述： 同学们刚才从王安石变法的内容出发，对变法的影响进行了正反两方面的评价。这样的评价看似全面，但实际存在缺陷。我们对一个历史事件的评价首先应该建立在全面了解和认识的基础上。王安石变法是北宋时期一场自上而下的政治改革运动，变法以发展生产、富国强兵，维护赵宋政权统治为目的，涉及政治、经济、军事、社会、文化各个方面，是中国古代社会具有一定社会进步意义的重大变革。我们应在这一前提下，根据变法的内容具体讨论王安石变法的功过是非。王安石是这场变法的主导者，同这场变法一样，王安石也是历来颇受争议的人物。

材料二

1. （北宋）欧阳修：吾知其人矣，是不近人情者，鲜不为天下患。

2. （南宋）朱熹：王介甫为相亦是不世出之资，只缘学术不正当，遂误天下。

3. （明）朱元璋：宋神宗用王安石理财，小人竞进，天下骚然，此可为戒。

4. 梁启超：三代以下唯一完人。

5. 邓广铭：王安石既有军政韬略，又有施政才能，是一个卓越的政治家。

6. 黄仁宇：王安石能在今日引起中外学者的兴趣，主要是他的经济思想和我们的眼光接近。

教师讲述： 以上列举了三位古代历史人物和三位近现代历史学

者对王安石的评价,同时代或与王安石时代接近的人,大多对其持否定态度。而到了近现代,历史学者对其往往持肯定态度。由此可见,时代背景、阶级立场等因素影响对历史人物的评价。

【案例总结】

正如前文所言,对历史事件的评价,我们首先要回答这个事物是什么。本教学设计中,首先,我们要认识到王安石变法的性质,在此前提下,再来运用全面的、一分为二的观点具体分析王安石变法的功与过。其次,历史唯物主义认为改革是生产关系对生产力的反作用。引导学生通过分析王安石变法的内容来分析其影响,正是对生产力与生产关系这一原理的运用。最后,评价历史人物的影响因素有很多,本案例从时代背景、阶级立场的角度来分析,体现了社会存在决定社会意识和阶级分析法的历史唯物主义原理和方法。

(三)生活情境

生活情境,指在个人生活、家庭生活、社区生活中遇到的与历史有关的问题,如在倾听长辈的回忆、观看影视剧、游览名胜古迹时遇到的问题。[①]历史是发生在过去的事情。这一学科特点,使学生在历史学习中总会感到与历史的"隔阂",无法"身临其境,感同身受"。而丰富的影视资源以其直观、丰富、形象、生动的特点,在为学生创设学习情境中发挥了不可替代的作用。教师可以充分利用影视资源这一特点,分析影视剧中的情节、台词、人物刻画甚至服饰搭配,既可以拓展学习资源,又可以使学生将历史唯物主义的原理学以致用。同时利用生活情境来进行教学,其评价方式也可以更加多元化,多方面培养学生的历史核心素养。

---

① 中华人民共和国教育部. 普通高中历史课程标准(2017年版)[M]. 北京:人民教育出版社,2018:59.

教学设计 4-17

观看影片《绿皮书》

【设计意图】

毛泽东同志在1963年接见非洲朋友时指出:"种族问题实质上是阶级问题。"人类由于在肤色、头发、五官特征、身高等方面的不同而区分为不同的种族,这是自然选择和历史文化长期影响的结果。马克思曾经说过,种族的差异会随着历史的发展而消失。由于历史和政治的因素,美国这个移民国家在体现包容融合的同时,也存在着严重的种族问题。影片《绿皮书》直击美国社会现实,反映了美国20世纪60年代的种族问题,获得第91届奥斯卡最佳影片。那么种族问题何以成为衡量人种优劣高低的标准?其实种族问题的实质是阶级斗争问题。通过观看本影片并进行作业设计,有助于学生了解、思考美国的种族问题,从而理解历史唯物主义阶级的相关理论。

【设计方案】

1. 观看影片《绿皮书》。

2. 多途径搜集史料,利用历史唯物主义的原理解释影片中的一个细节并形成报告:20世纪60年代的美国,为什么黑人和白人不能在一起吃饭是合法的?你如何看待美国的种族歧视问题?

【案例总结】

这一观影作业使学生通过抓取影片细节,查找史料,了解美国20世纪五六十年代种族隔离及美国黑人争取平等权利的历史。学生可以重温南北战争时期的黑人解放运动,将两者进行对比,分析异同。引导学生透过现象看本质,运用阶级斗争相关原理,深入分析美国种族隔离制度的深层次原因,认识资产阶级统治的本质。也可同我国民族政策做比较,体现社会主义制度的优越性。

唯物史观 的教学设计与学业评价

（四）社会情境

社会情境是指对社会问题的历史考察，如某种社会风俗的来源、某一国际争端中的历史背景问题。[①] 现在的高中生都是互联网的"原住民"，是在互联网影响下成长起来的一代人。他们乐于接受新事物，关注社会现实，渴望参与社会，融入社会。现实总是与历史紧密相连。丰富、多元、复杂、多变的社会现象背后一定有其历史发展的脉络与渊源。

教学设计 4-18

探究二战后联邦德国的崛起之路

【设计意图】

二战后，西欧地位一落千丈。特别是德国，不仅作为战败国接受严厉处置，而且随着"冷战"形势的加剧走向分裂。战后的德国面临着是毁灭还是崛起的抉择，是因马歇尔计划的援助完全沦为美国的附庸，还是捐弃前嫌谋求和解走向联合，走在十字路口的联邦德国选择了后者，并为自己未来的发展奠定了基础。联邦德国的这一选择体现和代表了民意，这其中蕴含着历史唯物主义原理——人民群众是历史的创造者，是推动历史发展的不竭动力。

【设计方案】

材料一

康拉德·阿登纳生平简介：

1. 1876 年出生于莱茵地区一个家境贫寒的家庭。

2. 1917 年，41 岁，当选为科隆市最年轻的市长。

3. 1934 年，因反对希特勒遭遇监禁。出狱后，工作被剥夺，存款被冻结，电话被窃听，邮件被检查，境况凄凉。

4. 1949 年当选为联邦德国第一任总理。

5. 1950 年 3 月，阿登纳提出建立"欧洲政治联盟"的提议，并建议从"经济和关税着手"。

[①] 中华人民共和国教育部. 普通高中历史课程标准（2017 年版）[M]. 北京：人民教育出版社，2018：59.

6. 1951年，主张与法国等国家和解，支持法国提出的《欧洲煤钢共同体》，开启了欧洲一体化进程。

7. 1955年，访问苏联，与苏联建交。苏军撤离西德，至此联邦德国完全恢复主权。

8. 1963年，退休。德国国民生产总值相当于英国和法国总和，创造了德国经济腾飞的奇迹。

——根据康拉德·阿登纳生平经历整理

材料二　我是一个德国人，但是我也是，并且一直是一个欧洲人，我总是意识到自己是一个欧洲人。因此，我向来就致力于同法国取得谅解，没有这种谅解，就不可能有一个欧洲，而我在20世纪20年代德国中央政府危机最严重的时刻，就这样主张了。我总是主张达成一种符合两国利益发展的、合情合理的谅解。

——康拉德·阿登纳《阿登纳回忆录（1945—1953）》

教师设问： 阅读材料，总结二战后阿登纳对德国提出了什么设想？

教师讲述： 近代以来法、德两国为争夺欧洲大陆的霸权，厮杀不休，结下了深深的仇怨。二战结束后，阿登纳提出与法国和解。德国能与法国和解吗？

材料三　联邦德国虽然于1945年9月20日成立，但是它没有自己的主权，没有军队，安全没有保障，萨尔问题还未解决。法国的反德情绪依然存在……由于冷战的发展，法国对德强硬政策发生了变化。正如法国外长舒曼所言："从1948年起，一种建设性的合作、逐步走向增强信任的政策代替了受到约束和互不信任的政策。"……出于冷战的需要，美国将支持法德之间关系的改善。同时这一阶段的国际形势也有利于法德和解进程，尤其是战后出现的两件大事，即"冷战"和朝鲜战争的爆发。

——梁瑞平、吴友法《阿登纳与法德和解（1949—1963）》，《华中师范大学学报（人文社会科学版）》，1998年第5期

教师讲述： 德国与法国和解既有必要性，比如保证国家安全；也具备可能性，比如法国态度的转变，美国的支持以及国际形势中的有利因素等。而身为联邦德国总理的阿登纳全面分析国际国内形势，抓住时机，推动法德和解，改变了战后德国的命运。德国人民对法德和解的态度又如何呢？

材料四

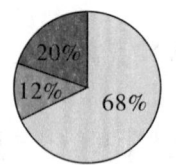 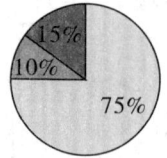

☐认为是件好事 ■认为不是件好事 ■不确定

　　1950 年　　　　　　　　　　　1951 年

　　图表为阿登纳促进法德和解行为德国民意调查（1950 年和 1951 年）

　　——徐龙超《战后德国和解政策研究》，外交学院，2015 年

　　教师讲述：通过 1950 年和 1951 年的调查数据对比，可以看出大部分德国人民认为法德两国和解"是件好事"。请大家大胆推测一下，这样的民意调查对阿登纳的决策重要吗？

　　材料五　总的来说，这部作为联邦德国根本大法的基本法具有这样几个特点：一是明显的"临时过渡"性，它的"有效期至（全体）德国人民通过自决制定宪法生效时为止"；二是国家主权受到限制……三是以实现民族和国家的统一为出发点；四是公民的基本权利受到高度重视，它把公民的基本权利列在国家根本大法之首，把"一切为了人"作为国家存在的宗旨。

　　联邦德国政治体制的四原则是民主制、法治、联邦制和福利国家。民主制的原则是指："公民是国家的主人"，所有年满 18 周岁以上的公民通过普遍、直接、自由、平等的无记名投票选出联邦议院的议员，再由议员选举联邦总理。

　　——丁建弘《德国通史》，上海社会科学院出版社，2002 年

　　教师讲述：这两则材料说明二战后的德国实行民主制，而且将公民的权利列在国家根本大法之首。联邦总理由议员选出，议员又由年满 18 周岁以上的公民选出。归根结底，联邦总理是民众意志的体现。所以在德国，联邦总理会非常重视民意。由此，我们可以说，法德和解，欧洲一体化的实现，阿登纳起到了关键性的领导作用，但人民的支持也非常重要。

　　【案例总结】

　　写于 1844 年 9 月的《神圣家族》是马克思、恩格斯合作的首

部作品,被誉为"唯物史观形成的前夜"。在这本书中马克思、恩格斯对青年黑格尔派的英雄史观进行了批判,提出人民群众在历史中的决定作用和随着历史发展这一作用必将不断扩大的原理。但马克思历史唯物主义视域中的群众观与英雄观是辩证的,在肯定人民群众历史主体作用和根本作用的同时,并不否定杰出人物的巨大作用。

"人民群众是历史的创造者"这一历史唯物主义的基本观点理论难度不大,但学生在学习中对人民与英雄的辩证关系,对人民群众的根本性作用认识不足,存在英雄史观倾向。

本设计以二战后联邦德国崛起的史实为依据,探究二战后联邦德国促成欧洲一体化过程中,杰出人物与普通民众的关系,使学生辩证地看待英雄与人民群众的关系,既要认识到人民群众在历史变革中的决定性作用,又要突出杰出人物的功绩,提升学生历史唯物主义素养。

唯物史观 的教学设计与学业评价

第五章 面向历史唯物主义素养的纸笔测试

在新课标提出的核心素养中,历史唯物主义是历史学科教学的指导思想。这要求学生了解历史唯物主义的基本观点和方法,并在其指导下开展历史学习与探究,认识和解决现实问题。作为教育部制定的指导性文件,高中课程标准影响着全国高考题、地方试题的命制。学生的历史唯物主义素养水平是近年来历史学科纸笔测试的重要面向。本章梳理近十年来全国高考试题,将涉及历史唯物主义素养的试题按生产力与生产关系之间的辩证关系、经济基础和上层建筑的相互作用、社会存在与社会意识之间的辩证关系、人民群众在社会发展中的重要作用、人类社会形态从低级到高级的发展、科学辩证法、阶级与民族国家的内容板块分类,选出具有代表性的高考试题,分析其命题立意、解题逻辑、评判参考等方面。同时,本章也选取近几年深圳市高三全市统测试题中的题目,分析其问题原理、解题思路、学生反馈等方面,深入探讨面向历史唯物主义素养的纸笔测试的思路与方法,为命题工作提供参考。

第一节 面向历史唯物主义素养的选择题命制

近年来,历史学科选择题从侧重考查学生识记知识转为考查学科能力与历史思维,难度略有提高。这对命题工作提出了新要求。首先,选择题篇幅要适宜。假如题目篇幅太短,可能提供不了足够的信息。但篇幅过长,会让学生在读题上花费太多时间,无法全面展现其学科素养。其次,选择题在创设历史情境时,要尽可能降低阅读难度。最后,设置选项要注意题干与选项之间的逻辑关系。在过往的选择题中,四个选项往往属于一个范畴,且互相排斥,学生能结合所学知识用排除法解答题目。回顾近年来的高考题目,选择题越来越强调借助所学知识分析题目中的情境,解题的关键在于找出题干与正选项之间的逻辑关系。下面结合例题谈谈如何面向历史唯物主义素养命制选择题。

一、生产力与生产关系、社会存在与社会意识、经济基础与上层建筑的辩证关系

由于该部分内容范围广，涉及知识点多，与教材联系程度紧密，因此是高考命题的高频主题。在历年高考中，该类题目主要考查学生能否将题目的有效信息与历史唯物主义基本观点相结合，在特定的历史情境中对事件进行合理分析。题目材料往往以特定历史时期的经济发展状况切入，设问的重点在怎样运用历史唯物主义史观理清各要素之间的逻辑关系。总的来说，此类题目材料来源广泛，设问方式比较集中。

首先，教师可以从"生产力与生产关系"角度命制题目，例如：

（2018·新课标全国Ⅰ卷·26）北宋前中期，在今四川井研县一带山谷中，密布着成百上千个采用新制盐技术的竹筒井。井主所雇工匠大多来自"他州别县"，以"佣身赁力"为生，受雇期间，若对工作条件或待遇不满意，辄另谋高就。这反映出当时（A）

A．民营手工业得到发展　　B．手工业者社会地位高
C．雇佣劳动已经普及　　　D．盐业专卖制度解体

本题主要考查学生对历史唯物主义中"生产力决定生产关系，生产关系对生产力具有反作用"观点的理解。材料以北宋时期四川制盐业发展为背景，考查学生对考试大纲"古代中国手工业的发展"考点的掌握程度。北宋前中期，井研县一带由私人开办了大量制盐井，说明当时制盐技术的发展，民营手工业得到发展，体现了生产力的提高。制盐业蓬勃兴起使当地的工匠意识到自身的重要性，因此他们对工作条件待遇有更高要求，雇主与工匠之间的关系发生改变，从侧面也说明民营手工业的发展，故选 A。手工业者仅能在工作条件、待遇方面与雇主谈判，并不能说明他们在社会关系的位置达到较高等级，故 B 选项错误。题目材料仅说明北宋四川井研县制盐业的雇工情况，并不能反映北宋其他地区、其他行业的情形，故 C 选项错误。本题材料描述的是制盐的过程，并不是盐业的买卖，D 选项与材料不符。

"生产力决定生产关系，生产关系对生产力具有反作用"观点能解释不同历史时期社会的发展状况，因此在高考题中，此部分的材料不仅局限于古代史，也能以近现代史材料作为切入点，比如下面这一道题目：

（2016·新课标全国Ⅲ卷·31）1980年与1975年相比，我国粮食播种面积减少6 884万亩，总产量却增加674亿斤；棉花播种面积减少53万亩，总产量增加652万担；油料作物和甜菜播种面积共扩大3 626万亩，其总产量分别增加70%和150%。出现这一现象的主要原因是（A）

A．农民生产自主权的扩大
B．农业生产技术有了革命性的改变
C．农村经济体制改革完成
D．国家取消对农副产品的统销政策

本题主要考查学生对历史唯物主义中"生产关系对生产力具有反作用"观点的掌握。材料用1975年与1980年进行比较，实际上要求学生理解1978年十一届三中全会召开前后国家经济体制的变化及其影响。1975年，农村依然实行计划经济体制，农民按照上级下发的生产计划、生产指标进行生产，这种政策导向打击了农民的生产积极性，阻碍了农村生产力的发展。改革开放后，国家在农村推行家庭联产承包责任制，变革了农村的生产关系，让农民实现自主生产、自行分配。农民积极地生产提高了农业生产效率，故农作物的总产量大幅提高。这一过程体现了生产关系与生产力的发展要求相适应时，生产关系就会推动生产力的发展的原理，故选A。1975—1980年我国农业技术没有革命性的改变，农村经济体制改革刚刚开始，农业的统销政策尚未取消，因此B、C、D选项错误。

其次，教师可以从"社会存在与社会意识"的角度命制试题，例如：

（2017·深圳一模·24）老子认为"无为无不为"，因为天地万物，都有一个独立不变、周行不殆的道理，用不着神道作主宰，更用不着人力去造作安排。该思想（A）

A．源自对社会现实的反思　　B．批驳了诸子百家思想
C．希望重建等级社会秩序　　D．否定了自然法的思想

本题以"老子思想"为切入点，考查春秋战国时期的历史背景与先秦诸子思想之间的关系，体现历史唯物主义中社会存在决定社会意识的观点。根据《老子》一书，"'道'常无为而无不为。侯王若能守之，万物将自化。化而欲作，吾将镇之以无名之朴。镇之以无名之朴，夫将不欲。不欲以静，

天下将自正"①。学者陈鼓应指出，在老子看来"任何事物都应该顺任它自身的情状去发展，不必参与外界的意志去制约它"②。"理想的政治在于无为而自化（self-transform）——让人民自我化育，自我体现。……统治者如能做到清静、真朴、不贪欲，对人民如能做到不骚扰、不侈靡、不扩张私人意欲，百姓的生活自然可以获得安宁。"③题干化用了这些说法，形成了一个历史情境。在学生的知识体系中，老子的思想包括哲学与政治两个方面。哲学方面，老子认为"道"是宇宙万物的本源。政治方面，老子提倡"小国寡民""无为而治"，借以解决当时的社会问题。题干中，老子认为道"无为而无不为"，人的造作安排在它面前是无用的。这种认识将现有知识体系中的两个环节联系起来。"道"是宇宙万物的本源，具有超然的地位。在它面前，人们为改变现实所做的种种努力都是徒劳的。这种情况下最合理的选择就是"无为"。春秋时期，诸侯割据争霸、战乱频仍，很大程度上是因为人们"有欲"，进而"有为"。如果要改变这种局面，只能顺着"人法地，地法天，天法道，道法自然"的思路，倡导"寡欲""无为"，回到过去"小国寡民"的时代，从而实现社会和谐稳定。综上所述，题干所体现的观点是老子在反思社会现实的基础上得来的，为解决现实问题而提出的，故 A 选项正确。因为题干中没有体现老子对其他学派思想的批评，也没有提及应如何对待等级社会秩序，故排除 B 和 C 两个选项。老子认为"道法自然"，可见他对"自然"的态度主要是肯定和推崇，故 D 选项也可以排除。

涉及"社会存在与社会意识"原理的命题，命题情境不仅能从思想史的角度切入，也能结合经济社会的发展相关史料，综合考查学生概念理解与对历史现象的分析能力。比如下面这道高考题：

（2015·新课标全国Ⅰ卷·26）宋代东南沿海地区出现了一些民间崇拜，如后来被视为海上保护神的妈祖、被视为妇幼保护神的临水夫人等，这些崇拜得到朝廷认可，后世影响不断扩大。这反映出（C）

A．朝廷不断鼓励海洋开发

B．女性地位逐渐得到提高

C．东南沿海经济社会影响力上升

D．统治思想与民众观念趋向一致

---

① 陈鼓应. 老子注译及评介 [M]. 北京：中华书局，1984：209.
② 陈鼓应. 老子注译及评介 [M]. 北京：中华书局，1984：29.
③ 陈鼓应. 老子注译及评介 [M]. 北京：中华书局，1984：211.

本题考查学生对社会存在与社会意识两者关系的掌握，学生需要了解社会存在的性质和变化决定社会意识的性质和变化。宋代，随着海外贸易的扩大与江南地区农业、手工业的发展，东南沿海的经济地位迅速提高。与其相关的民间崇拜便越来越受重视，妈祖、临水夫人得到朝廷认可，后世影响不断扩大。体现社会意识的发展变化是与社会存在的发展变化相适应的原理，故选 C。政府重视东南沿海地区民间崇拜，是出于该地区的经济发展水平较高，与海洋开发、女性地位没有直接关联。A、B 选项错误。材料只谈到政府重视东南地区的民间信仰，并没有涉及统治思想在与民众各方面观念趋同，D 选项错误。

对于社会存在与社会意识之间关系，学生除了要明确社会存在决定社会意识外，还需要把握社会意识对社会存在具有能动作用的观点，以这一角度为切口的高考题也有频繁出现，比如下面这道题目：

（2017·新课标全国Ⅱ卷·31）1977 年，我国各大专院校录取新生 27.3 万人，至 1988 年高校在校生总规模达 206 万人，2001 年增长至 719 万人。在此期间，高等职业教育和各种形式的成人高等教育的入学人数也有很大增长。由此可知（C）

A．社会对专业人才的需求得到了解决
B．高等教育实现了与生产劳动相结合
C．人才选拔制度的改革适应了经济社会发展
D．恢复统一高考制度促进了高等教育的普及

本题要求学生掌握社会意识对社会存在具有能动作用的观点：先进的、革命的、科学的社会意识对社会存在的发展产生巨大的促进作用。材料说明在 1977 年恢复高考后，各种形式的高等教育规模不断扩大，高等教育的发展为国家经济发展输送了大量人才。这是改革开放后我国经济事业蓬勃发展的重要原因。因此人才选拔制度的改革适应了经济社会发展，选 C。材料反映的是人才选拔制度，A、B 选项涉及人才培养制度，与题意无关。高等教育尚未普及，D 选项错误。

最后，教师还可以从"经济基础与上层建筑"的角度命制题目，例如：

（2017·新课标全国Ⅲ卷·28）1897 年，有人指出："中国创行西法已数十年，皆属皮毛，空言无补。至今两年来，忽大为变动，如邮政、银行、铁路，直见施行，今天津亦有小轮，风气之开，人力诚难阻隔也。"产生上

述变化的主要原因是（D）

A．维新变法运动迅速兴起　　B．政府大力扶持官督商办企业
C．列强对华资本输出减少　　D．政府放宽了兴办实业的限制

本题考查学生分析政府政策对国家经济发展的作用，体现历史唯物主义理论中经济基础与上层建筑的关系。国家政治、法律制度属于上层建筑，上层建筑适合经济基础状况，便会推动经济基础的发展。1897年，邮政、银行等各项民间实业蓬勃发展，与两年前的状况大相径庭，是由于清政府在甲午战争后放宽对民间兴办实业的限制。此举适应了民族资本主义的发展需求，因此当时实业兴盛，故选D。维新变法的开展时间与材料时间不符，A选项错误。甲午战争的失败标志着洋务运动的破产，B选项错误。甲午战争后以日本为代表的列强对中国的资本输出愈演愈烈，C选项错误。

从上述题目可以看到，生产力与生产关系、社会存在与社会意识、经济基础与上层建筑这三组关系，是历史唯物主义史观的重要考查面向。能否运用历史唯物主义的基本原理解读试题中的新历史情境，是衡量学生核心素养与关键能力水平的重要指标。教师在命制选择题时，可以综合上述要素，创设比较复杂的历史情境，比如将生产力与生产关系、经济基础与上层建筑两组关系融合在一起，让学生去分析解读，考查他们对历史唯物主义基本原理的理解，比如下面这道题：

（2017·深圳二模·31）毛泽东曾说："我们不要四面出击……必须在一个方面有所让步，有所缓和，集中力量向另一方面进攻。我们一定要做好工作，使民族资产阶级和知识分子中的绝大多数人不反对我们。"这表明党中央当时的策略是（A）

A．建立经济上的反封建统一战线
B．将阶级矛盾作为主要矛盾
C．主张文化上百花齐放，百家争鸣
D．采取"一边倒"的外交政策

本题通过新中国成立初期的经济建设思想，综合考查学生对历史唯物主义与辩证唯物主义中生产力与生产关系、经济基础与上层建筑、主次矛盾等相关内容的把握。1950年6月6日，毛泽东在中国共产党七届三中全会上发表讲话，对书面报告《为争取国家财政经济状况的基本好转而斗争》做了说明，解释了报告中的战略策略思想，提出"我们不要四面出击。四面出

击，全国紧张，很不好。我们绝不可树敌太多，必须在一个方面有所让步，有所缓和，集中力量向另一方面进攻。我们一定要做好工作，使工人、农民、小手工业者都拥护我们，使民族资产阶级和知识分子中的绝大多数人不反对我们。这样一来，国民党残余、特务、土匪就孤立了，地主阶级就孤立了，西藏的反动派就孤立了，帝国主义在我国人民中间就孤立了。我们的政策就是这样，我们的战略策略方针就是这样，三中全会的路线就是这样"①。

题干选取了原材料中的部分文字，创设历史情境，考查学生能否从历史唯物主义的角度理解党在这一阶段的工作策略。在学生既有的知识体系中，本题涉及如下几个方面：新中国成立初期的经济恢复与发展，比如国民经济恢复、土地革命、三大改造；新中国成立初期的外交，比如"一边倒"的外交政策；新中国成立初期的思想文化政策，比如"双百方针"。毛主席用语非常生动、多有形象的比喻，因此学生要理解题干中"四面出击""集中力量"的含义，即分清主次矛盾、集中力量解决主要矛盾，通过调整生产关系解放和发展生产力。这种策略属于"上层建筑"范畴，必然受到当时特定"经济基础"（封建经济关系依然存在）的制约。给定信息中重点突出了"民族资产阶级和知识分子"，这体现出中国共产党争取他们支持新生政权。可见当时的主要矛盾并非是阶级矛盾，加之时间错位，故可排除 B 选项。与"民族资产阶级和知识分子"相关的议题不属于外交的范畴，D 选项可以排除。"双百方针"是 1956 年为建设新文化而提出的，与题干中"在一个方面有所让步，有所缓和，集中力量向另一方面进攻"的说法略有出入，故而可以排除。A 选项所谓"经济上的反封建统一战线"，指的是团结工人、农民、小手工业者、民族资产阶级和知识分子，对以地主阶级为代表的封建经济进行改造。在这组关系中，人民群众与地主阶级之间的矛盾属于主要矛盾，是需要"集中力量"向其进攻的方面，而民族资产阶级和知识分子是可以团结和争取的对象。在这一统一战线的基础上，才有了新中国成立初期的土地改革以及对农业、手工业和资本主义工商业的社会主义改造。生产关系的改变促进了社会主义经济建设，推动了生产力发展。

通过学习历史，学生应该掌握运用历史唯物主义分析问题的基本方法，能够明确生产力、生产关系、社会存在、社会意识、经济基础、上层建筑这些概念的含义，特别是能够分析它们在历史情境中的具体表现。教师从这些方面命制题目，首先要在命题素材中找到这些基本要素，然后把它们串联在

---

① 毛泽东. 不要四面出击 [M] // 中共中央文献研究室. 毛泽东文集：第 6 卷. 北京：人民出版社，1999：75—76.

历史情境当中。在梳理题干与选项间的逻辑时，教师也要紧扣"经济基础决定上层建筑""社会意识对社会存在具有反作用"等基本论断，确保题目逻辑严谨无误。

二、人民群众与英雄在人类历史上的作用

该角度能与弘扬家国情怀、提高民主素养等话题相结合，近年来在高考中出现得较普遍。在历年高考中，这类题目牢牢把握历史唯物主义中"人民群众是历史的创造者"的基本原理，以人民群众、社会大众的视角看待特定的历史问题，并分析英雄人物对历史的推动作用，考查学生对历史唯物主义史观基本内容的认识，以及透过现象分析历史事物本质的综合能力。设计此类题目重点在于理顺人民群众、英雄与社会发展的关系，并结合历史情境进行呈现，比如下面这道题目：

（2018·新课标全国Ⅰ卷·24）《墨子》中有关于"圆""直线""正方形""倍"的定义，对杠杆原理、声音传播、小孔成像等也有论述，还有机械制造方面的记载。这反映出，《墨子》（C）

　　A．汇集了诸子百家的思想精华　　B．形成了完整的科学体系
　　C．包含了劳动人民智慧的结晶　　D．体现了贵族阶层的旨趣

本题考查学生的历史唯物主义素养，要求学生掌握人民群众是历史的创造者、是社会精神财富的创造者的内容。《墨子》中阐述的科学知识是广大劳动人民在实践中的成果。结合教材对春秋战国诸子百家内容的描述，墨家学派代表的主要是下层民众，并非贵族阶层。《墨子》也没有体现其他学派的思想，其科学思想尚未形成体系，因此答案选C。

人民群众不仅为社会创造了丰富的物质精神财富，他们的实践活动更是推动阶级社会发展的重要动力，比如这道题目：

（2014·新课标全国Ⅰ卷·29）1898年，梁启超等联合百余举人上书，请废八股取士之制。参加会试的近万名举人，"闻启超等此举，嫉之如不共戴天之仇，遍播谣言，几被殴击"。这一事件的发生表明（B）

　　A．废八股断送读书人政治前途
　　B．改制缺乏广泛的社会基础
　　C．知识分子在政治上极为保守
　　D．新旧学之间矛盾不可调和

本题以梁启超发动联名上书要求废除八股取士，但遭到众多举人的阻挠反击的事件为切口，考查学生对历史唯物主义中关于人民群众对历史发展的作用的理解。恩格斯曾说："历史活动是群众的事业。决定历史发展的是'行动着的群众'。"人民群众是历史的创造者，是社会变革的决定力量。梁启超的行动忽视了大众群体的状况与想法，缺乏广泛的社会民意基础，因此受到强大的阻力，所以 B 选项正确。废除八股取士并不是废除科举制度，因此并没有断送读书人的前途，A 选项错误。材料中有一部分举人支持梁启超，并不是全部知识分子都持保守态度，C 选项错误。废除八股取士与新旧学的矛盾无直接联系，D 选项错误。

学生如何看待人民群众与英雄人物的历史作用，不仅与历史唯物主义有关，也在侧面反映出其情感态度与价值观取向。根据历史唯物主义的阐述，人民群众在创造历史的过程中起到决定作用，是社会变革的决定力量；社会历史的发展是无数个人合力作用的结果，英雄人物对历史发展具有促进作用。通过学习历史，学生应该掌握这些基本观点，在评价历史人物时，能够辩证地看待英雄人物与人民群众在历史发展当中的作用。教师从这个角度命题，也要在创设的情境中凸显个人及人民群众的行动，比如下面这道题目：

（2019·深圳一模·29）第一次国共合作期间，毛泽东通过农村调查提出："农民问题乃国民革命的中心问题，农民不起来参加并拥护国民革命，国民革命不会成功。"这一观点（B）

  A．体现了中共当时的工作重心
  B．丰富了中国民主革命理论
  C．奠定了国共合作的思想基础
  D．体现了工农武装割据思想

本题从人民群众与英雄人物的历史作用着眼，选择第一次国共合作时期毛泽东思想的发展为切入点，考查学生调动和运用知识，正确解释历史事物的能力。1926 年 5 月至 9 月，毛泽东在广州主办第六届农民运动讲习所，主编《农民问题丛刊》，旨在总结推广国内外特别是广东农民运动的经验，以指导和促进全国农民运动的发展。《国民革命与农民运动》一文即为毛泽东为刊物写的序。毛泽东写道："农民问题乃国民革命的中心问题，农民不起来参加并拥护国民革命，国民革命不会成功；农民运动不赶速地做起来，农民问题不会解决；农民问题不在现在的革命运动中得到相当的解决，农民不会拥护这个革命。——这些道理，一直到现在，即使在革命党里面，还有许多人不明白。"① 题干使用的是这段论述中强调农民对国民革命重要性的部分。在当时的中国社会,农民群体众多,是人民群众的重要组成部分。毛泽东在这里指出农民的重要性,认为国民革命必须发动农民,依靠群众才能成功。这种论断肯定了人民群众在历史发展中的地位。在这个情境中,毛泽东能够先知先觉,意识到农民对中国革命的重要性,特别是在许多人囿于苏联的革命实践,忽视中国国情照搬苏联经验的情况下,有力地推动了国民革命,也促进了马克思主义中国化。这反映出英雄人物的重要作用。对学生而言,题目点明是第一次国共合作期间,中共当时的工作重心是工人运动,A 选项错误。国共合作的思想基础是新三民主义,所以 C 选项错误。工农武装割据的思想是在井冈山革命根据地开辟后产生的,时间不符,所以 D 选项错误。毛泽东通过农村调查认识到了农民问题的重要性,超越了当时模仿苏联关注大城市与工人群体的局限,丰富并发展了中国民主革命理论,A 选项正确。

人是社会历史发展的主体。学生学习历史,教师考查评价,都要重视"人"在历史中扮演的角色、起到的作用。这里的"人",可以是某个历史人物,可以是某个社会群体,也可以是更具整体性的人民群众。涉及历史人物时,可以关注其进步性和积极意义,也可以考查其受特定历史条件制约存在的局限性。围绕着"人",可以衍生出多种考查角度和方法。考查"人的历史",理解"历史的人",这对学生而言格外重要,不仅能锻炼运用历史唯物主义基本原理认识世界的能力,也能增进学生的家国情怀,形成一种历史的温情与敬意。

三、历史发展的规律、偶然性与必然性

该部分内容是历史教材编写的主线,与必修课程各板块联系密切,因其理论性较强,单独成题的情况不多见。在历年高考中,这类题目经常与历史唯物主义对于社会历史发展总趋势的认识相结合,考查学生对历史唯物主义史观基本内容的理解,以及运用历史知识解决问题的能力。设计此类题目的重点是在特定历史情境中体现出社会历史发展的整体趋势,比如下面这道题:

(2012·新课标全国卷·31) 1920 年 12 月,毛泽东在致朋友的信中

---

① 毛泽东. 国民革命与农民运动 [M] // 中共中央文献研究室. 毛泽东文集:第 1 卷. 北京:人民出版社,1993:37.

说:"我看俄国式的革命,是无可如何的山穷水尽诸路皆走不通了的一个变计,并不是有更好的方法弃而不采,单要采这个恐怖的方法。"这表明在当时中国共产党早期组织成员看来(C)

    A. 俄国革命道路必须与中国实际相结合
    B. 在中心城市举行武装暴动是当务之急
    C. 暴力革命是进行社会改造的必然选择
    D. 改良仍旧是改造社会行之有效的方法

本题综合考查学生对历史唯物主义中社会历史发展总趋势的认识与对材料信息的提取。社会基本矛盾的解决,在阶级社会主要通过阶级斗争实现。结合1920年中国社会状况,分析毛泽东的观点,可得出他是肯定暴力革命在当时的必要性,因此选C。俄国革命道路必须与中国实际相结合是中国共产党在其后革命道路上的探索成果,A选项与材料时间不符。材料并没有谈及革命的具体地点,B选项与题意无关。D选项违背了历史唯物主义的原理。

历史发展遵循一定的规律,呈现出某种趋势。在考查学生对历史发展规律的认识时,题目一般通过历史发展趋势来呈现。学生需要结合所学历史知识,判断题目中的历史情境与宏观的发展趋势、规律之间的联系,建立起从宏观到微观的逻辑链条。在历史发展的过程中,偶然性与必然性是有机统一的。某时某地发生的一件事,看似偶然,倘若结合大的发展趋势,就不难发现它也有一定的必然性。即便不是在此时此地,也很可能在另外的时间地点出现类似的现象。教师命制试题时,一是要把握历史发展的脉络,将之隐藏在题目情境中;二是要选取有典型性的历史细节,形成一定的历史纵深,以下面这道试题为例:

(2018·深圳二模·34) 19世纪,英国发起"拯救工厂儿童运动",使他们逐渐回归其"儿童"本质。1880年,英国实施强制义务教育法,学校肩负起培育"新型儿童"的责任。这些举措的目的是(B)

    A. 全面构建社会保障体系   B. 继续保持其强国地位
    C. 进一步扩大政治普选范围   D. 以多种方式干预经济

本题通过英国历史的发展体现发展教育对于国家进步的战略意义,主要考查考生运用所学知识说明和解释历史现象的能力。题目取材于魏秀春《20世纪英国学校健康服务体系探析》一文。文章中指出:"前工业化时代,儿童作为'社会经济发展不可或缺的劳动力资源'参加社会生产劳动是一种'常见现象',其人身权益无法得到保障。工业革命早期,'工厂儿童'俨然成为儿童的代名词,儿童受到长时间劳动和严酷工厂环境的折磨,直到19世纪'拯救工厂儿童运动'的兴起,英国儿童才逐渐回归其'儿童'的本质。而自1880年英国实施强制义务教育法以来,学校被认为是儿童'恰当的去处',且在培养'新型儿童'过程中扮演'关键'角色,学校儿童亦被视作'在未来诸多方面(如经济、职业、军事、人口、情感等)具有投资价值'。由此,儿童在其道德价值中被赋予了国家和民族未来的性质。"[1]本题在整理素材时,着重关注19—20世纪的时间段,以及英国社会对"儿童"认识的变化。工业革命早期,英国社会上有大量童工,儿童受到长时间劳动和严酷工厂环境的折磨,"工厂儿童"俨然成为儿童的代名词。19世纪,英国兴起"拯救工厂儿童运动"。英国儿童才逐渐回归其"儿童"的本质。1880年,英国实施强制义务教育法,学校被认为是儿童"恰当的去处",儿童在其道德价值中被赋予了国家和民族未来的性质。这些看似偶然的事件,实际上是工业时代现代国家发展趋势下的必然结果。第二次工业革命开始后,英国的工业垄断地位开始衰落,很大程度是因为英国科学技术发展停滞,科技人才短缺,教育创新体系无法支持产业的持续革新。当时,英国在教育体制建立上已经落后于美国和其他的主要欧洲国家。政府意识到这样的危机,开始干涉中等和高等教育的发展,以支撑科技发展,维护其强国地位。这些举措有利于培养现代化的人才,顺应了社会发展的需求,折射出历史发展的趋势与规律,所以答案选B,A选项全面构建社会保障应该是在二战以后。C选项与材料无关。D选项中,加强干预是政府的手段,不是目的。

从上述角度切入命题时,教师要把握历史课程中体现的历史发展脉络,从整体趋势与发展规律着手,选取特定的历史时期,筛选命题素材,把宏观的规律与微观的细节结合起来,形成题目。学生在解题时需要做的就是,通过历史情境中的细节,挖掘背后隐藏的重大历史事件及发展脉络,进而形成比较全面的认识。

四、科学辩证法

该部分题目较少出现具体的历史唯物主义基本原理,强调考查学生能否将历史唯物主义史观作为认识和解释特定历史情境的指导思想,因此命题素

---

[1] 魏秀春. 20世纪英国学校健康服务体系探析 [J]. 世界历史,2017(4):19.

材来源广泛。在历年高考中，该类题目会与学生所学的主干知识相结合，设计新的研究视角，引导学生运用历史唯物主义的基本观点进行独立思考。设计此类题目首先要选择能提供多维度思考的史料，同时要清晰各选项与材料间的逻辑关系。例如下面两道高考题：

（2013·新课标全国Ⅰ卷·33）1952年，苏共领导人马林科夫在十九大的政治报告上指出："今年谷物的总收获量达到80亿普特，而最主要的粮食作物小麦总收获量比1940年增加了48%。以前认为是最尖锐、最严重的问题——谷物问题，就这样顺利地解决了，彻底而永远地解决了。"这一论断（D）

　　A．与实际情况完全相符　　B．成为加快工业化的依据
　　C．是对农业改革的肯定　　D．是对"斯大林模式"的维护

本题考查学生对"斯大林模式"的认识以及运用科学辩证法解决历史评价问题。结合所学，苏联在这段时期无法突破"斯大林模式"的束缚，此时优先发展重工业和农业全盘集体化，导致农业生产停滞不前，因此在1956年赫鲁晓夫上台后大力改革农业。马林科夫说的并非完全是事实，他的观点受到当时时代背景的影响，体现出科学辩证法的特征，D选项正确，A、B、C选项均与史实不符。

科学辩证法不仅是评价具体历史事件的方法理论，更是指导史学研究的重要工具。下面这道题目是以史学研究为切口，考查科学辩证法的典型试题。

（2018·新课标全国Ⅰ卷·34）传统观点认为，英国成为工业革命发源地，是因为英国最早具备了技术、市场等经济条件；后来有研究者认为，其主要原因是英国建立了君主立宪制度；又有学者提出，煤铁资源丰富、易于开采等自然条件是其重要因素。据此可知，关于工业革命首先在英国发生的认识（B）

　　A．只能有一种正确合理的观点
　　B．随着研究视角拓展而趋于全面
　　C．缺少对欧洲其他国家的观察
　　D．后期学者研究比传统观点可信

本题考查学生的史学理论入门知识，材料反映了对于英国成为工业革命

发源地，不同学者持不同观点，且各有论据。题目引导学生运用科学辩证法来分析这一认识过程，实际上是考查学生对辩证否定规律的认识：即否定不是"抛弃"，而是"扬弃"，是在肯定一部分的基础上再发展，是集中了前个阶段的积极成果后的更加完善。因此不应该简单地认为只能有一种正确合理的观点，或是后面提出的理论就必定更加完善，要把整个研究过程的不同论点联系进行分析，因此A、D选项错误，B选项正确。C选项与工业革命的发源地研究没有直接联系，错误。

唯物辩证法是科学的认识方法，为人们认识世界和改造世界提供了根本观点和根本方法。学生在认识历史事件、历史现象时，也要遵循科学辩证法，做到"两点论"与"重点论"相结合，抓关键、看主流，在对立中把握统一，在统一中把握对立，而非机械地强调"一分为二"，陷入庸俗辩证法的范畴。教师在命制试题时，需要选择有典型性的历史事件或历史事物，特别是那些内涵丰富容易引发不同解读的，比如法国大革命等。这样一来可以考查学生思维的深度、看问题的全面性，也能体现其辩证看待问题的能力，比如下面这道题目：

（2018·深圳二模·33）1798年前后，有人士指出：（法国）由于共和国先于支持共和的舆论氛围出现，激进革命派为捍卫共和制，不得不诉诸恐怖手段打击"共和国的敌人"，强迫人民接受自由。其观点重在强调（B）

A．启蒙思想尚未被民众接受认同
B．政治变革要立足国情适时推进
C．共和国的敌人制造了社会动荡
D．革命的失败在于没有发动群众

本题主要考查考生准确获取和深度理解历史材料提供的信息，并运用所学知识分析和解释历史观点，辩证评价历史发展当中的个别现象的能力。题目取材于倪玉珍《从"社会"的视角思考政治：19世纪上半叶法国政治话语的重要转变》一文。文中写道："著名的自由派人物斯塔尔夫人也关注政制与民情的关系。斯塔尔夫人在原则上支持革命与共和制，但她在1798年前后写成的一本著作中指出，法国大革命的一个严重失误，就是激进革命派操之过急，过早地催生了共和国。由于法国尚需半个世纪才能培育出支持共和的'舆论'，多数人并不支持共和，因而革命者为了捍卫共和制，不得不诉诸革命的恐怖手段来打击共和国的敌人，强迫人民自由。斯塔尔夫人的这一批评明显是针对雅各宾派而说。不过共和制与落后的民情之间的差距并非雅各宾派统治时期所独有，在督政府时期，这一差距再次产生戏剧性后果。"①法国大革命期间，君主立宪派、吉伦特派、雅各宾派等政治派别之间的斗争十分激烈，对共和制的认识并不相同。著名的自由派人物斯塔尔夫人在原则上支持革命与共和制，但她也意识到，法国大革命的一个严重失误，就是激进革命派操之过急，过早地催生了共和国。由于缺乏支持共和的"舆论"，革命者为了捍卫共和制，不得不诉诸革命的恐怖手段来打击共和国的敌人，强迫人民自由。斯塔尔夫人的这一批评明显是针对法国大革命期间的过激行为而言。所以正确答案选 B。A 选项说法错误，卢梭人民主权等学说对民众影响巨大，只是共和思想还没有成为共识而已。C、D 两个选项也是说法错误。学生解答本题的前提，首先要能辩证看待法国大革命期间的"革命"行为，其次要分析产生题干信息中观点的社会土壤，然后再以此为依据判断历史人物的主观意图。

辩证地看待历史事物和历史事件，并非凡事都机械地一分为二去认识，而是要全面地看待问题，把握其中的主要方面，这样才符合历史唯物主义的认识论和方法论。学生在学习和考试的过程中，容易片面地看问题，或者难以区分主次。当题目创设的历史情境与学生的既有认知发生冲突时，学生往往无所适从。教师在命题时，要有意识地加强这方面的训练，引导学生运用科学辩证法全面地看待问题，增进历史唯物主义素养，形成正确的世界观、人生观与价值观。

五、阶级与民族国家

高中课程标准要求学生理解阶级斗争是推动阶级社会发展的直接动力。然而，由于在"文化大革命"时期阶级观念与阶级分析方法的过度解读对社会造成极大伤害，改革开放以来我国中小学历史教育都在刻意淡化与阶级斗争相关的内容。其实，根据对历史唯物主义的解读，阶级斗争存在于阶级社会的各个领域，表现为多种多样的形式，阶级分析法仍然是研究历史问题的重要工具。研究具体历史问题时，阶级、民族、国家三要素往往有较强的关联性。教师在命题时可结合具体历史情境引导学生运用历史唯物主义史观做具体分析，比如这道题目：

---

① 倪玉珍. 从"社会"的视角思考政治：19 世纪上半叶法国政治话语的重要转变 [J]. 世界历史，2017（6）：21-22.

(2017·新课标全国Ⅰ卷·33)

英国国民总收入变化表

年份	约1770	1790—1793	1830—1835
数额/百万英镑	140	175	360

英国工人实际工资变化表（即按实际购买力计算的工资，1851年为100）

年份	1755	1797	1835
指数	42.74	42.48	78.69

综合上表可知，在工业革命期间，英国（D）

A．工人实际收入与经济发展同步增长

B．经济快速发展依赖于廉价的劳动力

C．工人生活整体上没有改善

D．社会贫富差距进一步拉大

本题一方面考查了学生从图表中获取信息，通过观察、比较得出结论的能力；另一方面考查学生对历史唯物主义阶级分析法的认识。题目通过表格说明英国在工业革命时期，随着生产力的发展，国民总收入在提高，工人的实际工资也在提高。同时，我们也注意到工人工资水平虽然在提高，但其上升幅度与国民总收入的上升幅度相比差距很大。结合历史唯物主义阶级分析法理解该现象，能够看出：虽然工业革命给社会带来巨大的财富，但是资本家通过剥削工人获得剩余价值的本质依然没有改变。因此才会形成材料中工人工资的上升水平低于国民总收入的现象，工人与资本家的收入差距继续扩大，社会贫富差距进一步拉大。因此答案选D，A、B、C选项均未能用阶级分析法说明现象，与题意不符。

阶级、阶级斗争学说是马克思主义史学的精髓，近年的高考题除了从阶级分析法的角度切入外，还有考查学生对各国阶级斗争的过程的了解，比如下面这道题目：

（2018·新课标全国Ⅰ卷·33）1847年6月，正义者同盟改名为共产主义者同盟，以"全世界无产者，联合起来"的新口号代替"人人皆兄弟"的旧口号，并规定同盟的目的是："通过传播财产公有的理论并尽快地求其实现，使人类得到解放。"这一变化说明（A）

A．共产主义者同盟接受了马克思的革命理论
B．马克思主义的诞生推动了无产阶级的斗争
C．工人运动在欧洲的主要资本主义国家开始兴起
D．无产阶级与资产阶级的矛盾成为社会主要矛盾

本题考查学生的历史唯物主义素养以及对马克思主义基本内容的理解、掌握。马克思、恩格斯指导各国无产阶级相互联合为争取人类解放与资产阶级做斗争。共产主义者同盟肯定了他们两人的观点，更改名称使得组织更具有无产阶级的革命性质，因此 A 选项正确。B、C 选项考查学生的时空观念素养，《共产党宣言》的问世标志着马克思主义的诞生，《共产党宣言》发表的时间为 1848 年，B 选项错误；19 世纪三四十年代，欧洲三大工人运动对欧洲已有深远影响，C 选项错误。D 选项与材料内容不符。

生产力和生产关系、经济基础和上层建筑的矛盾是社会基本矛盾，是社会发展的根本动力。历史唯物主义运用阶级分析方法认识人类历史发展与社会现实。虽然在高考试题中，题目多采用"阶层"或社会群体等说法，但历史唯物主义的分析方法同样贯穿其中。在认识人类历史发展时，民族和国家也是两个重要概念。近代以来，民族国家形成并发展起来，塑造了当代的全球格局。教师需要掌握历史唯物主义关于阶级、民族、国家等问题的基本看法，并将之贯穿在考试评价实践当中，比如下面这道题目：

（2019·深圳二模·33）《共产党宣言》中写道："资产阶级用来推翻了封建制度的那个武器，现在却对准资产阶级自己了"，"资产阶级不仅锻造了置自身于死地的武器，同时它还造就了将运用这武器来反对它自己的人——现代的工人，即无产者"。以上论述（D）

A．肯定了资本主义的积极作用
B．指出工业革命促进了自由主义发展
C．宣告了工人阶级的历史使命
D．揭示生产力发展必将引发社会变革

本题意在回归马克思主义原典，考查学生掌握阶级斗争、生产力与生产关系等方面的程度。题干取材于《共产党宣言》。由于这些经典作品的翻译版本众多，本题参考了马克思、恩格斯作品的经典翻译，在此基础上有所取舍。《马克思恩格斯全集》中的翻译是"资产阶级用来推翻了封建制度的那个武器，现在却对准资产阶级自己了。可是，资产阶级不仅锻造了置自身于

第五章　面向历史唯物主义素养的纸笔测试

死地的武器；同时它还造就了将运用这武器来反对它自己的人——现代的工人，即无产者。"①《马克思恩格斯选集》中的表述是："资产阶级用来推翻封建制度的武器，现在却对准资产阶级自己了。但是，资产阶级不仅锻造了置自身于死地的武器；它还产生了将要运用这种武器的人——现代的工人，即无产者。"②虽然《马克思恩格斯全集》的文字略显烦琐，但"造就了将运用这武器来反对它自己的人"相较"产生了将要运用这种武器的人"更便于学生理解，所以本题选用了《马克思恩格斯全集》中的翻译文本。在答题时，学生需要理解，生产力的发展是推动人类社会进步的根本动力。材料中的"那个武器"应理解为工业革命造就的先进生产力。生产力的发展推动了资产阶级革命，同样也会为无产阶级革命创造条件。所以 D 选项结论正确；尽管《共产党宣言》也肯定了资本主义的积极作用，但这段材料不是强调这一作用，故 A 选项不符；材料意在说明社会主义革命的必然性，没有谈及自由主义，故 B 选项错误；材料也没有进一步阐述工人阶级的历史使命——暴力革命夺取政权，实现共产主义，故 C 选项也不符合题意。

　　阶级分析方法是历史唯物主义的重要方法，阶级、民族、国家是历史唯物主义在研究人类社会历史时使用的重要概念。民族国家是近代以来国家建构的主要形式，影响到当今国际社会的政治实践。因此，教师不仅要在教学中引导学生运用这些基本观点理解问题，还要在考试评价中贯彻落实，培养学生主动运用历史唯物主义去分析问题，全面增进学生历史学科核心素养水平。

　　在纸笔测试中，因题量多、篇幅短、内涵广、逻辑性强、容错率低，选择题往往是最难组织的部分。命制一道高质量的选择题实非易事。因此教师更应该提升自身的学养和技艺，通过大量的专业阅读积累命题素材，关注时事热点，准备命题角度，认真分析市面上海量的试题，锻炼命题思维，严格地按照高标准对待自己命制或改编的试题，让它们能更好地服务于学生的历史学习和考试评价。

---

① 马克思，恩格斯. 共产党宣言［M］// 中共中央马克思恩格斯列宁斯大林著作编译局. 马克思恩格斯全集：第 4 卷. 北京：人民出版社，1958：472.
② 马克思，恩格斯. 共产党宣言［M］// 中共中央马克思恩格斯列宁斯大林著作编译局. 马克思恩格斯选集：第 1 卷. 北京：人民出版社，1972：257.

第二节　面向历史唯物主义素养的非选择题命制

非选择题，也被称作主观题。目前历史学科纸笔测试中的非选择题主要是材料题，相对选择题而言，材料题更能体现学生的个性特征。主观不仅意味着评卷阅卷易受主观因素影响，也意味着学生的个性因素和主观思考能在这类题目中得到外显性的展现，从而可以根据某种评价标准进行测量和评判。从近年来高考及其他重要考试的试题可以看出，非选择题越来越强调让学生分析解读新案例，比如高考全国卷的历史选做题，也注重命制开放性题目考查学生的历史思维和能力。主观题能比较直观地体现学生的学科思维、素养与能力。下面就结合例题谈一下如何面向历史唯物主义素养命制非选择题。

一、生产力与生产关系、社会存在与社会意识、经济基础与上层建筑

该部分内容涉及原理多、理论性强，然而单纯考查历史唯物主义的原理识记难以达到选拔人才的目的。纵观近年高考真题，该部分题目有的大胆创新形式，在新情境、新角度下，鼓励学生在历史唯物主义指导下理性分析，最终提出自己的观点。另外的则是选取背景各异的历史情境，学生需先对材料进行比较分析、综合把握，然后运用历史唯物主义史观解释其中的规律。教师在设计此类题目时可运用新形式、新材料，但需要明确具体的评判标准便于客观评价，例如下面这几道题目。

从"生产力与生产关系"角度考查的题目，比如：

（2015·新课标全国Ⅰ卷·41）阅读材料，完成下列要求。

材料　有历史学者为说明近代以来科学技术在生产力发展中的作用，引用了如下公式：

生产力＝科学技术×（劳动力＋劳动工具＋劳动对象＋生产管理）

这一公式表明，科学技术有乘法效应，它能放大生产力诸要素。

——齐世荣总主编《世界史》

运用世界近现代史的史实，对上述公式进行探讨。（说明：可以就科学技术与公式中一个或多个要素之间的关系进行论证；也可以对公式进行修改、补充、否定或提出新公式，并加以论述，要求观点明确、史论结合、史

实准确）

本题主要考查学生四个不同维度的能力：一是读懂材料、准确提取材料相关信息；二是正确理解历史唯物主义内容中生产力、生产关系等概念内涵及其表现形式；三是根据理解，对题目的公式进行修改、补充、否定相关要素，甚至重新编写公式；四是针对公式，运用所学历史史实对其全面论证。

生产力与生产关系的辩证关系贯穿了高中历史教学，学生比较熟悉。材料指出"科学技术有乘法效应，它能放大生产力诸要素"，学生根据该信息不难提炼出自己的观点，结合世界史的相关重大事件，如两次工业革命、二战后资本主义国家迅速发展的原因，加以论述总结，完成题目的要求。学生也可以根据自己的理解进行修改、重构，只要能观点明确、史论结合，也符合题意。

从"社会存在与社会意识"角度考查的题目，比如：

（2015·新课标全国Ⅱ卷·40）阅读材料，完成下列要求。

材料一　《孟子》中记载了孟子与其学生关于法律问题的讨论。学生问："舜做了天子后，假如其父杀人，舜的法官该怎么办呢？"孟子回答："抓起来就行了。"学生又问："难道舜不阻止法官吗？"孟子说："舜怎么能阻止呢？法官是按职责办事。"学生问："那舜又该怎么办呢？"孟子说："舜应当放弃天子之位，毫不顾惜。然后偷偷地背上父亲逃到海边住下，一辈子都很快乐，把曾经做过天子的事情忘掉。"

——据《孟子》

材料二　公元前399年，苏格拉底被雅典陪审法庭以亵渎神明和蛊惑青年的罪名判处死刑。他与他的弟子们都认为判决不公。当弟子们安排苏格拉底逃走时，他却认为，虽然逃走是一种正义，但审判过程符合雅典法律程序，遵守合法的判决也是正义的要求，而且是更大的正义，因为如果他不服从判决，就等于践踏法律，倘若人人都以自己认为的正义为借口而任意践踏法律，社会秩序将混乱不堪，城邦将无法存在。最终他选择在弟子面前饮下毒药，从容赴死。

——（古希腊）柏拉图《苏格拉底的申辩》等

（1）根据材料并结合所学知识，概括孟子和苏格拉底的法制观念。

（2）根据材料并结合所学知识，说明两种法制观念产生的社会背景及其共同的历史价值。

本题以中西方的法制观念为主题，考查学生的比较能力与历史视野。第一问要求学生概括孟子和苏格拉底的法制观念，学生需要阅读理解材料的观点，并结合所学知识中儒家学派与苏格拉底关于道德、法律的论述完善答案。完成第一问后，学生大致能把握两人的观点。第二问则是考查学生的历史唯物主义素养，学生需要理解社会存在对社会意识的决定作用，然后运用春秋战国时期与古希腊时期的相关史实，从政治制度、经济模式、思想根源等方面分别进行解释。最后还需要学生利用科学辩证法发展的观点，从历史、文明发展的角度纵向分析这些思想的价值。

有从"经济基础与上层建筑"角度考查的题目，比如：

（2019·新课标全国Ⅰ卷·41）阅读材料，完成下列要求。

材料一 1950—1980年部分国家钢产量变化表（单位：万吨）

年份	中国	美国	苏联	日本
1950	61	8 785	2 733	484
1955	285	10 617	4 527	941
1965	1 223	11 926	9 102	4 116
1975	2 390	10 582	14 134	10 231
1980	3 712	10 080	14 800	11 141

——《1949—1984中国工业的发展统计资料》

材料二 20世纪80年代以来，我国钢产量迅速增长，1983年达到4 002万吨，1986年达到5 205万吨，至2002年达到18 224.89万吨，钢产量已连续7年保持世界第一。2002年全行业完成固定资产投资比2001年增长39.30%，2002年重点大中型钢铁企业科技活动经费筹集总额比2001年增长33.82%。钢材品种结构继续改善，国民经济发展需要的特殊品种和高附加值品种大幅增加。

——《中国统计年鉴》等

（1）根据材料一并结合所学知识，分别说明四个国家钢产量的总体发展趋势及基本原因。

（2）根据材料二并结合所学知识，简析改革开放以来中国钢铁业发展的主要原因。

本题材料内容丰富，既有20世纪50—80年代世界各国钢产量变化趋势，也有20世纪80年代以来我国钢铁产业发展情况。题目涉及世界现代史与中国改革开放后的相关内容，考查学生材料理解、信息提取、横纵向比较等能力。学生通过提取材料信息与结合所学能得出四个国家钢产量发展的基本状况，然后需要结合历史唯物主义经济基础与上层建筑的关系进行思考，结合不同国家不同时期的基本特点，全面、辩证地论述推动钢产量提高的各方面因素。

生产力与生产关系、经济基础与上层建筑、社会存在与社会意识，这三组关系内涵非常丰富。高考的非选择题倾向于综合考查这些内容，留给学生的作答空间比较大。教师在命制此类题目时，也可以呈现出历史唯物主义的多个角度，长时段、多领域地考查学生对历史唯物主义的理解，比如：

（2016·深圳二模·41）现代化进程中，国家政治发展受多方面因素的影响。观察下列影响政治发展的组件，结合中国近现代史上的相关史实，论述这些组件是如何影响政治发展进程的。（要求：史实准确，结论合理；论述的组件要求至少在三个以上）

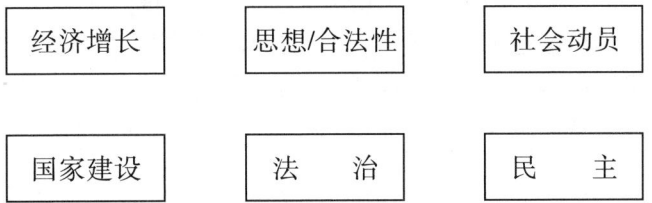

注：社会动员主要指新兴社会群体力量的聚合。
——据（美）弗朗西斯·福山《政治秩序的起源：从前人类时代到法国大革命》整理

【作答示例】

在中国近现代史上，新的社会群体崛起引发政治秩序变化。

以辛亥革命为例。十九世纪末二十世纪初，民族资本主义初步发展，民族资产阶级实力壮大，登上政治舞台。1905年，全国性的资产阶级革命政党同盟会成立，提出并宣扬"三民主义"，要求推翻清政府的封建专制统治，建立资产阶级性质的民主共和国。辛亥革命推翻了中国长达两千多年的封建帝制，建立中华民国，颁布《中华民国临时约法》，使民主共和观念深入人心，引起了政治秩序的深层次变革。

综上所述，经济基础的变动引发上层建筑变化，资产阶级要求调整生产关系，促进生产力继续向前发展。社会存在的变化波及社会意识领域。资产阶级民主思想形成并日益扩散，最终反作用于社会存在，引发了辛亥革命，改变了以政治制度为代表的上层建筑。

福山综合分析了影响政治秩序的若干要素，论述了政治秩序形成与衰退的演变过程。本题选用福山的分析框架，让学生结合中国近现代史，运用历史唯物主义的基本原理分析图中给出的六个组件。生产力与生产关系、经济基础与上层建筑、社会存在与社会意识这些要素能够在图中找到对应部分，比如"经济增长"是"生产力""经济基础""社会存在"；"思想/合法性"是"上层建筑""社会意识"；"社会动员""国家建设""法治""民主"属于"生产关系""上层建筑"。结合历史唯物主义的相关原理，学生可以梳理这些要素间的关系。总之，这是一道开放性的题目，与"生产力、生产关系""经济基础、上层建筑""社会存在、社会意识"这些综合性强、内涵丰富的命题切入点最相适宜。

在历史唯物主义基本原理中，上述三组关系最常在试题中出现。在命制非选择题时，教师有更大的发挥空间，能够比较充分地在材料中呈现"生产力""生产关系"等要素的表现，让学生在细节中判断并依照历史唯物主义的基本观点梳理试题逻辑，形成答案。与选择题不同，非选择题更能考查学生的素养水平层次，特别是考查学生能否在新情境中运用所掌握的历史唯物主义基本原理，从而更好地区分不同水平层次的学生群体，实现服务选拔的目的。

二、人民群众与英雄在人类历史上的作用

当前，高考越来越注重选拔德才兼备人才、促进学生全面发展。这种观念的转变也影响着高考历史命题立意。从古至今，"人"的地位发生了如何变化，"人们"是怎样影响历史的发展的。此类题目既考查了学生的历史唯物主义素养，也反映出他们的人生观、价值观、世界观，比如下面这道题：

（2016·新课标全国Ⅰ卷·41）阅读材料，完成下列要求。
材料 人民订立契约建立国家，他们是国家的主人，人民主权不可转让，也不可代表。议员不能是人民的代表，只能充当人民的"办事员"。英国人"只有在选举国会议员的期间，才是自由的；议员一旦选出之后，他们就是奴隶，他们就等于零了"。人民主权不可分割，否则主权者将被"弄成是一

个支离破碎拼凑起来的怪物"。

——卢梭《社会契约论》

结合材料与所学世界史的相关知识，围绕"制度构想与实践"自行拟定一个具体的论题，并就所拟论题进行简要阐述。（要求：明确写出所拟论题，阐述须有史实依据）

本题以卢梭的民主思想作为命题材料，要求学生围绕"制度构想与实践"主题自拟论题，并运用世界史的相关知识对其加以论述。题目主要从三个维度考查学生的综合能力：一是概括材料观点、提取材料信息的能力。学生在阅读材料后需要把握卢梭的观点是国家需尊重人民的意愿，人民是国家的主人，人民主权不可转让，重视民主制度对国家的影响，体现了历史唯物主义中人民群众是历史的创造者，是社会变革的决定力量的观点。二是对历史发展趋势进行分析、对世界史重大事件的识记能力。学生要结合论题，引述西方民主制度发展的重大事件或具体制度，将其概念、内容准确写出作为论据。三是对历史问题的辩证分析能力，结合论题、论据，学生需提出自己的观点，推导合理的结论，并进行总结，方可完成题目的要求。

如何评价"人"在历史上的作用及地位，这是人们学习历史始终绕不开的问题，也是考试评价的热点题型。教师在命制这种类型的题目时，要紧紧把握住"人"的因素。不论是一个人，还是一群人，都要将他们放置在具体的历史时空框架中，创设一个历史情境，引导学生去分析，比如：

（2017·深圳二模·45）20世纪的战争与和平

材料 一战爆发后，英国政府劝说工人阶级妇女在工厂劳动。为高工资和爱国主义所吸引，妇女涌向了这些新的、以前由男人从事的工作。战前的1914年，受雇于政府造船厂、工厂和兵工厂的妇女只有2 000人，到一战结束的1918年，人数激增至24.7万；工会女会员从1914年的35万增加到1918年的100万。从绝对值来讲，妇女在工厂劳动工资在战争期间增加了，但仍然只是相当于男性收入的一部分。战后，这些妇女成为"多余的人"并被要求离开。到1921年，英国在工厂工作的妇女人数比战前还少，工资下降，又恢复到男人工资的低比率上。1918年英国下议院一反四年前的态度，通过了《人民代表法案》，给予30岁以上、拥有财产的妇女投票权。有人认为，该法案是英国政府对妇女战时贡献的回报，同时也有诸多不同看法，主要基于以下事实：战前妇女解放运动余威犹存，一战前争取妇女普选权的激进分子采取了诸如纵火、破坏、人身攻击等暴力手段；1917年俄国纪念国际妇女节直接引发的二月革命导致沙皇的下台，后来的十月革命又催生了布尔什维克政权。英国政府生怕战后普选权运动风声再起，从而造成不可收拾的政局动荡，危及政权。

——周汶《妇女争取普选权的坎坷之路》①

（1）根据材料并结合所学知识，概述英国妇女一战前后就业情况的变化过程。

（2）根据材料并结合所学知识，归纳一战后英国妇女获得投票权的原因并谈谈你对此的认识。

【参考答案】

（1）变化：战前妇女就业人数较少；战争爆发后，妇女开始从事男性的一些工作，工资水平有所上升，但仍低于男性；战后就业比例再降低。

（2）原因：战前妇女解放运动的推动；俄国十月革命的影响；一战期间妇女对国家的贡献。

认识：可从妇女获得普选权的原因、意义等方面谈认识，言之有理即可。

本题意在考查人民群众在推动人类社会历史发展过程中的作用。题目选取一战前后英国妇女为争取普选权的斗争为切入点，体现人民群众，特别是妇女群体在实现男女平等权利的过程中进行的斗争、取得的成就。这符合历史唯物主义关于人民群众是历史的创造者的判断。通过这道题目，学生可以认识到，人民群众在解决社会基本矛盾的过程中，具备变革旧的生产关系、社会制度、思想观念的强烈愿望，他们的整体意愿和行动代表了历史发展的方向，并最终决定了历史发展的结局。在题目创设的历史情境中，英国妇女群体凭借自身在一战期间做出的贡献，呼应国际妇女群体争取普选权的运动，促使英国政府调整政策，改善妇女政治地位。这直接反映了人民群众推动历史发展与进步，同时也体现出生产力发展改变生产关系（工业化时代采用机器生产，男女体力差异的影响不再像农业时代那样大，妇女在劳动中可以发挥更大的作用，因而社会与政治地位有所提升）、经济基础决定上层建筑（工业化时代的生产方式缩小了男女间差异，争取男女平权的斗争才得以出现并发展，最终引发政策调整与制度变革）、社会意识对社会存在具有反作用（女性自我意识觉醒，开始追求更高的经济与政治地位，最终取得了一系列成就）等论断。学生作答时，也要密切关注人民群众的重要性，

---

① 周汶. 妇女争取普选权的坎坷之路［N］. 社会科学报，2014-08-07（8）.

坚持用历史唯物主义的方法分析并解释历史情境中的这些现象。

在历史考试中，与历史人物或者社会群体相关的题目常常用来考查历史唯物主义的这部分内容，比如全国卷历史试题选做题部分的历史人物评价题。教师可以考虑选择有代表性的历史人物，也可考虑选取特定历史时期内的某个社会群体、阶层，考查学生如何评价"人"在历史当中发挥的作用。如果学生面对新的历史情境，也能自觉自发地运用历史唯物主义的分析方法，就说明他们已经达到了比较高的水平层次，足以应对高考的要求，完成了高中阶段历史学习的基本任务。

三、历史发展的规律、偶然性与必然性

人类社会的发展进程是历史课程研究的重要内容。马克思主义把人类历史发展分为原始社会、奴隶社会、封建社会、资本主义社会和共产主义社会五种社会形态，这种由低级向高级的发展趋势具有普遍性、规律性的意义。然而，高考题更注重考查学生运用马克思主义关于历史发展规律的认识，辩证地看待不同国家、民族的发展进程，化抽象为具体的能力。教师在设计此类非选择题时应选取学生较理解的话题，让学生有话可说，增加题目效度，比如下面这道题目：

（2019·新课标全国Ⅰ卷·42）阅读材料，完成下列要求。

材料　凡读本书请先具下列诸信念：

一、当信任何一国之国民，尤其是自称知识在水平线以上之国民，对其本国已往历史，应该略有所知。

二、所谓对其本国已往历史略有所知者，尤必附随一种对其本国已往历史之温情与敬意。

三、所谓对其本国已往历史有一种温情与敬意者，至少不会对其本国已往历史抱一种偏激的虚无主义，亦至少不会感到现在我们是站在已往历史最高之顶点，而将我们当身种种罪恶与弱点，一切诿卸于古人。

四、当信每一国家必待其国民备具上列诸条件者比数渐多，其国家乃再有向前发展之希望。

——钱穆《国史大纲》（1940）

评析材料中的观点（任意一点或整体），得出结论。（要求：结论不能重复材料中观点，持论有据，论证充分，表述清晰）

本题要求学生先阅读理解钱穆在《国史大纲》中对中国史的基本看法，

引导学生结合历史唯物主义对中国历史发展脉络进行思考。钱穆希望读者能持发展的眼光，热爱本国历史，振兴民族发展。这种富有家国情怀、人文关怀的命题设计更能让学生在作答时充分调动所学知识进行论证。学生选取其中一个观点，然后结合中国近现代史相关史实进行论证，得出合理结论即可，作答不限于一个角度。

由于"规律"比较抽象，还要经得起验证，因此历史试题较少要求学生回答历史发展的"规律"是什么。但是，从历史发展的趋势着眼，要求学生指出该趋势下的前因后果、具体表现的题目比较常见。教师在命制试题时，只要能够把握历史发展过程中的某些动向，将之化用到题目中即可。在考查历史发展中的偶然性与必然性时，教师也无须过分强调某物是偶然产生的、某事是必然发生的，因为具体的历史事物与历史事件反映出的就是一种偶然性，从长期历史发展的角度看来，类似事物的产生、类似事件的发生均有其必然性。所以教师在命题时，将具体史实放置在历史发展的宏观趋势下即可，比如下面这道题目：

（2017·深圳一模·40）阅读材料，完成下列要求。

材料一　前工业时代（18世纪中叶以前），由于行政人员数量少，军队行动缓慢，信息传递耗时较长，政府对边疆的控制很薄弱。中央政府仅负责军队、治安、税收等核心职能，学校、喷泉、引水道等公益设施多来自民间捐赠而非中央政府。大量非行政人员，比如封建领主、显贵、士绅，负担着协助政府治理地方的任务。官员能力低下，机构职能交叉，致使行政信息得不到妥善的搜集和管理，更遑论在中央与地方、官员与最高统治者之间传递。

在新的工业时代，政府获得的新能力可以"PEP"表达，"P"代表"plenty"（丰裕），国家财富迅猛增长；"E"代表"energy"（能源），自然能源和无生命的机器取代了人类的技术和劳动；"P"代表"penetration"（渗透），政府能够通过自己的代理人直接作用于民众，同时，在收集、储存和检索信息方面的巨大的新能力，还有公务人员数量的巨大增加，政府的渗透也相应地大大增强。

——（英）塞缪尔·E.芬纳《统治史》[①]

材料二　在我们作出"在第一个工业革命中，市场是唯一的推动力，与

---

① 芬纳. 统治史［M］. 王震，马百亮，译. 上海：华东师范大学出版社，2014.

政府丝毫无干"这个结论前,应该记住:使英国地位与别国不同的这个市场环境的特点,大部分还是国家行动所造成。英国自十七世纪内战以后政府演变的整个过程,有助于创造一个相当严密和统一的市场。在工业革命的最初阶段,不列颠国家利用它对法律、社会和政治制度的影响,利用它时使人们能自由发挥能力和利用资源的影响,在几代人的时间里致力于建立一种能掀起工业革命的社会结构。

——(意)卡洛·M.奇波拉《欧洲经济史》[①]

(1)根据材料一并结合所学知识,概括前工业时代政府行政的特点。试分析工业革命的开展为政府能力的增强创造了哪些条件。

(2)材料二中作者如何看待"工业革命与政府行为"之间的关系,试用所学的英国史相关内容对作者的观点加以论述。

【参考答案】

(1)特点:边疆管理不善;公共职能有限;依赖地方精英;官僚机构效率低下。

条件:工业革命后,社会生产力的发展使得国家财富迅猛增长;资产阶级民主政治制度的进一步完善;新能源的应用和交通通讯工具的改善强化了政府的管理能力。

(2)观点:政府行为推动了工业革命。

论述:"光荣革命"后,英国颁布《权利法案》,确立了君主立宪制,为工业革命的开展创造了有利的政治环境。英国通过殖民扩张积累了大量资本。日益扩张的海外市场需求推动机器生产取代手工劳动,为工业革命准备了资本、市场等经济条件。"圈地运动"使得大量农民离开土地,成为雇佣工人,为工业革命提供了大量的劳动力。政府通过一系列法律,保护发明专利,催生了一批技术成果,在技术层面促进了工业革命的兴起及发展。

本题意在考查传统国家转变为现代国家的历程。题目在芬纳的《统治史》中选取相关论述,说明传统国家与现代国家统治行为的异同与特点,经济基础变动对上层建筑产生的影响;在奇波拉的《欧洲经济史》中选取相关材料,说明政府行为与经济发展、社会转型之间的关联。现代社会与现代国家的形成,是人类社会历史上的重大事件,也是历史发展过程中的重要阶段。在此期间,发生了诸如资产阶级革命、工业革命、近代自然科学发展等众多事件。在这个范围内选取命题切入点,有助于增强学生对历史发展趋势

[①] 奇波拉. 欧洲经济史[M]. 北京:商务印书馆,1988.

和规律的认识。第一问聚焦前工业时代政府行政的特点，以及工业革命引发的经济基础变动如何增强上层建筑领域的政府统治能力。第二问则重点关注政府行为与工业革命、上层建筑与经济基础之间的关联，延伸到历史发展的偶然性与必然性问题。长期以来，关于工业革命率先在英国出现的原因，学界一向有多种看法。有人认为工业革命是各种偶然性的因素汇聚在一起，产生了质变。也有人认为促成工业革命的若干原因，早已蕴含在先前的英国历史之中，而其他国家或地区却不曾具备，因此工业革命发生在英国有其必然性。题目要求学生指出材料作者的看法，并用英国史知识加以说明，而不是让学生表达自己的意见。这收窄了作答空间，适当降低了题目的难度，让学生认识到上层建筑对经济基础的影响，历史发展是偶然性与必然性的统一，加深对历史唯物主义基本原理的理解。

对学生而言，历史发展的规律、必然性与偶然性等话题过于抽象。教师在命题时，需要加以具体化，转化成学生能够理解，可以用所学知识说明的案例。这样才能使学生面对题目有话可说，有所依据，保证题目的区分度比较高。此外，题目所反映的趋势、规律、偶然因素和必然因素，也要有其学理依据，经得起推敲。这样才能避免出现硬伤，确保题目的有效性。

四、科学辩证法

该部分内容在高考中往往与评价人物、解读事件相联系，考查学生在提取材料信息的基础上，能运用历史唯物主义全面、客观地分析解读。学生分析问题的角度与论证问题的深度是该部分考查的重点。因此教师在设计题目时要充分挖掘材料可论述的角度，并用具体标准衡量学生的思维层次，确保区分度，比如下面这道题目：

（2019·新课标全国Ⅲ卷·41）阅读材料，完成下列要求。

材料 《汤姆叔叔的小屋》描写了美国内战前奴隶制下黑人奴隶的悲惨命运。主人公黑奴汤姆是一位虔诚的基督教徒，逆来顺受，受尽折磨而死。该书是第一部被翻译成中文的美国小说，并被多次搬上话剧舞台。

《汤姆叔叔的小屋》翻译与改动的部分情况

《黑奴吁天录》（1901年译）	译者称"非代黑奴吁也"，鉴于"为奴之势逼及吾种"，"为振作志气，爱国保种之一助"；删除了原著中部分宗教思想较浓的内容，增加反映孔孟思想的内容
话剧《黑奴吁天录》（中国留日学生改编，1907年）	黑人奴隶奋起反抗奴隶主的残暴统治，为了独立和自由，手持长枪与奴隶主做殊死搏斗，最后胜利出逃
话剧《黑奴恨》（1961年上演）	突出汤姆的阶级觉悟，最后一幕安排他因反抗而遭受火刑，临死前发表痛斥殖民者罪行和鼓舞被压迫者抛弃幻想、争取民族解放斗争的演说

——陈白尘、董健主编《中国现代戏剧史稿》等

从材料中提出一个论题，结合所学知识，加以论述。（要求：论题明确，持论有据，表述清晰）

本题以《汤姆叔叔的小屋》在不同时期中文译本内容的更改为线索，主要考查学生运用科学辩证法结合时代特点分析具体更改的内容的能力。题目三段材料的更改都与当时的政治事件宣传有关，引导学生结合历史唯物主义相关原理，得出一定时期的文学作品是一定时期政治经济的反映的观点。明确观点后，学生借助材料的内容作为论据，并结合中国近现代史相关史实，如严复翻译的《天演论》等作为补充。在论证后，学生推导出合理的结论，并进行总结，完成题目要求。当然，该题是一道开放性试题，学生也可以从具体时期增加的具体内容特点为切入点，提出观点，增加论据，最后完成论述。总的来说，本题考查的能力范围较广，学生发挥的空间大。

参考以上题目，教师要从这个角度命制非选择题的话，需要找到一个内涵比较丰富、可以从若干角度解读的历史事件或事物作为题目的载体。由于角度多元，所以对它的认识可能会有所不同，比如是非对错、全面不全面等。学生面对这种题目，只要能够发现其中最主要的部分，形成合理的解释，能够自圆其说即可。通过这样的方式，教师可以评价学生思考问题的方式与水平层次，诊断其思维过程中的长处与不足，从而指导接下来的教学。以下面这道题目为例：

（2018·深圳二模·42）两汉、魏晋时期的中国文献中常见对大秦国（古罗马帝国）的记载。阅读材料，完成下列要求。

类别	文献及成书年代	记载
地理位置	《史记》（西汉）	黎轩（即后人所谓大秦）地处大月氏西约数千里的安息之北，安息长老传言，条支有弱水、西王母
	《抱朴子》（东晋）	（大秦）地方三万里，最大国也
风土人情	《魏略》（魏晋之际）	有小城邑合四百余，东西南北数千里，置诸小王甚多
	《后汉纪》（东晋）	谷食常贱，国用富饶，以石为城郭，周围百余里
	《晋书》（唐）	城中屋宇皆以珊瑚为棁栭，琉璃为墙壁，水精为柱础
政治概况	《后汉纪》（东晋）	王无常人，国中有灾异，风不时节，辄放去之，而求贤人为王，放者终无怨
	《抱朴子》（东晋）	此国不畜奴婢，虽国王夫妇，犹躬耕籍田，亲自居桑织经；此国不用刑罚，人民温睦，皆多寿考；国人谈虚说妙，厝理绝殊
人物形象	《后汉纪》（东晋）	人皆粗长大、平正若中国人
	《无上秘要》（北周）	有药名"大秦玄坚"，能使上飞轻举，超体霄真，此乃天仙之所服，飞神之所研
	《北堂书钞》（唐）	昆仑之东十万里有大秦之国，人长三十丈，寿万八千岁，不知禾稼，但食沙石

——根据庞乃明《亦真亦幻大秦国：古代中国的罗马帝国形象》[①] 整理

辨析上述古籍记载，结合所学知识，提取合理的信息，任选一个角度，探讨古代中国人对罗马帝国的认识。（要求：自拟论题，观点明确，史论结合，逻辑合理）

【作答示例】

古代中国人对古罗马帝国政治概况的认知，既有其合理的成分，也存在与现实脱节的臆想。

东晋人对大秦国政治方面的记载散见于《后汉纪》与《抱朴子》。其中

[①] 庞乃明. 亦真亦幻大秦国：古代中国的罗马帝国形象[J]. 世界历史，2017（5）：141–155.

"国人谈虚说妙,唇理绝殊"的记载有一定的合理性,而"不畜奴婢""不用刑罚"的说法则与事实不符。在古代雅典,由于民主政治制度的客观需要,以及智者学派等影响,社会上辩论风气盛行。这种风气影响到后来的古罗马,导致罗马人也热衷"谈虚说妙""唇理绝殊"。另外,古希腊和古罗马社会存在大量奴隶,罗马也有以《十二铜表法》为代表的成文法,足证"不畜奴婢""不用刑罚"之说有误。自张骞通西域以来,中原王朝对西方国家有了一定的了解。但由于空间上的阻隔,古代中国人无法全面、真实地加以认识。有感于魏晋时期战乱频繁、民生凋敝、宗主豪强控制庞大人口的现实,时人塑造出"贤人为王""人民温睦""不畜奴婢""不用刑罚"的大秦印象。这种印象失真却美好,为时人苦闷的内心带去一丝慰藉。

综上所述,由于东西方交往日益密切,魏晋时期的中国人模糊地了解到古罗马帝国的政治状况。这种了解真假参半,有一部分如实地反映了现实,还有很大一部分是古代中国人基于社会现实而形成的主观臆想。这种认识是特定时空环境下的产物,有一定的局限性。

本题以古代中国人对罗马帝国的认识为出发点,表面上要求学生探讨这种认识,实际上是要引导学生辩证地解读史料,考查其史料实证的能力,进而深入到社会存在与社会意识之间的关系,考查其解释历史的能力。题目取材于庞乃明《亦真亦幻大秦国:古代中国的罗马帝国形象》一文,首先要求学生"辨析"古籍上的记载,"辨析"包含了"辨别"和"分析"双重含义,即要求学生对这些史料有自己的判断,而非盲目地全盘接受,将之作为历史上的真实对待。其次,题目要求学生探讨"古代中国人对罗马帝国的认识",因此学生的作答需要围绕这种"认识"展开,而非延伸到其他方面。最后,关于如何"辨析"史料,探讨"认识",题目要求学生"提取合理的信息",界定了本题大致的作答方向,即根据所学辨析史料中合理或不合理的记载,然后再深入探讨造成此种认识的深层次原因。

概而言之,这道题目意在考查学生能否运用唯物辩证法正确地分析历史现象,形成合理的历史解释,对学生的要求比较高。教师如果能在专业阅读的过程中留意收集类似素材,命制题目时就能够更加得心应手。

五、阶级与民族国家

民族与国家在特定的历史时期对无产阶级的发展有不同的影响,无产阶级的国家观、民族观也是马克思主义论证的主要内容。当前,人类命运共同体理念成为世界各国的共识。以特定的历史情境入手,分析不同国家、不同

民族的具体应对及其原因,有助于培养学生在全球视野下,运用历史唯物主义判断比较、综合分析的能力,比如下面这道题:

(2017·新课标全国Ⅰ卷·41)阅读材料,完成下列要求。

材料一 在专制王权下的法国,国王曾自视为民族的代表,路易十四声称"朕即国家""朕即民族"。启蒙思想家主张人民主权,抨击君主专制,阐述了与之相适应的民族思想:一个民族可以没有国王而将国家治理得井井有条,相反,一个国王若无国民则不存在,更不必说治理国家了,甚至表示"专制之下无祖国"。在法国大革命中,人们认为法兰西民族的成员不仅居住在同一地域、使用相同的语言,而且相互之间是平等的,全体法国人组成的法兰西民族。一般认为,法国大革命是法兰西民族诞生和民族主义形成的标志。

——李宏图《西欧近代民族主义思潮研究》

材料二 盖民族主义,对于任何阶级,其意义皆不外免除帝国主义之侵略。其在实业界,苟无民族主义,则列强之经济的压迫,致自国生产永无发展之可能。其在劳动界,苟无民族主义,则依附帝国主义而生存之军阀及国内外之资本家,足以蚀其生命而有余。故民族解放之斗争,对于多数之民众,其目标皆不外反帝国主义而已。

——《中国国民党第一次全国代表大会宣言》(1924年)

(1)根据材料一并结合所学知识,说明法国大革命对近代民族主义形成的促进作用。

(2)根据材料一、二并结合所学知识,概括国民党"一大宣言"中的民族主义与近代法国民族主义内涵的相同之处,并说明不同之处及其产生的原因。

本题的主题是民族主义与国家发展,材料提供了法国大革命和近代中国对于民族主义的阐述,涉及历史唯物主义的民族国家观,主要在于培养学生的民族、国家观念,并且用辩证、发展的眼光去看待分析问题。阅读材料一可得,法国的民族主义在法国大革命中,伴随国内反专制、反等级制度的过程中逐步形成。材料二的国民党"一大宣言"反映出我国近代民族主义的核心是民族独立,两国民族主义内涵的不同取决于当时两国发展面临的具体问题。

如上面所引的题目所示,民族主义是近年来高考历史试题的热点。近代以来,民族国家的形成与发展体现出历史发展的宏观趋势。民族国家在历史上发挥了重要的作用,成为增强国家认同、文化认同的重要载体。在全球化迅速发展的今天,国际政治、经济、文化交流日益密切。如何在融入全球社会的同时保持本国的民族性与独立性,这是许多国家都在思考的问题。教师可以从这方面切入,引导学生借助历史唯物主义关于民族、国家的论述,去深入思考相关问题,比如下面这道题:

(2018·深圳二模·40)阅读材料,完成下列要求。

材料一　近代以前,中国人只知有朝廷,有天下。19世纪中叶后才逐渐接受"国家"这一近代概念。1900年,梁启超发表《少年中国说》,将造成当时"老大中国"之责归罪于一班"老朽之人"。海内外遂涌现出"少年中国之革命军"《少年中国晨报》等团体及刊物。由于进化论风靡,少年必然代表未来的希望似乎成为一种常识,甚至"青年"尚嫌不够,还要冠之以"新",但在建构"少年中国"过程中,国人对中国的"文化认同"和"制度认同"出现危机:要复兴民族,却要抛弃传统;痛恨帝国主义,却又对其文化情有独钟。在"少年中国"旗号下,聚集着持各种不同乃至相对立的观点、主义的知识分子。更加复杂的问题是,到底该由谁来担纲建设"少年中国"的责任。"少年中国"始终是一个虚幻的理想。时人对这一概念的珍爱,恰恰映衬出内心的无所皈依。

——《近代中国的国家形象与国家认同》(复旦大学历史系编)[①]

材料二　美国的国家认同并非世人熟知的"美国信念",而是17世纪和18世纪早期定居者的盎格鲁—新教文化,其核心元素包括:英语;起源于英国的法治理念、统治者的责任理念和个人权利理念;敢于持异议的新教价值观,如工作道德以及相信人有能力和义务创造人间天堂。但是从20世纪后期开始,盎格鲁—新教文化的重要地位和实质内容受到了诸多挑战,包括来自拉丁美洲和亚洲的移民浪潮、学界和政界流行的文化多元主义、以族群和性别为核心的身份认同,以及精英人士日益强调的跨国身份认同等。与此同时,在美国人看来,全球霸权已经成为区别于其他国家的最重要特质之一,不是世界第一的美国就不是美国。

——谢韬《美国国家认同的危机》[②]

(1)根据材料一并结合所学知识,指出"少年中国"之说出现的背景,

[①] 复旦大学历史系. 近代中国的国家形象与国家认同[M]. 上海:上海古籍出版社,2003.
[②] 谢韬. 美国国家认同的危机:民主、种族和霸权的视角[J]. 现代国际关系,2017(12):38-48.

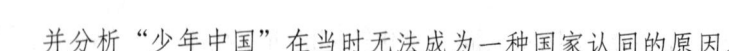

并分析"少年中国"在当时无法成为一种国家认同的原因。

（2）根据材料二并结合所学知识，分析20世纪后期美国国家认同发生的变化及原因。综合上述两则材料，谈谈你对国家认同的理解。

【参考答案】

（1）背景：中国沦为半殖民地半封建社会（或答清政府沦为帝国主义统治中国的工具）；民族资本主义经济发展迅速（或答民族资本主义经济初步发展，并迎来"短暂的春天"）；新文化运动解放了人们的思想；民族意识觉醒，"国家"概念广泛传播；进化论广泛传播（或答社会上兴起各种思潮）。

原因：新旧文化冲突造成了矛盾的心理；思想观点复杂多样无法形成共识；时局混乱，缺乏坚强有力的领导力量；"少年中国"仅仅停留在思想层面未付诸实践。

（2）变化：盎格鲁—新教文化的价值内涵被弱化，多元化和全球霸权的观念日益显现。

原因：多极化趋势下，美国要维系其霸主地位；全球化影响广泛；移民浪潮带来多元文化；种族与性别歧视等社会问题的出现。

认识：凝聚国家认同，要将弘扬传统文化与发展现实文化结合起来，坚定文化自信；凝聚国家认同，需要推动建设互相尊重、合作共赢的新型国际关系；凝聚国家认同，需要广大青年在实现中华民族伟大复兴中国梦的实践中放飞青春梦想，展现人生的价值。

这是一道中外比较的题目，意在引导学生了解特定历史时期内影响国家认同的诸多因素，认识到国家认同是一个动态的建构过程，从而反思历史，关照现实，增强学生的国家认同。本题着重考查学生获取和解读信息的能力、调动和运用知识的能力、描述和阐释事物的能力。第一问首先要求学生分析"少年中国"之说出现的背景。此处"少年中国"之说指的是20世纪前期中国流行的、以"少年中国"为旗帜的社会思想，而非单指梁启超的文章《少年中国说》。该设问面向20世纪前期中国社会的大环境，与民族资产阶级实力不断壮大、要求伸张自己的诉求紧密关联，涉及政治、经济、思想文化等诸多方面。其次，题目要求学生分析为什么"少年中国"无法成为一种国家认同，主要考查学生在材料中提取相关信息，据以解释历史的能力。第二问首先要求学生指出20世纪后期美国国家认同的变化，考查学生在获取和解读信息后进行比较分析的能力。国家认同包含若干方面，在不同时期，人们侧重的方面有所不同，本题所谓"国家认同的变化"，不是国家认同本身有质的改变，而是其内在结构有所变动，因此对学生来说该设问具有一定难度。其次，题目追问导致美国人国家认同变化的原因，要求学生在先前分析出的变动基础之上，结合材料与所学知识分析原因。考查侧重点与上一问类似，不再赘述。最后，学生需结合两则材料，谈谈对国家认同的理解，将考查目标上升到家国情怀层面，体现了学生对该问题的深层次认识。

随着中学历史课程基本理念的发展及课程结构、内容的改革，历史唯物主义素养在纸笔测试中的地位愈发重要。同时，由于历史唯物主义基本内容来源于马克思主义，在考试评价中对其加以重视有利于马克思主义成为师生理解历史与现实的强大思维工具，并成为他们信仰的指引。[1]综观近年的高考试题，面向历史唯物主义素养的题目形式丰富、材料新颖、意义深刻，旨在综合考查学生加工信息、逻辑推理、史论结合的能力。在命制题目时，教师需要深刻理解历史唯物主义的基本观点和方法，以历史唯物主义作为认识历史发展趋势的指导思想，善于运用历史唯物主义的方法分析特定的历史情境，注重细化落实评判学生历史唯物主义素养水平层次的标准。总而言之，虽然面向历史唯物主义素养命制纸笔测试试题的理论水平要求高，但仍有切实的解决方法。

---

[1] 教育部考试中心. 激扬家国情怀 传承时代精神：2018年全国卷高考历史试题评析[J]. 中国考试，2018（7）：36—42.

后　　记

唯物史观素养是揭示人类社会历史客观基础及发展规律的科学的历史观和方法论，是学生应该具备的立场、观点和方法。唯物史观与时空观念、史料实证、历史解释、家国情怀共同构成历史学科核心素养，是诸素养得以达成的理论保证，也是历史学科核心素养的灵魂。唯物史观是一个博大精深的理论体系，是现代史观中唯一可以作为研究和学习的指导性史观，其所包含的丰富理论和方法是现代史学发展成熟的标志，是现代社会、科学发展的产物。在高中历史教学中，我们将唯物史观作为指导性史观，有利于提升高中历史课程的教育水平和完善学生的素质，以实现立德树人的根本任务。

本书介绍了唯物史观的基本理论、历史教师如何提升唯物史观素养、在教学中如何通过课程涵养唯物史观素养，并提供了唯物史观素养的教学案例和纸笔测试的样例。本书的撰写，展现了深圳市哲学社会科学规划课题《唯物史观指导下中学生"家国情怀"素养培育研究》（课题编号：SZ2018D022；课题主持人：唐云波）中的部分研究成果。当然，这些都只是初步探索而已，是一个阶段的成果。我们期待能够抛砖引玉，吸引更多读者共同探讨这个问题，并探索出更多有效的涵养唯物史观素养的方法。

本书第一章由张庆海撰写，其余各章在张庆海、黄牧航两人指导下完成，作者分别为：第二章：章丽琼（深圳中学）、张诗韵（深圳市蛇口育才教育集团育才中学）；第三章：卫然（深圳市罗湖外语学校）、温婉璇［深圳市宝安中学（集团）高中部］、王雪［深圳市宝安中学（集团）高中部］；第四章：晨曦（深圳市龙城高级中学）、孙殿元（深圳市翠园中学）、张慧研（深圳市第二高级中学）、赵小彬（深圳市布吉高级中学）、游燕玲［深圳市宝安中学（集团）高中部］；第五章：唐云波（深圳市教育科学研究院）、周晓楠（深圳市福田区福田中学）、黎嘉裕（深圳市第二高级中学）。

2020 年 11 月于华南师范大学